师无常师，师与学都是"学人"，凡有长处者，皆为师。

师 韵

张 伟◎著

人民日报出版社

图书在版编目（CIP）数据

师韵／张伟著．—北京：人民日报出版社，
2019.4
ISBN 978－7－5115－5898－5

Ⅰ．①师…　Ⅱ．①张…　Ⅲ．①高等教育—文集　Ⅳ.
①G64－53

中国版本图书馆 CIP 数据核字（2019）第 058855 号

书　　　名：	师　韵	
作　　　者：	张　伟	

出 版 人：	董　伟
责任编辑：	周海燕　孙　祺
封面设计：	中联学林

出版发行：人民日报出版社

社　　　址：北京金台西路 2 号
邮政编码：100733
发行热线：（010）65369509　65369846　65363528　65369512
邮购热线：（010）65369530　65363527
编辑热线：（010）65369518
网　　　址：www.peopledailypress.com
经　　　销：新华书店
印　　　刷：三河市华东印刷有限公司

开　　　本：710mm×1000mm　1/16
字　　　数：211 千字
印　　　张：17.5
印　　　次：2019 年 6 月第 1 版　　2019 年 6 月第 1 次印刷

书　　　号：ISBN 978－7－5115－5898－5
定　　　价：68.00 元

此书献给我的母校绥化一中！
并向母校过去现在和将来的老师致敬！

我当教师的初心，
萌芽于母校老师中。
他们那如诗如画教风，
给我播下最初火种。
我一生执教过程，
都伴着火种基因灵性。
《花篮无价》的"协奏曲"，
虽抒发了迟到的歌颂；
但那"教学相长"的剪影，
却演绎着感恩的合声。

1959 年本校高中毕业生

自序

求索之浅见

谈论教育问题的勇气，除了经验和个人信念之外，还有对学生离思萦怀的感念，促我欣然命笔，从"教学相长"切入，畅叙求索之短长。对"教学相长"的认识，源于我茫然的"疼痛"，之后开始尝试，谈不上深入理性思考，更写不出学究式的论文以蠡测海。

迈入教育门槛，我用"教案"自卫过人格尊严，却又在"羞赧失误"中伤了学生的个性，无意中我的"双重"人格受到了戏剧性的"惩罚"。痛中才知困，古人说"有所困"，就是"觳之半"。接着在"荆棘路上"遇"磷火"之元语的关怀，这至善之师使我在感动中"痛长"。所以遇处逆境中的"阳光少年"，我虽困惑却不放弃，并以"磷火"的虔诚坚守，结果反倒是"雏鹰"的风骨侠情之"火"，淬砺了我育人的初心，始悟到"先生和学生互为师"的价值逻辑，这笔不贬值的财富，我终生受益心存感激。后在发扬"尽德""育心"的基础上，加强"修业"授课教学，虽求索路漫漫，但其乐无穷。

之后教师对学生的"迷惘"，既有厚貌深情的关爱，又有"转向内心"的课堂，师生追风逐电般"迅长"。学生"青出于蓝"，教师就从他们的蓝中取"青"，师生螺旋上升，可谓"皆长"。教师鼓励优秀学子超越，收获成功喜悦，享受双赢"双长"。学生有对

"疑惑"的闾阎辩论，促使教师便有以"解惑"进行学术探究的"教之趣"，这"善问者"和殚精竭虑地"善待问者""之乐"，岂能不"共长"。在校外和国外课堂上，只要师生有心灵碰撞，就会引起学而不厌的"渴望"，自然又促教师更进一竿，这种相融相补，自然"互长"。

教学实践中，伴随着向榜样学习的过程。"课中课"及"恩师"的人格魅力，是吸引学习的强烈磁场。榜样的作用，只有在具体的教学实践中，提高到理性认识，才可能更上高楼，在"自反"中"自强"。书中所附研究教学的文章，便是求索中留下的点滴足迹。

经验证明，授课中师生有一方兴尽意阑，便会教学"相消"也。美国耶鲁大学校内有幅浮雕，画面雕的是老师在台上讲得慷慨陈词，手舞足蹈，可下面听课的学生却在睡觉，真是身在曹营心在汉。毋庸置辩，浮雕警示我们思考，做个最大限度精通专业的教师虽不容易，但更不容易的是，把学生需要的知识，不用灌输填鸭教法，而游刃有余使学生很有兴味地学习，最大限度地受益，还能引起追问和争论，出现这样结果的过程却很难。

备课中，需要教师不断清理老化知识，及时引导对学科前沿的追问，这只是做好"一半"，"另一半"要求教师有教育理念浸着的师魂。核心是必须把学生视为主体，就像当政者必为人民服务同理，教师也必须克爱克威地为学生授课。以学生为主体，师生间既独立又依存，教师不是居高临下的慨施乐助，学生更不是低首下心的忐忑睍睍。教师有对学生平等、尊重和关爱的人格魅力，才可能努力地把握学生的文化底蕴，接受能力甚至是个性潜能，以及采用何种教学方法，讲授得有声有韵，以精彩的授课激发学生想睡"睡不着"和"游戏不了"。相信上课抢坐位的学生是不会"睡觉"的。同一门课用不同方法讲授，可能"黯然死去"，也可能"魂兮归来"。教师没有长期自觉的磨炼过程，很难出现国外教学中的"罗森塔尔效应"，即我们的"教学相长"。

教师在施教中，要努力履行对学生"育"和"培"的"因材"使命，不是用"训"和"整"拔苗助长。面对主体学生，在校园圣洁的沃土上，用爱心和真知耕耘粒粒种子，使其潜能充分发挥出来，不是用传统的刻刀去雕，也不是用外在的画笔去涂，那会抹杀学生的自主性和个性。

时代日新日异，今天校园环境复杂多变，有商业味浸润，有功利主义肆意无忌，为"教学相长"充塞了腐蚀剂，但百年树人的步伐一刻不容停下，教的主动权就握在教师手中，越在这时越应像堂吉诃德一样"远征"，何况"教学相长"不是过时的骑士制度，而是祖先留下义方之训的瑰宝。

师无常师，师与学都是"学人"，凡有长处者，皆为师。古之师生能"教学相长"，今之师生何不能为！

2019 年 1 月 7 日于北京寓所

•••••• 目录

第一章

弦外音

一、最初的"教案"

1

一个星期过去，按规定我们去教务处"交卷"。同事 A 和 B 先进去，他们比我提前半天接受任务。

教务处的门半开半关，我在门外走廊等候，与其说等，不如说最想知道他们"交卷"的结果；因为我们是难兄难弟同病相怜，我的眼睛直盯着门里，竖起耳朵听里面对话。圈椅中领导翻看 A 和 B 交的那沓纸很认真，脸上不时露出惊喜，重复翻了几次后，若有所思地问：

"两位，谁是这份'汉语教学计划'的主笔?"B 抢先说是老大哥 A 的主意，也是他起草的，老大哥同时也在为小弟 B 报功，可领导没听 A 说完，便操着权力的指挥棍发号施令了：

"我宣布，提出这份计划的主笔，做汉语教研室主任!"

A 和 B 同时问："真的?"

"这事怎么能开玩笑!"教务主任用左手中指使劲点着桌面,严肃地说,表示一言既出,驷马难追。

这是真实的奇闻。A 和 B 笑着走出来,何止"交卷"通过,还意外被封官晋爵。

我进屋"交卷"时,韩教务还在翻那份"汉语教学计划",我把一叠材料放在写字台角上,他像没看见似的。

终于开始阅我的"作业"啦,他看第一页时,眼睛惊奇地一亮,鼻子发出疑问的哼声。头几页是"'如何写教学计划'的教案",后面附着两份刚用过的"教学计划"油印件。

韩教务边翻阅边自语:"这东风刮得及时,得借!"他的话是指后面附的例文,还是指我写的"教案",我此时分不清。当他重新翻阅时,视线停留在教案上角的几行注解上:

"1964 年 7 月 14 日回母校教务处和中文系,索取到两份有效实行过的'教学计划',并恳请他们以自己的实践经验,教诲我如何写好'教学计划'理论,该'教案'就是这样形成的。感谢母校给我上的最后一课,才形成今日最初的'教案'"。

我焦急地等待着领导表态,若接受就真幸运过关了;若否定,我就上梁山。翻了几次后,韩教务长终于把视线移出"教案",左手托着腮,右手指点着桌子,在矜持中发声了:

"有理论,还有实例,这堂课上得好哇!"

"哪里是'上课'! 得感谢领导,促使我提前写出最初的'教案',请批评指正!"我说完这客套话,便把话锋急转到正题上:

"由于我无法完成领导给留的'写全校教学计划'的大题目,便所问非所答地交了这种答卷。"

韩教务很聪明,似乎是看穿了我这青涩抗议的"阳谋",便发出咯咯笑声，眼神很狡猾，有意转移自己当初给我们留"作业题"的诡秘，并开始悄悄撤退：

"说实话，给你们出的题目，我现在也不知如何完成，还等校长指示，等老师们都到了开会讨论。你的这份材料和'教案'，对今后写教学计划很有参考价值。"

他边说边用笑掩盖自己的尴尬，可我还是忍不住追问：

"那您给我们留'作业'，是想考我们能否胡编乱造？"他感到我刨根不放，终于实话实说，不再绕弯：

"想考考你们对待工作的'态度'！"

照实说，这谈话可以结束了，可我年轻气盛，有点得理不让人，又穷追不舍地问："说假话的'态度'？"

他急忙表示："不，不，你们都很较真！"

"我们所问非所答的各行其是，是较真？"

我问得他退避三舍地说："我留的题目很荒唐，你们也没有拒绝！"

"那是因为我们实在不敢，胆小如鼠，但在心理上当时是拒绝的。"我用真实的自我，否定他的不善和对我们近乎玩弄的人格污辱。他紧接着说："事后，你们用行动拒绝了，拒绝得很智慧，这是我没想到的。"

我也立刻插话："说智慧，不敢当，但得感谢您把我们逼上了梁山，我写出有生以来最初的'教案'。实际上我们很愚蠢和懦弱，长久以来，我们养成服从上级的权威性格。所以，只能将错就错地耗尽心思，离题千里地所问非所答。"

"不完全是，你的同事很实际地写了'汉语教学计划'！"我没有否定他的肯定，我清楚他们写汉语教学计划的秘密，但我更清楚他们和我一样是迫不得已，所以我止言了。

这场对话，既平和又尖锐，既离题又本质。没料到我平生写出的最初的"教案"却不是给学生，而是给上司"交差"，落到不想听课人手中；有趣的是双方在对话中一点没涉及"教案"的具体内容，听者虽无任何思想准备接受，但"教者"却在没想到中"绝路逢生"。我似乎得胜了，但还是失败的。因为我将他的理由击得漏洞百出，我觉得很好，但他一定觉得权威和自尊受到了"伤害"，会伺隙反对我的"胜利"的。

领导之所问，我的非所答，对将要走上讲台的青年教师，不仅带来无穷的思考，也留下了人格的刺痛。

2

人心理上曾经的刺痛，虽无伤痕，但那精神痉挛重复折磨留下的褶纹，是难以抹平的。

七月，是大学生毕业和工作开始的季节。我抱着绝密加印章的档案袋和封口敞开的"派遣令"，兴冲冲地到新单位二楼人事处报到。接待我的那位女干部边登记边电话通报教务处，指示我到楼下去见韩处长。

当我拐向教务处方向，迎面走来两个夫子相青年，一高一矮，都很骨感，两人靠得很近，神神秘秘地说着什么，矮个子说"这老头很怪"，大个子更具体地应"说话不沾边"，我与他们迎面擦肩而过，听得很清晰；而且下意识地推测他们是在说韩教务长，我立刻有种不祥的预感，心理也增加了防线，自然放慢了脚步。

教务处门半开着，我看到大写字台前站着那人的后背，他对面圈椅中坐着个老者，看样五十多岁，秃顶，体型像满满一麻袋土豆堆在圈椅里，一点空隙都没有，挺起身板时囊囊腩胀的衣服有皱纹，方头大脸短脖，浓眉大眼鹿皮鼻子，还有目指气使的眼神，东北口音，后在议论中得知他是从齐市机关调来的。

我的心冷冷的，体温好像莫名地下降了。进屋后我自报姓名和专业，韩领导不断点头说"知道"，那种颐指进退的样子，只能使我哑言听命：

"你们汉语教研室的课如何开，还不能敲定，吉大、川大的人还没报到。"停顿一下他紧接着抛出，

"你做的第一件事，是写教学计划。"

听到他的话，我简直懵了，汗毛都竖起来，体温忽一下上升，自然觉得这人真有点"怪"，紧接着他更上一层楼地布置：

"让你写的是全校的教学计划。"我如堕五里雾中，头上挨一锤般嗡嗡作响。

插一句，1963年周总理指示在全国成立五所外语学校和两所外语大专，我报到的这所学校是其中的外语大专。据说筹划一年，今年首届招生，"文革"中合并到黑大。

我只知这是所新建学校，其他一无所知。写"全校教学计划"应是教务部门的事。此时我怀疑自己是来当教师还是当教务干事，越发糊涂，正在迷离恍惚时，"怪"老头又说："你们汉语教研室已有两个人报到了，他们也在写这个计划。"

我听了这话确信自己是来当教师的，令我不解的是，让我们越俎代庖写"全校教学计划"，岂不强人所难，如缘木求鱼。你想考查我们的水平就出个怪题，让我们写篇新八股，何必拐这么大的弯！他好像看出我满脸狐疑，或者怕我追问拒绝，便提前堵上我的嘴："有啥问题，去找你那两位同事商量。"

人家赶我走了，心里虽不能苟同，可又没勇气表示疑义。告辞时我问："能提供相关材料吗？订多长时间的计划？与那两位同事合

写？何时交？"

没想到韩教务两手一摊，大言不惭地答："下周一交。单独写。订多长时间的计划，随便，'白手起家'没材料。"

我大惑不解地离开，觉得狐狸在玩"傻狍子"，而且是狐假虎威。

3

"明知山有虎，偏向虎山行"，这不是勇敢，而是愚蠢，因为你的目标不是打虎，是解狐的"方程"。拖着沉重步子，我去求教两位还未谋面的新同事 A 和 B。两人来自同一所大学中文系，A 像老成的大哥，B 像天真的小弟，据说 B 没念高中，自修一年考入大学。我问写"教学计划"之事，A 说这是"拿鸭子上架愚弄人"，B 满不在乎笑嘻嘻地说"逗咱们玩呢"。我明白他俩同我一样，没敢当面拒绝。我们商量来商量去，只能临噎掘井，回母校求教，但愿能找到临阵磨枪的"良策"。希望无所谓有，也无所谓无。

当天下午，我赶到母校教务处，人家把我当不速之客正常，同年毕业五百多人，谁认识你，只能自报身份和来意。在场的有位老者，嘴张得很大，笑声很小，显然是冷笑，表情很滑稽，终于说出"项庄舞剑，意在沛公啊"。另一位中年推推眼镜框，打官腔地说："我看这学校想重用你们，让你们管理教学。"我连忙说"不是"，说我们是汉语教师，那位中年人接着又大发议论：

"订计划，得上知精神，下知情况。新去的一无所知，又是外行，巧妇难为无米之炊，难为你们啦……"正在这中年人说得刺刺不休时，老者突然拍着大腿，说自己有实招了，并站起来落实：

"干脆给你一份我们已往的教学计划，你按那上面的方方面面去填，"说着从柜橱里翻出一份，交给我时语重心长地说：

"年轻人哪，见机行事吧！哪项内容填不上的，你就写'情况不明'。"说完老者摇着诸葛样的扇子自语：

"这真是夏炉冬扇！"他是说自己做无益之事，还是嘲讽让我写计划的上司，我分不清，连声道谢便退出来，掩门时听到那中年人随口抛出"姜还是老的辣"，显然是在嘲讽老者热心助人的"狡猾"。

我拿着一沓油印的"教学计划"（1963年下到1964年上学年），并没有觉得如获至宝，走马观花地翻，上面有很多表格数字，我眼花缭乱昏昏然不知所云。

往日校园小路安谧而美丽，七月，路旁百花争艳，有蜂蝶的合唱，树梢上有鸟的长鸣和鹊的跳跃，不时传来欢声笑语。今天小路烟雾弥漫，太阳阴沉着脸，如此冷漠混沌地下着毛毛雨。我像个失魂落魄的乞丐，也不知刚才讨来的东西有何用，更不知该如何感谢那两位陌生的"家人"，凭着思维惯性信步走进了教学大楼。

到了中文系办公室，虽不是皇亲国戚，他们也像欢迎姑奶奶回门般热情，放下手头活儿问这问那，老主任说，"才出嫁一天就回三宝殿，准是有要事"，我苦不堪言地说了写计划一事。不谋而合，他们也使出黔驴之技，照旧给我找到一份这学期刚结束的教学计划，临走时我鼓足勇气向他们提出：

"如果请你们各位行家写这样的教学计划，你们能接受吗？如不接受当面以何理由拒绝？"

我这不情之请，使他们不知所措，只好面面相觑，用笑模糊地回答了。

4

我身心疲惫地回到宿舍，早上搬进的行李和箱子都像在候车室等上车一样放着，好在还没有第二个人入住。我推开窗户，本该打扫收拾，可却坐在铁床草垫子上，陷入从未有过的孤独包围中，真想向隅而泣。拿着两份油印的材料翻来翻去，明知这是权宜之计，不能解决燃眉之急，越翻越觉答案不在这材料里，而是在现实中，可现实不是我能掌握的……想起歌德说的：流水在碰到抵触的地方，才把它的活力解放。

于是我从床上跳下来，走到窗前，深深地呼出胸中的晦气，那种优柔怯懦正摇摆于坚定和勇气之间时，我望着小雨过后天空的彩虹、夕阳的笑脸和它坚毅的光芒，终于转过身对空空房间喊出：

"罢写！"屋里的墙壁也同时发出支持的回音："罢写！"晚风摇着树枝，为我拍手称快，这鼓舞使我攥成拳头的手，使劲敲击着窗台，心突然开扇门般敞亮，不再憋得慌了。

心想已经走到这一步了，只能将错就错，以错攻错。

于是之后两天，我学着大学写作老师分析课文的方法，反复阅读油印件，分析这两份计划，总结出写教学计划的内容和结构。还回母校图书馆查找写事务文书的材料，对自己总结出的条条内容进行补充和修正，最后形成"关于如何写教学计划"的"教案"。这份教案包括教学大纲、课程设置、教学形式及进度，还有教师的教案、考试等十几个方面，虽然只有两千多字，却是我用洪荒之力完成的答卷，这教案规范、全面而详细。

A 和 B 两同事，根据母校老师建议写了"汉语教学计划"，按老师的叮嘱，尽量强调汉语是学好外语的基础，并把自己视作汉语专家和教研室领导。我告诉他们，借这个机会上一堂如何写教学计划的课，只写教案，不用讲。结果是，我们都过关了。

不久，从英语老师那传出，说韩教务是莎剧中的福斯塔夫，我也有同感，深知胖骑士幽灵难以消亡。不过我也很感谢这个现代的变异的福斯塔夫，让我学习如何面对成长中的困惑。

二、羞赧的失误

1

在体验中省察自己，得意时常包含着失误。

《文选写作》教材第二个单元范文的最后一篇是鲁迅的《纪念刘和珍君》，这次的写作实践训练是选此文中两句名言之一，写篇读后感。这两句名言人们耳熟能详："不在沉默中爆发，就在沉默中死亡。""真的猛士敢于直面惨淡的人生，敢于正视淋漓的鲜血。"结果学生写出的作文，可说革命英雄主义的正能量光芒四射。在上次作文评语后有个插曲令我终生不忘，当时很痛，后来觉得是成长的必然。

有一个同学，在前一篇作文我的红笔评语之下，在第二单元的作文标题之上，有行非常显眼的蓝字，是这样写的：

"老师，我非常认真地看了您对我作文的评语，由于您书写的字迹很像英文手写体，虽然我每天都读写英文，但认您的'汉字英文'

还很费劲，同样'眼花缭乱''头也有点晕'。这是我在'沉默中爆出的真言'，请谅。"

很显然，这是模仿我批评他的文字，一看我在他第一篇作文评语最后那行字，便知他是以其之矛攻其之盾，而且还拿着鲁迅语录标枪给自己鼓劲。

我在该学生上次作文评语后写道：

"文中字写得龙飞凤舞，让人看得眼花缭乱，头有点发晕。请以后写清楚些。"

第一单元范文的最后一篇是《谁是最可爱的人》，结束课文讲授就给学生留下作文范围：写曾经感动过你的人或事，文章题目自拟。

这批大一新生是 1964 年秋入学，正巧是全国开展学雷锋元年，轰轰烈烈的学雷锋活动中，好人好事层出不穷。作文明确要求学生记的人和叙的事，最好发生在自己周围生活中，不仅耳闻其事，还能目睹其人。

刚入学新生对文选写作这门课的第一次作业，可以说格外认真；他们哪里知道，我这授课教师也是第一次走上讲台和第一次批改学生的作业，同样处在亢奋和好奇中；对每篇作文的中心、结构、遣词造句，甚至连文风都面面俱到地评论长短。第一次作文讲评课学生异常活跃，我念学生佳作时，他们竟赞叹得鼓掌。当我说"还有一篇漂亮的作文"，因为"字写得太草"不念了，竟有人喊"念"！看得出比听讲文学名篇兴趣更浓；令我想起自己上大学时，听作文讲评课大家惺惺相惜的时光；我甚至悟出：优秀习作，学生们感到亲切亲近，不像对"高大上"经典有千里之遥，是学生最能动心动情学习的"范文"。在之后多年教学中，我从不放过这类"教材"，不仅在讲评中念，还津津乐道地分析。之后几十年，有的老学生回忆：自己学会写议论文，就是听了同学佳作，受到启发，茅塞顿开的。

在学生兴奋地品尝讲评课收获之后，却有位同学心里不悦，拖延三周，我在批阅第二篇作文中才发现，他就是我在讲评作文时说的"还有一篇漂亮作文"的那个学生。

2

体验到失误，可能成为向上的第一道阶梯。

我定眼细看自己写的评语字迹，再翻翻这篇已评和将要评的作文字迹，两相对照，可说何其相似乃尔。只是我的字，没有按纸上方格书写，笔画形迹左右之间笔势往往牵连相通，而且"口"字形，从来像写阿拉伯数字的"0"一栏；字字都倾斜 15 度角，不是直立姿势。那学生的字越看越觉更加放纵飞扬，虽按方格写，可每个字连绵回绕，字形变化繁多。如果说我写得很"草"并不美，那学生的字可称为"狂草"得像画，除有难认的不悦，但却有启智的欣赏，可说有狂放不受羁绊束缚的磅礴神韵。

面对如此尴尬，我是沉默回避，还是草蹙自省！

我很后悔自己的痴愚，怎么老鸹落在猪身上，看见人家黑而看不到自己黑呢，想到连这个笨理都不懂时，血往头上涌，自感脸发烧，这才真叫赧颜呢，可谓羞愧难当。于是先阅该生的第二篇作文，虽然字迹仍然"狂"草，我明白他这样做，是用行动争取自己的书写字体的权利不该被否定；但我却很严肃地一改书写习惯，把自己"草"写的圆转笔画变成方折，字有棱有角，虽丑陋古板，但字的结构中横竖撇捺点清楚，像小学生完成作业般认真，并在评语空行下写了两行字：

"如家长很挥霍，要求家人节俭，不只荒谬也不能奏效。要求学生做到的，老师必先做到。"

从这篇作文评语起，之后所写批语都是一笔一画的字，无疑我的变归根到底还是要求学生改变写字法，似乎家长节俭是为了使家人不浪费一样，这种表面形式掩盖了实质。

虽然第三次作文，这个学生确实改用了正书楷体，工整清楚，但不知为什么，我心里的症结并没打开，而且有意观察这个学生。他的座位在教室后门旁，清秀文静瘦高个，目光炯炯总在观察周围，一副若有所思的样子，很少与旁边同学对话。我每次视线移到这个角落，他总是低头躲避，我判断这是个很内向的学生，更觉自己的批评伤了他的自尊，也许没有意识到他的个性和唯一性，是因为对他不够了解，就像一本书不读到最后一行，不能理解一样。

于是有一天第四节下课，我径直向他走去，见到他桌面上零散着几张纸片，上面全是密密麻麻的字，我几乎一个也不认识，但像在字画的印章上见过这篆字，我朦胧中断定他在作文中的字形不是偶然形成的，于是我问："你在练什么体的字？"

他很腼腆地说："学刻手戳！"显然他是用跳跃式思维回答我。

"篆体！怪不得你作文上的字有篆风呢！"我这话刚出口，他笑着低下头，两手相搓地说：

"老师，对不起，给您找麻烦啦！"

"不，我给你的练字设了路障，你还在练就好。"

师生都用最真挚的眼神"反省"了自己，同桌赞美他毛笔字写得漂亮，说他生在书法世家。

由于我无知的热心和认真的鲁莽，差点用教鞭抹杀了个书法家苗苗。非常感谢他在作文中的自卫性抗争，我也开始追问当时自己的批语，绝不是偶然的孽根。

3

对一个人来说，他最大的失误就是他自己的成功。

我写的无体"草"字，虽万不可称为"草书"，却是在一路赞美声中被固化而且不断升级，这次在作文中遇到那个学生勇敢地自卫反击，总算是我平生最初也是最后遇到的"质疑者"，并开始引起我严酷的良心自责，正是我走上教师岗位开始，至今我都庆幸那愚蠢的失误是金钱买不到的成功。

小学四年级，我的语文老师板书和批改作文就写这种"草"字，写得又快又自由，我很羡慕，觉得像鸟在天空飞翔一样无拘无束，便暗自开始有意模仿，很快尝试用这种字体写各种作业，连算术中的阿拉伯数字，我也自然地连着写，向右倾斜 15 度角。不久语文老师就在我作文评语之后夸我"字写得熟练"，我看了心里美滋滋的，模仿得更用心了。

难怪《魔鬼辞典》说，真是习惯使人麻木，使人产生错觉。习惯导致错觉，结果是怪诞成为常理，常理反成怪诞，"习惯—自由人"的镣铐。

上中学有俄语课，不谋而合，我书写汉字的方式同俄文手写体形似，俄语老师竟在作业上写着："俄文书写潇洒！汉字书写浪漫！"这使我飘飘然地不知天高地厚，走路休息时也不忘"书空"，即用手指在空中虚画字形，竟使书写速度越发飞针走线，而字形更是飞扬跋扈得无度，可谓天马行空。

这种快速书写，答文科卷子有独特优越性。当年流行语文科是"万金油"，理科是"一克金"，意思是说文科题答案无限，理科题答案只有精准的一个。记得在大学考党史，课堂开卷，允许带《红旗》等参考资料，论题是："议无产阶级专政"。绝大多数同学在 16 开无格纸上都答两三页，没答完就无奈交卷了，而我在两小时内写出七页之多，以五千多字答完议题。这科考试我得了满分，当然答得好，也与考前准备充分有关，因为我写的内容是从记忆中流到笔端，而不是从资料上抄写。但写汉字快速，在答理科卷时派不上用场。记得高三毕业，文科班考数学比理科班简单多了，可说像小学的四则运算给中学生做般轻松，每道题答案只有一个，一点不用发挥，我只用 27 分钟就交了卷，同学们担心我交了白卷，可我却是班上唯一的百分。当然这快，不只是题容易，跟我书写快速也直接相关。

多年习惯成自然，还很得意。走上教师岗位，我怎么也没料到，在书写这个得意的细节上，羞赧地拉开了执教的序幕。

其实，那位"反批评"的同学哪里知道，他只是看到冰山的一角，只是几行字；而我给他们批改作文时，已经注意到自己教师的身份，知道学生对评语可能字字玩味，所以比我当学生时写作业，特别是答题时书写大大减速，减速就意味着书写笔画求真，可说写得很"规矩和拘谨"，唯恐学生误读。

可想而知，当年我写作业、作文和答卷的那种神速，越快越草，简化笔画，相互假借，偷工减料写出的字，该是多么的怪异、丑陋难认，而且不是几行字，至少是几千字的卷面。

可以推测，当年老师阅读我的作业和试卷时，很难不紧锁眉头，左猜右悟才把内容看明白。他们没有神话传说中的火眼金睛透视力，可他们对学生却有火样心肠和金子的耐性，永远看重"潦草"背后藏着的本质和主流，把书写形式看成是次要媒介，所以他们看字蹙眉，瞬间就被可喜答案的阳光抚平。他们宽容我书写潦草，而我仍不自知地还借欲求之需，使自己书写的谬误"合法化"至今，直至一个学生敲响了警钟。

4

"警钟"长鸣，呼唤心灵清醒。

从此，我给自己画出条不准踩的红线，延到老年还坚守着。红线内规定，只要给别人看的手写文字，包括学生作业批改、论文评语、书信、稿件、试题、教学总结及报表等，一律写正楷体，一扫"草"风，尽量使阅读者一目了然。

对红线外规定，给自己看的读书笔记、日记和草稿等，至今仍沿用"草"写，为保障书写快速和自己看清，一律用格纸。读书笔记必用格纸，看书和摘录同时同步，能用眼睛余光约束书写笔的轨迹。

从此，也特别注意书写易混的字，不论是给自己看的还是给别人看的，都对易混部分的书写，做到醒目清晰，放慢书写速度。如"冼和冼""佳和佳""祟和崇"等类"双胞胎"字，即便写其中一胎也要格外较真。再如像成语"鱼鲁亥豕"中字形相近，古人也把"鱼"抄成"鲁"，"鲁"抄成"鱼"，把"亥"抄成"豕"，"豕"抄成"亥"，不较真，今人更容易出错。

从此，在自己的教育理念中大写下：宽容。努力融于脑，践于行，并开始有意深挖曾经出现的不公平的基因；不忘学生一篇作文写得"潦草"你就批评，而你自己十几年潦草却不以为然，不要忽视责人严待己宽的双重标准，既不是偶然产生的更不是孤立的现象；必须当作教德修养的组成部分，以及努力学习和实践相关的教育理念。

记得我曾参加高考语文试卷的作文部分把关，即把已评过分的作文，最后检查宽严标准。我发现有篇很优秀的作文，给分过低便去找原阅卷人协商，当时对方承认此篇作文写得不错，可书写太潦草，应扣分。听到这话，我像被针刺到敏感部分，大脑中闪出当年刺痛学生自尊和个性的一幕，于是我同对方说：

"衣衫不整，只是外貌，包裹着的瓤很甜美，就足够了。"

阅卷者终于把分数提高两档，增加十多分，那对高考生意味着提前几千人名次，最重要的是才能没被埋没；令我感慨的是，我当年羞赧的失误，还真后继有人，并有过之无不及！

三、荆棘路上的"磷火"

不知是哪位哲人说的，真正的关爱像磷火，在你周围最黑暗时显得最光亮。

1

我把刚过百天的新生儿交给婆婆照料，自己登上火车，风尘仆仆地奔向工作单位。在火车上那四个多小时，我满耳都是幼儿饥饿的哭啼声，走之前试过多次，孩子紧闭着嘴，不接受牛奶。这纠心的痛竟能使母体充沛的奶水，在几小时内断流了；下车后又遇意外，火上弄冰般奶水干涸了。

奔回到单位宿舍自己的房门前，手攥着开锁的钥匙，却见门上没有锁，定睛左右方位看，门上明明标着熟悉的"101"号，房内竟传出女人的对话声。但我没有贸然敲门入室，正手足无措时，对门的老邻居胡师傅过来了，神秘地拉我进他屋，与老伴一块低声告诉我，你的房间早被一个叫"女魔头"的撬门破锁占用了。我听了这话，无名火从脚跟直透到顶门，可说光天化日下遇无妄之祸。

学校明文规定单身教职工，家在本市的只能住集体宿舍，"女魔头"早就扬言公共食堂伙食不好，让老妈来给自己做专职大厨，看来她如愿享受美餐了。

我转身去找老乡大于姐诉苦，她劝我：

"放心，后勤会帮忙解决，老葛在关键时候总能出手相助，那是有名的老雷锋"。还说"对那无法无天的人，不是不治，是不到时候"。

大于姐的话让我沉静下来，记起半年前第一次申请住房时，后勤工作人员给我送钥匙的情形。当我说申请交上十多天就批准可真够快时，那位工作人员却说，"这老葛还嫌我们慢呢，他拿着你的申请书说，孕妇申请住房不能拖，你们看预产期只有一个多月了，万一提前就措手不及了"，"再说她这写着，想到外地老家生产，看来迟迟没落实，才来找学校申请房间"。

要知道，即便在申请住房时写了待产日期，对一般人那只是过眼烟云，仅看作申请理由而已，可老葛不仅如此关注民情，竟能未雨绸缪为事先预防加快办理，这是何等慈悲的人格！

离开大于姐，我满怀希望去街里的小唐家，她同婆婆住在一起，丈夫在外省工作。这位老朋友说，早就知道我的房间被占，有意不想告诉我，怕我着急上火，影响孩子的奶水，她也正在哺乳，有切身体会。我这夜住在小唐家，庆幸没有把孩子和婆婆一起带来，是因生产前婆婆再三表示，在儿子那能多把手照应，最后竟不想离开儿子了，但我过些日子还是得接过来。

第二天上午，我去后勤交"住房申请"，办公室主任安慰我：

"别上火，等老葛过来我们商量一下，现在还有空房间。"

我一听主任说老葛，就有种在漆黑夜里看见磷火，又像在荆棘路上遇到铺石桥板，油然升起了希望之火。我听说，这几个月校内发生很大变化，老葛现在不仅负责后勤，还是校革委会的一把手，他的亲和力和正直无私得到了多数人的拥戴，看来又遇上贵人了。

果然，交了申请的第二天下班前，后勤的一位师傅亲自找我，给我房间的钥匙，我惊喜地说"没想到这么快"，可他说："老葛对该办的事不准过夜。今天下班前，办公室主任用电话喊他回来几分钟，让他看了你的申请，他立刻指示，'有空房间马上批'。还嘱咐下班前通知你，交钥匙时要检查房间内设备。这不我连忙跑来找你。"我边听边跟着师傅往宿舍楼赶，那师傅还重复着跟老葛开的玩笑："再有人强占房间怎么办？""他怎么说？"我与那师傅异口同声地问，师傅说这回老葛底气十足地说："用权力抢回来！"

打开房门后，检查床和桌椅无损，师傅又打开楼东北角的仓库，帮我把行李和日用品搬过来。我感激地送走师傅，自言自语，"总算有个窝了"。接着胡乱地铺床，根本没搞什么卫生，精疲力尽地扎到床上。

在这漆黑夜里的冰冷房间，又孤独地感受到磷火的明亮，它给人希望和坚强。梦回宝贝的摇篮前，看见奶奶拿着奶瓶，哼着摇篮曲，祖孙都似睡非睡地甜美……

2

好友小唐的第二个孩子快出生了，每提起生产后怎么带，她就双眉紧锁唉声叹气，这个绝顶聪明的"乐天派"，被烦琐生活磨得很少有咯咯笑声了。她掐着指头数，婆婆没退休，身体也不太好，早晚还帮带老大，心有余力不足。丈夫在外省工作调不回来，鞭长莫及。

前车之鉴，我这后车得戒。小唐今日之苦就是我明日之愁，她解决不了的，我更难解决。恰在这时我也怀孕了，思前想后最终决定去医院，约好手术日期。可朋友体育王知道后坚决阻止，这位老大姐单身，善得出奇，"不能流，一定要留着"，这孩子会给你增加调动工作的砝码，她的劝阻立即引起我深思，之后我入魔似的把希望寄托在调动工作上。

明知那个年代几届大学毕业生都没分配工作，人事部门也明令规定"人事冻结"，靠调动工作，能夫妻双方照顾孩子，岂不是漫长的白日梦！

要知道人急生智，大脑不休不眠，思绪上天入地折腾，竟瞬间找到逻辑推理，让人彻悟：人事"冻结"，就如"冰不化"，水成冰当然不流动；可这毕竟是河水的表层；要知道严冬还能从冰窟窿里打捞活鱼，水不管多深也只能从表面开始"冻结"，其深处的水还是流动的。

于是我从这自然现象推及社会上人事调动，在很厚的冰层下水照样动，这种流动水不增也不减。那么两个单位的人对调，不就像冰层下的水一样"对流"吗，这样对流双方单位人数不增不减，如对换双方也是教师对教师，同年毕业教汉语专业……不仅能解决两个职工的困难，对两个单位人事安排也不会有变动，两全其美，何乐而不为！

我把这种想法说给小唐，她拍着大腿跳起来。这就是说，我与小唐丈夫对换单位，她方可与丈夫在同一个单位工作，我也到了丈夫工作的城市，虽不在一个单位，但有个家了，能共同照顾孩子。可小唐突然转了转眼球，很失望地说，"可惜对换不对等，你从大学换到中学啦"，我说："人在困境时顾不了那么多。"说心里话，只要不离开学校这块圣土，我就满足了，我确信这块文明之土比任何地方都阳光和干净。最后我们约定，马上行动。两个少妇击掌发誓，在混浊的困境中朗朗地笑着，开始做白日梦。幻想梦中有贵人能理解这特殊情况特殊处境，使梦想成真。

人事处小朱收到我们的"对换申请"时，依旧说"冻结"的老调，但表示"解冻"咱就开办。小朱有体会，她已有两个孩子，丈夫和父母都帮着，还叫苦不迭。为了说服小朱走出"冻结"的迷雾，我又写了一份补充申请，以多维方式说明"水是不能全冻的，大海根本就不冻呢，我们双方对换就属于那不冻水的流动。对换双方都是同年毕业的青年教师，齐虎相当"。

一个多月后，小朱突然来找我和小唐传达：

"运动中人事部门目前还没有'解冻'情况下，你们是首次省与省之间人事调动成行的先例。真为你俩高兴，走运！"我们乐得连声道谢，甚至有点不敢相信自己的耳朵，便追问小朱是如何做诸葛亮，智战上级开绿灯的。小朱一五一十说，"诸葛不是自己，是老葛头"。这引起我们的好奇，非让小朱跟我们细叙不可，她说：

前几天老葛去省里开会，我把你们的两份申请和你们两家四个人的相关资料交给他，想借到上边开会的机会，顺便去人事部门找顶头上司游说，不成也搭不上啥，成了就算咱做白日梦成真。"那老葛到底说啥这么管用？"小朱说老葛先给人事局局长看了你们的两份"对换申请"，然后跟局长说：

"人换人，教师换教师，不增不减，手续简单，解决两个女教师的困难，你们一抬手按绿灯，就帮助移走教师面前两座山，何善而不为!"当对方强调这是运动期间时,老葛又说,运动就像河水上面的冰,解放妇女就像冰下流动的水,互不影响。看来你们的两份申请都派上用场了。

"解放妇女不影响搞运动!"当对方仍不表态时,老葛说只好掷出重型武器:

"搞运动也不能停止'为人民服务'!"

对方沉思而无话,大笔一挥特批了。

我和小唐拍手称快,乐不思蜀时小朱忙着点赞老葛:

有人是做了再说,老葛是做了也不一定说的好人。

3

那年代,国不富家也简陋,搬家虽几件行李,也得求单位出车送到火车站。出发前一天下午,我去后勤办公室,主任说出车没问题,不过现在是非常时期,规定得有老葛的批条手续。又是老葛,困难无尽,缘分也无尽。

我在办公室等一会儿,便到走廊逛来逛去,触景生情,想起了莎士比亚的名言:告别真是美丽的悲伤。之前一心想离开,真到要离开时,又依依不舍步履沉重,我很希望离开前见到老葛,亲口表达心中积存太久的敬意和感谢,在走廊逛了好一阵也未见,便回家收拾东西。

下班前我又去后勤办,得知老葛已写了批条,我便同后勤办敲定,明日下午三点半出车。走出后勤办公室,我很想去找老葛话别,犹豫一下便止步了。一念之差,错过了与老葛当面致谢的机会,瞬间犹豫也错过了最初也是最后可能对话的机缘。

第二天午间十二点,后勤的小面包车就开过来了,我问司机提前来，是不是用车排不开班，司机摇头说：

"老葛特意到办公室找我，叮嘱一点钟前务必送你上站，让我转告你一定照办。"

我当时忙得头昏脑涨，觉得学校是大家，搬家是小事，只要能送上火车站，早送更踏实，没再多想什么，虽然来不及通知送别朋友，那就孤云独去吧。司机还说老葛让我转达，祝你一路平安，他忙着开会不能来送别。

听了司机这番话，心里暖暖的，说实话，怎么敢期望从没对过话的领导来送别呢。车上路后，司机打开话匣子，笑吟吟地大发议论：

"老葛头，别看话少，眼观六路，耳听八方，啥事都为老百姓着想，连你自己还没想到的事，他就提前给你办了……"

搬家后，我给老葛头写了封很长的感谢信，很快收到他的短函，他听司机说那天提前出发很匆忙，终于在信中特别说明了提前送站的原因：

"那天要让你下午到会检查如何'站错队'，我认为你已调出，何时走与他们没关系，再说没必要搞这种突然袭击。"

信的结尾有句幽默玩笑，寓意很深：

"就真是只小绵羊，狼咬时也会挣扎几下的，何尝大活人呢！"

庆幸又一次逃出了魔掌！别说提前几小时上车站，就是提前三天三夜住马路，我也心甘情愿。后来我从这个学习班上的朋友那得知，当天下午"学习班"集会，派去找我的人回来报告：人家午间就上站了。"学习班"主持人很不悦地宣布"会开不成了！"

据说20世纪90年代后期，老葛高寿驾鹤西去了。将有一天，我会在天堂当面鞠躬致谢！将有一天，我会在天堂把酒酹奠这位长者，并献上一炉长明磷火！黑夜可能变短，但不会消失，荆棘可能变少，但照样伤人，只有磷火照样燃烧，越烧越亮。

第二章

天籁之声

一、驭"火"瀹怒

1

面朝东的教研室窗子敞开着，和风悄悄地把熏黄的余光朦胧地送到窗内，安谧地慰藉着忙碌一天的人们，凉意使人陶然欲醉。老师们像耕夫背着夕阳从田里归家似的，陆续回到教研室，或闭目沉思，或提笔书写，屋里像阒无一人的空谷。

同事晓新进教研室，径直地轻手轻脚走到我的桌旁，弯下身低声说："你们班在走廊玩火啦！"在我木然地还没反应时，她赶忙补充证实："我从办公室听说的，肯定是真的。"之后她还说了玩火的地点和具体情况。

我这班主任，懵懂地站起来，茫然不知向谁梦呓般自言自语"火灭了吧"，脚步比话音更快跨出室，冲向楼下教室。

别的老师听说这奇闻，就像看顽童湖面打水漂出现涟漪似的习以为常，或者干脆像看吸烟族吐出烟圈一样司空见惯；而我这班主任的第一感觉是，手榴弹终于“爆”了，接班二十天时，终于打破了平静和沉默，绝不是偶尔露峥嵘。

现在空荡荡的教室后面角落里站着几个人，光线最暗，跟我猜测的果然一样：准是大象带着小马和猴子惹的祸，这名字是长期集体生活自然形成的昵称，他们之间相须为命，相时而行。我从没见过这几个“梁山好汉”，也有今日的低手下心，伈伈睍睍的样子，眼神惴惴不安。看我来了，还都歪歪斜斜地移出角落，我尽量压低嗓音问：“笼火啦？”

他们低着头，不情愿地挑起眼皮，相顾失色，谁也没回答；那畏首畏尾的眼神，一扫往日的阳光锐气，只有大象清秀眉毛下闪着刚毅光芒，紧闭着的双唇露出不屈的质疑，但仍像幼儿园小朋友，知道做了不该做的事，不敢正眼看老师一样，我心里明白，这几条聪明的硬汉，对自己撒野的低级把戏同样羞于启齿。聪明不等于智慧，但智慧得有聪明垫底；这几条硬汉还处在转化智慧之前的门槛处。而我焦虑的内心抑制不住自己的情绪，他们并不知道我尽量掩饰自己的愤怒，我竟用中指点了两下桌面，加重语气下了命令：“找纸笔，写检查！”

我知道这不仅是过关的“通行证”，更重要的是该反省自己胡闹的后果及原因。

我的话一出口，便暗责自己说得啰唆，十六七岁少年难道能用手指往墙上写检查吗。他们慢腾腾地去翻桌角上的书包，流行的军绿色书包瘪瘪的，至今已有六年没有高考了，少年的个子在猛长，但书包却越来越轻。翻书包中，突然有本厚书掉在地上，《红楼梦》三个字映入眼帘，轻轻的书包中有这么重重的古典，谁能说是坏事，在那个年代是多么稀罕的景致。

命令他们写检查，这是用旧式方法惩治错误的铁规，所以既没看出他们吃惊，也没有一点抵触，相互间的眼神更多的是无奈顺从，颐使如意，其实他们内心的火还在燃烧。看到他们慢腾腾地翻，我很焦急，希望在学校过问此事前，看到他们诚恳地自查。

顷刻间，我的同事推开教室门，探进半个头，呼我去领导办公室，正翻挎包的几个一愣，侧目而视从门外探进的半个头，像触电似的，眼中闪着疑惑之火焰，嗔怪之心突然又发作，其中的一个嘀咕道："我还以为只告到班主任这。"

他们对话声音很小，但表情极严肃，何止在继续释放着嗔恨之情绪，也在加大矛盾的鸿沟。妙龄少年正是内心信仰和理性大厦落成的年龄，戴着桃色眼镜看世界，一切都如花似锦，韶华灿烂，可偏偏又觉得荒诞了。我没有澄清自己是如何知道的，也不想诘问他们说的"那个人"是何许人。我听晓新告诉我时，就已断定，看见玩火的人肯定是这个班的对立面，按常理，看见玩火者应当场制止并严肃批评。

我直视这几个"梁山好汉"，又用中指使劲地敲着桌面，表示快点儿，冲他们说："认真写！"

他们几目相交聚，表示懂得，我退出，在关门瞬间，转头从门缝中扫到他们眼中还有无助和期盼的火苗。

2

领导理所当然要找班主任"兴师问罪"，"戡乱戏"才开场，且看如何导演。我忧心忡忡，去"觐见"召我的上司，步履迟缓，我像位于悬崖和平地中间。

领导办公室的窗子朝西，西斜的太阳好像早晨一样使屋内洒满了光的粉粒，形成淡淡的薄雾，光线也就不太刺眼了，但如泣如诉，若怒若怨，寂静得有点寡情，我盱眙双眼看着这似曾相识的霞光。二十多天前，似乎也是在这样的氛围里，我不得不接受领导指派，去这个班当班主任。今天有点不同的是，两位领导面有不豫之色，板着脸，默言无语地看着我，连夕阳的光芒也冷冷地袭人，这种愀然作色，令人煎熬，小个子领导像没看见面前站着人似的，单刀直入地诘问：

"你们班在楼里玩火啦？"我被动地点头，像囚徒入法庭，等待审判犯眉睫之祸，紧接着我又听到追问："怎么办呢——？"追问的语气缓和多了，像是自问，也像是问他的同伴和我，问话的结尾有个拉长音"呢"，是降调；很显然是在商量，三个人都沉默不语，另一位领导眼睛盯着地面也像在疑问。我心里明白，玩火的学生是"项庄舞剑，意在沛公"，我并不想说这"沛公"是何许人，说了就复杂化，等于火上浇油。但我也意识到，领导说"怎么办"，不仅问他的同事，也包括让班主任拿处理意见，是信任放权，还是质疑考验，我一时分不清。但重要的是给了机会，何不抓住。何况我已经走在他们问"怎么办"的前面，按我头脑中的思维定式处理着，尽管那方法简单粗暴，甚至是"命令"，那是从小就铸入我神经的最常用的惩罚手段，无可厚非，于是我胸有成竹地一词一顿地先开口：

"他们现在写检查呢！"我像回答老师提问一样准确无误，但同时又灵机一动生出意外的"辩护词"：

"检查写完让他们自己送上来，你们酌情当面教训！"

我对"怎么办"的回答是公式化的真实，但后面追加的话是"有名无实"的，如果他们同意，我回去再下命令也不迟，对领导的"怎么办"，我既已善处，又没越俎代庖，同时把领导处理此事的空间，无意地框在学生检查认识程度上。

沉默片刻，两位领导小声议论，我有意避开，移步到西窗前，凝望将告别的晚霞，在夏日最后惨淡的日光中，怅怅然地站着，玻璃窗外树梢上的小麻雀在跳跃，宁静的树上偶见金色透红的叶子，那是秋的预报，但枝尖上的嫩黄幼叶，正春意盎然，根本没在乎秋风秋雨的考验。

敬候领导锦囊妙计出炉，说心里话，希望他们把"皮球"踢回来，那或许是驭"火"的上策。小个子领导终于以淡定的语气下旨了，我倚靠着窗台转身听命："不用拿检查上来。你就狠点批评！"

这话犹如法官落锤，我悬着的心很爽地落地了。"狠点批评"与领导找他们面谈乃至行政处分有质的区别，再说"火"是学生自点自灭的，又没造成灾难后果，这话我咽了回去。

3

我从领导办公室出来，在走廊踟蹰了好一会儿，故意悠悠然放慢脚步劝自己少安毋躁，坦荡相对，推测他们在教室不会这么快把检查写出来，确信不见我回去他们也不会走。

我很纠结，面对这复杂的局面，自己没有智慧把学生拉出"火"的旋涡，使他们站在庐山外看清自己的"险境"。

我也深知，面对这难驾驭的班级，前进得到的比后退得到的多得多。教书是种一直让你努力进步的职业，麻烦在更高维度上，有缘使自己与学生一起成长，对于学生错误行为的批评，是教育不可少的要素之一。

如果就事论事地批评，其实他们自己灭火时就已经完成了自我批评。点火的冲动到灭火瞬间，表明少年们有很机敏的自律精神，意识到火烧起来的恶果比释放心中之火有无法承受的灾难。刚才我命令他们写检查，其实已是一种重复性的自我否定，某种程度上是进入给别人看的文字化，企求原谅。检讨教育，包含惩罚，不一定能促使学生进步。批评只是教育的一种手段，最好的批评是心服口服后，还自觉地去纠正同类毛病，这叫"批"一"做"多，凭这样的想法，我如何能做到"狠点批评"！

很明确，不能用朽索之驭怒马。领头的大象，可说是个胆量过人的"牧羊童"。"牧羊童"在放牧时敢和狮子、熊搏斗，敢用甩石子的绝技击毙对手。大象12岁时，单枪匹马保护父亲，遭到毒打都不求饶，让他认错可不是件容易的事。谁想挟权依势地批评，是难以使他服输的。

少年处在从梦想到现实阶段，充满了戏剧性。经历着艰难的心路历程，正站在未成人门槛不断向成人世界窥探，充满希望，又很迷惘。

我思索着这火与火的纷争，物理之火灭了，而且是纵火者自己灭的；但他们心中之怒火没有灭，看他们怒形于色的眼神，还忽明忽暗燃烧，当人人都认为自己是"正义"之火时，即便你有火眼金睛也难以辨清！当局者迷，我这"旁观者"何尝清，即便我看清了这局中某个侧面，也只能试图迈步，以"无知"为前提去"求知"，也许其乐无穷。

4

对学生与生存环境情感纠缠的波谲云诡，我在走廊几小时或者是几天思考也难以梳理清楚。但有一点我心如明镜，而且必须坚持，那就是撕去质朴灵魂的"野蛮外表"时，也要疏导他们心中的怒气；千万小心不能糟蹋学生的善良品质，不能削弱他们的意志。我的

"狠点批评"的迈步就从这个基点开始，于是我结束暂时的纠结，迅速走回教室。

他们那不伦不类的检查，大概的意思是看到走廊上掉下的墙报碎片绊脚，踢到一块就点着了，火刚点着便踩灭了。我根本不想细究着火的情况，更不想听他们叙述自点自灭的矛盾心理。因为对烦恼的复述，可能伤害少年脆弱的神经，干吗复习内心纠结的痛苦呢。

于是，我放下他们的检查，凭教师的"良知"和对少年柔弱人性的保护，说了下面这番话：

"你们的勇气，选择了错误的方式。由于冲动使目的适得其反，可能被利用。玩火者应先焚自己的幼稚，再焚自己膨胀的野性，今天你们是扇火止沸。"

他们以为我的批评才开始，凝神聚力地等着听下文，我却戛然而止，偃旗息鼓了。我说的这番话模糊、笼统，甚至空洞，但肯定中有否定，否定中又有引导，没有灌输真理，只是让学生自己去思考点什么，让他们在清理自己的野性中学会用合适的方式表达自己的意见。我确信这警示性的"批评"绝不会熄灭他们心灵侠气之火苗，但绝对能起到收敛的作用。他们眼巴巴地望着我，又愣愣地相互看着，个个表情诧异，我又坦诚而干脆地直白：

"这件事情到此结束了！"

尽管我把"结束"一词咬得很上扬，可他们并不太相信我说的话，当然很希望我的话是真的。我明白他们最担心的是什么，只好面带微笑地调侃：

"我已按领导的意见，批评了你们。"我把"领导"两个字说得很重，借此缓解他们心中的不满，消除玩世不恭的情绪，希望顽石能点头。

"如果你们心中正义之火还在燃烧，就去帮水房师傅烧水热饭盒，火烧得旺旺的不用踩灭，没人干涉。"

他们从似信非信中，如释重负地舒了口气，这几只铩羽之鸟，有点走神般陷入思考，表情凝重而质疑，眼睛里却闪烁着彩虹，燃烧着希望，但愿他们走出教室，与归家的夕阳余辉一样自由快乐。可我仍心事重重，向晚意不适，追车回家去，挑战才开始，何解"火"情绪？

5

两天以后，"驭火"的"回报"是令人吃惊的。

玩火者的"首领"大象，彬彬有礼地站在我的面前，他一向不爱说话，今天却打开话匣子，但仍用语吝啬。我几天前赶走了自己头脑中教育的雾霾，今天学生创造着自己受"教育蓝"。他被警示"批评"后的行为变化，实在出人意料。可说情况紧急，危险升级，一分钟都不能拖延。干这种险事，如果是玩童模仿，属于无知恶作剧，可偏偏是少年，干的是人命攸关的险事。

"火烧"风波刚落幕，大象突然主动找我"自首"，可谓使人厝火积薪，为尽快解除"险情"，求我相助：寻开锁钥匙，开老王住室的锁。老王是新转到学校的老兵，山东家室没过来，他独自住在学校教学楼收发室对面十多平方米的单间，据说夜里还代替更夫，白日坐班管理后勤总务，看来是位会过日子的"当家人"。大象伺机潜入老王的室内，将自制的雷管塞入床下地板里。

雷管是易爆危险品。大象说"玩火"后受到警示，想到雷管爆炸更可怕百倍，决意赶快从床下取出来。可老王的门总是紧锁着，找不到能溜入的空隙；也许是老王发现屋里有什么蛛丝马迹的变化引起警惕，门锁得勤了。

我编个理由，悄悄去后勤找熟人小程，得到了备用钥匙，趁老王外出时开锁入室，亲眼看着想"纵火者"熟练地撬开床下松动的板条，拉出一堆细电线连着的雷管；还说这导线拉出怕暴露目标，才迟迟未能引爆的；而且他特别表白，不是想炸总务王，自谦没有那么大的狗胆，就是想把他的床炸烂，吓虎老王，让他"整人"收敛点。

事情本身的危险程度，远远超过他恶作剧的设想，最让人头痛的不仅是作乱，而是作乱又"犯法"，为此我不能不认真地同"纵火未遂者"长谈：

"我猜，你跟老王主任没说过几句话。"他点头，并微笑着说：

"谁跟他这种人说话，再说他哪能看上我们小孩伢！"

"那你对他的恨从哪里来？"他对我的追问闪烁其词地回答：

"他不认几个斗大的字！但'整人'招多。"

他最后这句话，泄露了天机，我明白了问题的大半，而且他有意转弯说结果，如果我再追问"整的人"是谁，就等于强迫他说不想说的谜底，使他太窘了。人家能向你报告这件事，首先是认错又出于信任，解除了危险，为什么要刨根问底呢，再说我早已知其中缘由的二三。我最担心的是他心灵中正在沸腾的热血平息下来，逼迫不如瀹怒，蜡在柔软时容易定型定样，硬时容易破碎。小树苗可以移植修剪，长成大树就不能这样办了。人身上唯一持久的东西是从少年期收获来的。教师的负面刺激万不能毁了他的热情。但我望着"雷区"和拉出的雷管，最终还是一改警示口吻，丢了教师的温和与宽容，非常严厉地告诫：

"无论你为谁打抱不平，手段都是犯法的！惹出意外，得偿命！"我明知已经不可能出人命，却故意用可能的严重后果"吓唬"他，但我确信，少年那尖锐的眼神有内置的谎言探测器，他会像在寻找真实的猎犬一样，发现不诚实的现象，他看透了我说的话中还有隐藏的内容，所以发愣！我看到了他身上非凡的可能性。

我说这席话自己很无奈，他也不以为然。看来我只能触碰一下他的底线，于是我"单刀直插"他的痛处：

"我断定你与总务王无冤无仇！"他低头不语，当然不想回答，在我预料之中，而我也根本不想听他的答案，他的单纯和勇敢被装上了"火药"，吓唬别人时却不知可能毁掉自己。我的刺激到此打住，不能在教鞭下得理而无度，我知道当一般人远观尼亚加拉大瀑布时，他能冒险乘船坐木桶横渡瀑布，他就有这个胆量。

在他保证不再干此类冒险恐怖事情时，我遵守对他的君子一诺，不与别人说这出"闹剧"。出于信任，他很快又向我反省了一些别的荒唐冒险故事，如从窗户跳入图书馆偷了很多故事书，放在家中地板下，夜里偷着看，说到故事时脸笑得像绽开的蓓蕾，还煞有介事地说因为图书馆关闭，不得不如此。

他表现出童年的清新直觉和少年的微妙心态，我默默地祈祷他快速顺利成长。

敢冒大险的人往往是易成功的人，失败有限，冒险无限，他跟我说得越多，我越发觉得这个桀骜不驯的少年，很像马克吐温笔下历险的哈克贝利和汤姆索亚，当然更像塞林格的《麦田的守望者》里的大学预科生霍尔顿。从这天起，我确信这个少年，当一身的侠气和聪明变成智慧时，将大有作为，对眼前惹的乱，我必既严格又宽容。宽容是理解的桥梁，支撑他熬过数九寒天盼来成长的阳光，一定有芬芳花朵结出果实。初次的精神相遇过程，在师生生命中绵延，动态成长到永远。

6

在接这个班第二十天时，我第一次以班主任身份与学生开始对话，打破了僵局。是什么东西横在我们师生之间？只能意会，不愿言宣。令我意想不到的是风波过后，我终于有机会一脚踏入门里。

我对学生显然是"偏袒"的，其中有说不清的盲目，将其梳剔剥皮抽筋，何其难哉！但却有最基本的教育理念支撑，绝不因我是班主任"护短"。

我面对着告人者和被告者，貌似有理的强者和貌似无理的弱者，尤其是成人和未成人，教育家认为十八岁以前的学生"正处在人生保护期"和"保修期"，这样的教育常识和基本理念，不该被抹杀，把学生当成人对待，会使火中取栗的少年祸不单行！

偏护不等于放弃批评，批评更不能被异化为"整人"；批评要保护弱者的尊严，小心呵护伤口周围容易感染的健康肌肤；在复杂的环境中，成人首先应保护未成人，教师首先应保护学生。成人对未成年人上压下拱，会把他们逼成穷鼠啮狸，那是人伦的颠倒。呜呼！怎么能不看好未成年人，他们将成就我们不能及之的未来！

对这个班我虽付出很少，但收获颇丰，虽最终没有完全走进这个群体，可浮光掠影感受到的那部分，给我的启示已使我很知足和享受了，因为它纯正而阳光，真诚又开始理性的启航，这难道不是"失马"塞翁的"福"气吗，得马不在多少，在于得到了"龙马"精神。

我之所以能"坚守"到最后，固然有个人的操守和职业担当，但这个生龙活虎群体本身的魅力吸引和鼓舞，成了我永久的充电源。小小群体中 21 个人，虽年长到已不能算孩子，可年轻得还不算成人的一伙人，虽然抗争的手段幼稚，甚至是无理取闹表现出野性，教育家认为少年转向青年是"超人萌发期"，是成长的必然，不须大惊小怪。他们以自己的方式唤醒并诱发了我的热情，他们那犀利的洞察力和批判精神，给了我坚守下去的勇气。

烦恼和困难是得智慧的因，他们在那复杂年代表现出的侠气、锐气、勇气和灵气，是我教育生涯早期遇到的独特风景；如烟中之火，沙中之玉，芳草中的玫瑰，雪原中的腊梅。

它给我这青年教师播种的希望，一直伴我教育生命的长途跋涉中，并成为永久的怀念厚礼，不论什么时候，它永远是回忆教育生涯的首页，并闪闪发光，是曲歌，是首诗，是部小说。

四十多年过去了，他们的名字我还清晰记得，连他们在教室的座位我还历历在目。那每个人的音容笑貌，刻在记忆光盘中储存着，常过电影。记得一天夜里，一个分别三十多年从没联系过的学生，突然打来电话，第一句话"老师您猜我是谁"，我脱口而出，"你是绝顶聪明的才子大海！"我脑海中立刻浮现出那个一直坐在靠窗台头张桌的翩翩少年，总是晃晃悠悠低声说着趣事，曾拉我坐下听他背《红楼梦》诗词……电话转到另一个手上又问："老师您猜我是谁？"我照样说出他的绰号"马贩子"，这个聪明的小个子，像只忠诚的警犬，总是精灵般嗅到什么，谋划着什么。那天晚上是几个老同学聚餐，想起来给我打电话，又一次引我回到当年。

教书伴随我一生每时每刻，假如生命没有最早把我放到这个班的讲坛前，我怎么能看到这么美好的光景？大自然一年只有一季是春天，而我一生都面对青春的火焰。

谁是先生谁是学生，不是在互动中颠倒，就是在颠倒中互换，多么伟大的逻辑！

二、初生之犊

1

教室的窗外，迎春花的蓓蕾呼唤着阳光的抚慰，墙根缝隙里的野草，冲出地面东张西望，企盼自由的空间。春寒料峭的日子，雪花虽不时光顾，但经严冬淬砺的生命，更渴望化雨的春风。

莘莘少年如春苗，以春的速度成长。

从前，这间教室满满地坐着45个小学生，缺一两个感觉不出少谁，如今稀稀落落的只有21对桌椅，还是刚入学时的小桌小椅，对于高中生就像托儿所里的大玩具，偶有一个同学不来，就是一大块空地，格外引起邻桌的关注，再说这21个人几乎没有缺课的。

今天的一、二节课，坐在最前排的小铁没来。说她"铁"，是因为她像铁蛋似的皮实，极有耐力和韧性，连感冒发烧都不知啥滋味；学生中的领袖，身兼多职的学生干部，热心公益，肯帮助同学，别看个头是班上最小的，能量可够大的。她头两节没来上课，书包却在桌里。李华与她平行坐，只隔个过道，最先注意到从不缺课的人缺课。上间操时，听小弟班议论，今天"缺席五六个人，差不多都是学生干部"。李华立刻联想到小铁没来上课，大概与学弟班缺席有相同的原因，推断这事情可能与上面调人有关。放学路上李华问小铁，她吞吞吐吐不想说，但觉得这么大的事瞒得了今天瞒不了明天，与同窗八九年学友，不说不够意思，不近情理，便直说了去查体及原因，还让暂时"保密"。

这消息对学日语学生，可说是天降大任于斯人也。李华为小铁祝福的同时也产生了疑问，国家目前"急需日语人才"，为什么建校元老班的最高年级，学了九年日语，只选中一人查体，低年级竟有九人，连初中班还有四人，不该忽略最高年级生源。即便政审非常严格，也不至于丢下这么一大片。放学路上百思不得其解，到家后呆呆坐着。知子者，其父也。李华终于同父亲说了这条沉甸甸的新闻，认定百分之百是真的。其父认为养兵千日，用兵一时，国家的大形势是到需要你们的时候了，而且他断定这仅仅是开始的信号，机会多多，这次去不了，还有下次，不用发愁，天生我才必有用。

关心国家大事的那代人，已经很欣喜地感受到中日关系正处在回暖期，两国一衣带水，邦交正常化指日可待，而且同世界各国外交也会有新气象。具有远见卓识的伟大战略家周总理九年前就决策，在全国创建五所外语学校和两所外语大专，既从娃娃抓起，又加速培养急用外语人才。到1972年，最终只有这一所外语学校坚持着最初的办学方向，可以毫不夸张地说，这个班中的21名学生，从小学三年级开始坚持到高中二年，是唯一从娃娃起储备下来的稀有外语人才，国内同龄人中绝无仅有。

李华父亲认为，班上只选调一人，一定是学生的思想表现不合要求。父亲是位饱经风雨和艰苦劳动磨炼的老干部，有着敏感的政治觉悟，认为差一点全军覆灭，真得想想问题出在哪，凭着沉稳的思考判断，以极大的勇气提醒儿子：

"该去学校请当政者帮着找找问题。这次选人结束了，以后应有很多开始。"李华觉得一个学生有什么胆量敢去问领导，其父认为儿子的为难有道理，于是决定跟儿子一起去，以家长的身份请教领导，问个说法，家长关心孩子的前途，不信校方能把自己推出来。学校总能知道出了什么问题，如果真有大问题学生必须及时改正，才不失以后的机会。对孩子的关爱，谁能超过家长！在关键时刻，家长可谓是幕后英雄。父子仔细商量后，李华最终认为还是自己去请教领导，事不宜迟，趁热打铁，明日到校，宁可误课也去向掌权的工宣队长请教。

李华设想了谈话的各种可能，也许领导认为选调学生是上级的事，无可奉告，领导若关门封口，只有无奈终止。如果领导能直接指出"问题"，就恳求把问题说得越具体越好，因为利于今后改正，甚至想到如果对领导提出的"问题"有不同看法，也要耐心倾听，千万不要急。

2

第二天早上，阴沉沉的天下着淅淅沥沥的雨，"贵如油"的春雨，滋润着饥渴的土地。温度虽骤然下降，让人感到阴冷，但李华满脑子翻腾着如何谈话的事，心里还是热开了锅。他赶到学校没去教室，推测工宣队长不会像自己来得这么早，便徘徊在校门北面，眼睛时时盯着南边的路，驻校工宣队是南城纺织厂的，即便队长家住市内，从北边过来，自己站在这里就看得更清楚了。不一会儿李队长骑着单车从南侧人行道拐进校内，李华尾随他进入教学楼，当然保持着相当的距离，但心跳在加速，平添几分怔忪。可以理解，一个高中生主动找校方领导谈话，可不像找老师探讨问题那么家常便饭。

李华直奔工宣队办公室，屋里只有李队长，说完礼貌话自报班级和姓名，便径直切入主题：

"李师傅，这次上面来调人，我们班是建校的元老班，学习日语年头最多，日语水平最高，怎么抽调的人最少？"

李队长对这突如其来的提问有点惊悸，李华顺口说出的三个"最"是铁的事实，但选调急用人才时自己没想过，所以此时他竭力掩饰自己的情绪。他是个不摆架子的领导，随意地"啊"了声之后，脸上还露出了笑容。他感到面前学生的提问很实际，实际得你躲不开，尖锐得你不能不亮出底牌，要解释还真是一言难尽，便说了一句很现实的话：

"你们班能去一个，已经很不容易了，是因为逼着她杀了回马枪，否则一个也没有。"

李队长这种全盘否定的话，虽刺激得李华神经紧张。转而却使他更加大胆，后面的对话唇枪舌剑，李华挑战似的问：

"杀谁的回马枪？"

"杀无政府主义小集团的回马枪！"李师傅脱口而出。

"我们班是无政府主义小集团？"李华又追问。

看来李队长熟门熟路说出无政府主义小集团，这顶帽子李华与同伴戴很久还不自知，没等李华再追，李队长胸有成竹地表白：

"你们班跟着与学校对抗的日语老师，这是事实吧！为此，你们与全校各班及教职工也有对立情绪，这也是事实吧！"

李队长的话，李华事先考虑过这多重复杂的关系，那只是纸上谈兵，远不像现在这样刀光剑影，是可忍孰不可忍，干脆对准方向，直接表态：

"你们这样以一个人画线，不合适！"

李队长立即打断李华的话，把长期固化在领导思维中的观点亮出来，表明自己是对的：

"你们班这个无政府主义小集团，对抗情绪越来越严重。这个班针插不进，水泼不进。派工人师傅去，被你们赶出来，班主任都难派，派谁谁皱眉头，你们只欢迎那个日语老师。"稍停一下，李队长看出李华不服气的目光，于是干脆扔出了重型炮弹：

"你本人就是班级无政府主义小集团的头目之一。"

这句话令李华像头上挨了一闷棍，怎么也没想到自己还戴着这顶"桂冠"，看来不只全班被打入另册，自己还是另册中的罪魁祸首。这位"金刚"怒目了，没了平时的和光同尘，开始冒天下之大不韪，说了平时常人不敢说的话，初生牛犊不怕虎！他使自己的激动从严肃变得沉着，几秒钟内长大了几岁，像成年人一样立刻反攻：

"那个被停职的老师是我们日语的启蒙老师之一，确实运动以来，他还照常到我们班上，还照常去家访，难道我们该赶他走吗？即使是有几个同学为他喊冤叫屈，也不能把学生与这位老师个人画等号呀！"

李华的疑问和表态使自己的胆子越来越大，像武松喝了三碗酒奔上了景阳冈，反正已迫近深水区，干脆破釜沉舟，彻底表态，相信真理越辩越明：

"李师傅，老师是成年人，学生是未成年人，我们还不到 18 岁，即便我们同这位日语老师关系'不正常'，即便我们还没有认清这位日语老师的'问题'，那校方打算何时去班上纠正？难道就这样放任自流吗？你们为什么不去管理所谓有'问题'的老师？你们有责任义务帮助学生和批评这位老师，却万不能把未成年人和成年人画等号！"李华见对方没有表态，也把话说到了极限：

"如果你们继续这样以人画线，我只好去找说理的地方，找管理学校的教育局说理。"看来平时藏锋敛锷的沉静，掩盖了李华怒目金刚力士的锋芒，此时一扫他拉起二胡的逍遥和写书法的文静。

李队长怎么也没想到，站在面前的中学生，不仅敢大胆提出疑问，说出道理，还有誓不罢休的勇气，看表面好似懦弱，实是大勇不怯。

这场领导与学生的对话都各执其"理"，越说越尖锐，孰是孰非，谁人能给予评说？谈话不欢而散。李华这一天情绪很沮丧，上课溜号，心里憋得慌，远比预想的效果更糟，后悔自己怎么还说出"去上级告状的狂言"。唯一收获是终于把捂着的盖子揭开，明白校方对班级和自己的看法，一时难于改变，这个班何止平时被孤立，真到关键时又被抛弃，上级再来选拔学生，还同样没戏。

李华晚上同父亲诉说今天谈话的情况，父亲非但没有失望，反而坚信小华这一炮轰校领导，肯定会引起震动，并进一步思考学生和教师关系的轻重，还鼓励小华今天很像男子汉，同时表示"乘胜追击"，明天自己到校跟李队长继续谈，他不分青红皂白把学生推到"线外"，以一个人画线，咱还真得去找教育局说理。这"问题"不解决，何止小华，全班同学都可能一次次失去机会，父子俩又商量了如何说服校方以人画线对学生是不公平的种种理由。

3

李队长觉得李华的疑问和"辩辞"推情及理，无其谬乎！想起自进驻这所学校，就接受了前面领导对这个班的基本看法，自己对这个班所见所闻也确实如此，可从没有深究现象背后的本源，更没区分学生与教师关系的轻重。眼前这"秀才"来势汹汹，不能小觑。

联想这个班学生不断闹事，可见不是李华一个人对校方有不满情绪；只是像他这类学生干部，不可能用玩世不恭的方式表达而已。其实李队长在道理和道义上，已被李华的言说说服了大半，只是对情感上沉积下来的那些表面印象，一时还缕不出头绪。

于是他立刻让人事部门送来李华的档案，并向有关方面了解李华本人的表现。听各方意见，人们对李华有口皆碑，说他一贯是好学生，聪明，学习优秀，还多才多艺，文章写得漂亮，书法小有名气，二胡拉得有高山流水的韵味。从小就不让老师操心，淘气惹祸事找不着他。最大特点是绵里藏针，不见圭角，做起事来样样出彩，还偶尔露峥嵘，是班上有名的"四大金刚"之一。李队长了解越多越觉得跟自己"论战"的少年越阳光，虽接触一次，英雄所见略同。

就在同时，前几天选调同学正要去体检，校领导班子根据李队长提议，商定增加李华。真是天赐良机，李华出手得卢，一战即胜。李队长不管出于何种动机，是良心发现还是想息事宁人，追问不如让以后事实证明，只要有开头，不必担心过程和结局，因为开头出人意料的完美。

于是，第二天上课前，李队长找我这班主任，通知李华立刻去他办公室。队长还亲自出马，看来事情不一般。李队长一边说竟随我下楼去教室，见李华没来，他提议去校门口等。真是莎剧的"一还一抱"，昨天早上李华在校门口恭候队长，今天早上队长大人在校门口事必躬亲李华，当然这双簧只有他俩各自知道一半，我这被蒙在鼓里的班主任只知为领导找李华，却不知有重要的喜讯。

没等两分钟，李华背着书包迎面走来，因为我不知昨天双方交战一幕，唯恐李队长不认识李华，便指着前面说：

"他就是李华，这小个子有大智慧，是个人物。"我像交差完成任务似的，转身回教学楼，心里纳闷，领导这么急找他干什么呢？我若知道是通知他"体检"，宁可跑着回去上课，也先亲耳听听这好消息为他祝福，哪知李队长很保密，却说了句"你先忙吧！"

"李华，现在你不要去上课，立即去省医院检查身体，合格了就选调到中联部继续学习。"

李队长这突如其来的通知，李华简直不敢相信，但又相信是真的，因为听得一清二楚，便转身向医院方向走，身轻如燕，脚也有点腾空喜不自胜。没走几步，父亲骑着自行车迎面赶来。他本是来继续与李队长"交战"的，却成了专程为儿子祝福的亲人，他喜出望外，用自行车驮着儿子飞一般去医院，并十分感慨：

"这位队长还挺讲理。"李华若有所思地回父亲：

"但愿如此，想不到他转变得这么快！更想不到还有名额！"

李华体检合格，成为中联部这次选调十成员之一，终于冲出"围困"。闸门打开再难封堵，之后又有几人被国家部委选调上大学，接连冲出"围墙"；潮流势不可当，连最后下乡的那部分同学也很快全都调去当小翻译。

四十多年后，李华已功成名就。这位当年风骨峭俊的后生，身着倜傥的中式便服，前额闪着智慧阅历，古风古韵又慢条斯理地给我讲了上面的故事。我恍然大悟，方知班上首次被学校选调的两名学生，都经历了"围追堵截"。当年勇敢冲出突围时，我这班主任只是在私底下议论，上调名额分配如何不合情理，有同感的同事也只能唉声叹气，仅此而已，与李华这初生牛犊精神有十万八千里之遥，感叹无计和行动勇敢，永远有天壤之别。

今天听了这沉睡的故事，真是炸出我皮袍下的"小"来。难怪李华后来有胆识，选择了自己想做并做得出色的工作，成为今日活跃的文化交流使者和高产的翻译家。原来上面的"小故事"早已成为他人生大故事的奠基要素。呜呼，你可能遇到很多学霸，但不一定能碰上这样智勇双全的人才！

三、风雨阳光录

他们是"红旗下的蛋",沐浴在共和国晨曦中;却成了暴风雨孵化的雏鹰,经中流击水,冲过惊涛骇浪;食了伊甸园禁果,勇敢又智慧,违背"上帝"旨意闯荡,不论如何被妖魔化"上纲",生命火焰仍熊熊燃烧,你不能不跟他们一起成长!

1. 登高望远

位于操场南侧的锅炉房,专给师生烧开水和热午餐饭盒。上午炉膛里总是火焰熊熊,浓烟经过几十米高的烟道冲向高空,这烟的风光,人们习以为常。

午后,火热的锅炉,下班休息,炉膛开始降温,余火用拌水的煤封上,压的煤使火不透气,不燃烧,火炭也不灭,还使开水保持适当的温度。这时高耸的烟囱逍遥自在,不再吞云吐雾,几小时后甚至停止了呼吸,进入睡眠状态,谁对它都不屑一顾。

这直插云际的烟囱,很像拉伯雷笔下的"巨人"卡冈都亚,它周围的民宅和厂房,包括学校两三层的教学楼和宿舍,都成了格列佛"小人国"中的芸芸众生,矮小无比。鹤立鸡群的大烟囱让人望而生畏。那年代,烟囱林立的工厂,竟是城市发展的符号和象征。挺立的黑烟囱,曾经同密布的高压线、青山变的梯田、江湖变的平原及后来的教育"白卷先生"一样受到夸耀,成为诗人笔下的宠儿,但没有谁因此来"朝圣"它,甚至"把玩"这蹬天梯。如果有,又是你熟悉的少年,你有何感想!

放学铃声引出一片嘈杂,没一会工夫又鸦雀无声了。但静谧的操场方向,突然传出欢快掌声和"加油"声。尽管分辨不出是谁发出的声音,可教师职业练就出的强度磁场,与学生之间有某种特殊的神经感应,就像吸铁石对铁、镍等金属有自然的吸力,就像母亲听到孩子喊声一样,异常关注兴奋和共鸣。

教研室面朝操场的窗子还敞开着,老师们不由自主地趴到窗台上,探寻喊声方向的风景,原来是水房旁大烟囱前聚着一伙学生,都仰脸朝天,给在烟梯上攀爬的人鼓劲呢。

这种时候,班主任嗅觉尤其敏感,我把半个头伸出窗外,引颈起踵,果然看到地面学生中有自己班上几个男生,离大烟囱最近,看来他们是真诚的助威团队,顺着学生仰视的方向,我的视线迅速从二楼居高临下的地面,转向大烟囱的顶端。教学楼跟大烟囱有三四十米远,在楼上看烟囱真是地利又天时,烟囱底部隐在西照楼房阴影中,烟囱顶部有夕阳光照格外透亮,真可谓天助人眼之力,我立刻无误地断定大烟囱顶部站着的"加加林",就是自己班上的"蔫才子"大海。大烟囱造型很像加加林纪念碑一样简洁高耸,是直插云霄的柱体,不同的是上面立着的竟是活生生的少年。

一个最怕蛇,连图书中有蛇的图片绝对不敢触摸的人,怎么能胆大包天地爬几十米高烟囱?

我可谓是鹰视狼步地奔向烟囱下的人群,挤到自己班那几个男生前,把瞬间的心里的祈祷平安慌忙地化成疑问,这疑问是我的第一感觉,是思维习惯的必然,低声地问身边的"智多星"们:

"大海是与人打赌上去的吧！"其实我心里想的远比打赌严重多了，只是佯装轻松地问。

"他才不跟人打赌逞能"一个声音回答，另两个异口同声补充道：

"他若真打赌，输了不生气，赢了也不会笑"。

这两句话不只是概括了"蔫才子"蔫淘的个性，也使我悬着的心落下大半，断定大海登烟囱只是为寻找刺激。当然这种冒险的快乐扰人不安。我知道这个有趣的灵魂，顶着一张不爱笑的脸，沉默是他最好的蔑视，别人的尴尬才是他开口的源泉。孤独使他保持着本真，他总是背着沉沉的书包，跟同学比，他看很多的书，写起作文来总能一句又一句写出丰腴灵魂的箴言。他宁可用眼用脑动手动脚，也不用嘴。难怪人生来有两只眼睛一条舌头，这是让你看的比说的多一倍，而他看的多无数倍。他常主动拉我坐下听他背诵《红楼梦》诗词，我还真没有他"专业"。班上有"人堆"的地方，他总在外围晃来晃去，偶然恭听着"堆里"人说话，传神的眼睛不时地眨巴着，像看破红尘般略带几分狂妄、讥讽和胸有成竹的神情，偶尔插一句，嗓音也压得很低。当年他的扮相也很有逆潮流的前瞻性，起码超前有三十多年，不声不响别出心裁剃个大光头，为此他姥姥磨蹭着三寸金莲的裹脚，蹒蹒跚跚地来学校找我，问"外孙犯什么罪入狱"。现在到处是大光头，那年代只有进过拘留所或劳改刑满出狱的人才被迫剃光头的，真是此一时彼一时，现演艺圈光头最多，这包装吸人眼球，但大海当年只是因为怕热。

我望着大烟囱顶部，血脉偾张，眼花缭乱，内心恐惧，觉得大烟囱在刺眼的夕阳中晃动倾斜，便急不可耐地用两手罩在嘴前做个喇叭状，屏住呼吸地喊：

"下——来——吧——"

"慢慢下——!"

不知喊了多少次，我的喊声已沙哑，也只能是"塔"顶上人的耳旁风，或是烟囱下人群中的噪音而已。他在天外天优哉游哉，一会儿泰然自若仰望天宫，也许在问穹苍今日是何年，欲上青天揽明月又离天太远。一会儿平视远眺，也许在城市鳞次栉比的建筑中，寻找自己的家园和梦想去的地方。不时地鸟瞰地面上的围观者，惬意地招招手。不论他多么悠然自得，我都觉得他是站在断崖边缘，危若朝露。

烟囱下的同学交头接耳议论着什么，我先前的喊声和我现在的整个人，早已被淹没在指手画脚的议论中。可悲的是我孤军呐喊，竟没遇上一个帮腔的；最后像泄了气的皮球，呆呆地盯着烟囱顶端，心中不断地祈祷平安。当我的情绪不再那么恐慌躁动，才意识到自己刚才真是个另类，围观学生们大概出于理解，才没有当面阻止我，个个还都依违两可，我依旧能听到学生们的谈笑，看着他们跃跃欲试的样子，自觉这是雏鹰和老抱子之关系，鸡无法理解鹰，因为飞不了鹰那么高吧。

人群中有人赞叹：

"这个书呆子，还真不呆！"也有人羡慕地说："我若没有恐高症，也爬上去过把瘾。"紧接着有个声音很蔑视地回：

"小子上去好几次了，都上出瘾了。那上面风光无限，真叫站得高看得远呢。汽车厂、南湖、稻田地、火车站都尽收眼底，远处地上的人都是小拇指头大"。我瞥了一眼，知道这是有名的"淘气包"，又听到有人相互发誓"不到长城非好汉，老弟明天跟你比试，眼见为实"。

这真是景从云集。

雏鹰终于在蓝天上享受够了，开始移动位置要下落时，校方两位工宣队领导也赶来观景。看来他们已知道"险峰"上的学生是我班的，站在楼门台阶上招呼我过去问："只是淘气吧?"成人世界对这种意外怪象，首先考虑得都很消极，我解除了他们的担心，其中的一位快快不悦地说：

"这么大的地球装不下，淘到天上去了。"另一位看到大海正往下移动，补充道：

"你看，在天上待够了吧，还是地上自由，你就别心坎挂笊篱了。"他们果然看着攀登者，安然无恙从烟梯回到地面，悻悻地回楼了。没有看到学生们欢呼雀跃的场面，没有为凯旋的冒险者"点赞"，我也和两位师傅一样。

大海落地瞬间，我像卸下千钧重负。可当他一步一步从烟梯往下移时，我一直攥着拳头，眼睛死死盯着烟梯铁把手，生怕他出现一点意外。"谢天谢地""平安万岁!"可我没有勇气跑去"慰问"返回地球的"加加林"，伙伴们簇拥着他消失在楼门口。我远远望着这沸腾的场面，心已被俘虏，但脚还钉在地上不动。

我的内心很纠结，面对凯旋的大海，我不知道该说什么，可又被学生们的欢声笑语感染着，所以莫名地生出些惭愧和悲哀。看大海平安落地，不再担心什么危险的"万一"。但我的思维逻辑还是钉在宁可保99%的安全，也不去冒1%的险。所以，赞美鼓励的话还是说不出来。眼前的安全和快乐，还不能使我走出保守的"深渊"。唯一的收获是，我绝不会再拿此事去挎少年，也绝不会提倡"爬烟囱"的"闯荡"，虽然我心里已无法否认这成人的保守和少年的"闯荡"有天渊之别。

事后又有一条"旧闻"，触痛了我的神经底根。爬烟囱，班上早就有开路先锋了，据说一天离校前，小华、大华和久久"鬼使神差"

地走到学校食堂后身的大烟囱跟前，那地方很少有人，在操场尽头又有食堂挡着，三人中不知是谁突发奇想，提议爬烟囱。大华毫不踟蹰，久久有点犹豫，叫起劲来也勉强同意。大华在前，小华在中间，久久在后。这简直是组成了爬烟囱队，竞赛串联式往上爬，看来是齐心协力，如一人有意外，尤其最上面的，就可能"全军覆灭"，后果不堪设想。大华战胜了恐惧，小华同他一起攀爬到顶端，享受了险峰无限风光，快乐至极。恐惧捉弄了久久，这位很有将军范的美少年，被同伴数落这样怎么保卫祖国，可不久参军体检时只有他合格。历史"捉弄"了两个战胜恐惧之后的豪迈者，并又奖给了他们接受挑战的机缘，机遇永远属于勇者。

我接班时，久久已参军了。大华坐教室靠门的第一张桌，白皙皮肤方方的娃娃脸庞，和和善善的很像座瓷佛。小华坐在他后面，个子不高，十足的文人气质，有"秀才"美称，文章星斗。真是海水不可斗量，人不可貌相，这两个书生怎么也能淘到烟囱上！

几十年后，这几个爬烟囱的少年都卓立于天地间。大海学而优则"商"做了外企董事；大华学而优则"仕"，做了驻日大使；小华和久久都学而优则"文"了，前者是翻译家还热衷禅学，后者是文化学者，作品都颇丰。无疑他们都攀上了人生珠峰，当然爬烟囱的勇气却包含在他们的人生起步中。

校园生活的单调枯燥无味，文体活动也很少，大烟囱竟成了精力过胜少年们淘气的朝圣地。少年们趋之若鹜寻找释放精力的玩法，确信，如果校园里坐落着曼哈顿的自由女神、巴黎的铁塔，而且比实际的再高几倍，他们是不会首先去攀大烟囱的。如果说免费去观看马拉多纳踢球或去南极探险，如果校方组织他们去三山五岳，他们都会毫不犹豫地整装待发。大烟囱为这些禀赋聪明的少年提供了可乘之机，摆脱了学校的严规"戒律"，开始天马行空般"疯狂"。

　　而我对爬烟囱"壮举"过分担心和恐惧，"并不是道德的自制的情操比他人不足，乃是热烈深挚的情绪与感受性过分的浓郁"；万幸没有成为少年行动上直接的"拦路虎"，而且还在心理上被少年的锐气和勇敢深深地征服，不得不引起反思。

　　欧洲中世纪的"贵族"，认为天鹅是鸟类中的"贵族"，它姿态优雅，超拔世俗，有绅士风度。可天鹅必以蓝天为伴，于是想把天鹅留在地面上与贵族同伍，便千方百计，或剪或绑天鹅翅膀，并放在小水池中不能滑翔起飞，这样阉割了它的飞翅，冷却了它们的志向，终于成为地上的"鹅"。

　　如果天鹅是学生，在枯燥的校园生活中寻找自己的"壮举"，而我和所有的为"安全"的人险成了中世纪的"贵族"。遗憾的是，用习惯安全的常理来束缚学生，实是怪诞的"不安全"。现在很多教育管理者，包括最爱孩子的家长，把学生绑在赶考的题海中，不能也无法自拔，为高分因噎废"勇"，为安全因噎废"志"。明知温室里培不出耐寒的红梅，明知鸡窝里飞不出野性的苍鹰，可因为坚持着"爱"的动机，或者说因为喜欢而戕害，却真真地做了当代中国堂吉诃德式的破落"贵族"。

　　至今我"念此私自愧，尽日不能忘"。

2. 两个自己

　　国庆节前夕，校方组织拔河比赛，可谓学校秋季运动会序曲，那年代，这序曲对学生竟是种奢望。要求每班出 15 名男生参赛，我们班只有 11 名男生，高的高，矮的矮，大多瘦得倍儿精神，当然不是练过健美造型的那类精神。别的班也找不出个超重的胖墩，但不管怎样，兄弟班男生多，总能挑挑选选，找坨大劲大的，常言身大力不亏。

还缺 4 个男生参赛，有人开玩笑说，把咱班当兵的就近请回 4 位，这话只能是黑色幽默了。若让班上女生充数，这不对等参赛，咱心理失衡，也有点憋气。再说班上十名女生也没一个人高马大的"铁榔头"，全是苗条淑女，当时虽说她们也"爱武装"，说到底也还是金枝玉叶，让她们上阵，不忍心也不公平。

建议校方减少参赛人数或组织男女混合队，一一被否。说拔河是群众性体育活动，已从原初每队参赛 20 人减到 15 人啦；女生不适合拔河，这是力气的较量。看来校方这规定还很人性化，从实际出发，没有曲解男女平等。

摆在我们班面前的路：一是逼得自愿弃权，二是不对等参赛。不对等参赛有两种可能，11 对 15 个男生或是女生充数。

"友谊第一，比赛第二"是流行语。说这句经典，多在力量对比悬殊，参赛热情不高时，或者预计必赢，结果却惨败，情绪沮丧时便用这口头禅当安慰良药，其实这经典已被实用主义地亵渎了，同时换了另一副腔调"重在参与"。但我看学生跃跃欲试的劲，"重在参与"这"官腔"也唯恐伤了他们的积极性。从女性的视觉细想，有什么充足理由不准女生参赛呢，人人承认女生比男生力气小，但在不得已的情况下无奈地充够数，不也是一种心理上的微调吗？确实使大多数人"参与"了，输了正常，对方赢了也不光彩。

班上体育委员大平算是大个子，也是班上壮实的块头，若班上有像他这样 10 个男生，肯定校内无敌。他豪气凌云，干脆不同意女生"凑数"，就是要 11 对 15"拼了"。他认为这样输了理直气壮，赢了就是创造奇迹，战争中以少胜多是常有的事，生活里也该不稀罕。

须眉的气盛劲，强烈地刺激了巾帼女神，她们拍着桌子非参加不可，谦卑地认为4个女生怎么也顶两个男生，若不信咱们现在就4女2男拔一次。退一步说四个女生，就算顶一个男生，在双方相持时，多一分力就难被打破平衡。古有花木兰充男，今有"不爱红装"的新女性，不能小觑！

校方从大局出发，最终同意班上出混合队参赛。这种组合，兄弟班当然没有理由提出异议，即使觉得滑稽可笑，也得承认这是无奈之举，反正是校内群众性体育活动，若正式大赛，准成了奇闻。可以说任何一个对方，都巴不得自己能遇上这样的对手，十拿九稳取胜。比赛规定，从低年级往高年级进行淘汰赛，混合队是最高年级，无疑对手是屡战屡胜的最后夺冠队，可谓是准冠军啦，那就拭目以待吧。

波斯有句古谚："蚊子如果一起冲锋，大象会被征服；蚂蚁如果一起进攻，狮子也会抵不住。"可见生命的潜能是巨大的，永远大于我们的估计。正如用很重的铁圈将小南瓜箍住，观察它成长抗压力，结果比预计承受力大十倍之多。混合队虽然承受着"铁圈对南瓜"般的压力，可在反抗压中，却有远远超过"蚊子"和"蚂蚁"的巨人"合力"，那沾沾自喜，所谓胜券在握的对手，很难理解处于劣势中的人潜力一旦暴发是无法估量的。

金秋的下午，太阳公公已从东到西走了大半天，毫无倦意，就是赶来要同白云一起，观看世间少男少女的"体育表演"；地上的风虽已休息，却把凉爽留给人间，大概也是为祝福这伙少年取胜吧。

临场时，混合队的11个男生和4名女生，挺胸扬头，端着两臂，像亮翅的雏鹰列队入场，不停地活动着脚腕和手腕，蹦蹦跳跳弯腰屈腿；体委再三嘱咐四位女生，只要抓住绳不松手，就是我们坚强的后盾，只要忍住，不用使劲。

最吸引眼球的是，队员个个都穿着翻毛军用大头鞋，个头似乎都高了点，鞋多是临时借的，那年代流行"军"元素，军帽、军大衣、军挎包和军鞋一类行头，比今日年轻人追求名牌时尚多了。队员们穿着大头鞋迈步格外威风，真有几分军人的操练劲儿。他们为谋划取胜，战术上极重视，可谓煞费苦心。军用大头鞋底厚跟重，落地沉稳，不易滑动。这鞋随着脚与比赛姿势密切相关，若两方相持时，双脚平均承受着身体的重量；若被对方拔得稍失衡时，身体重心虽前倾，只要后脚跟蹬地拼命坚持，就能转危为安；然后身体再后倾，用前脚跟蹬地稳住，对方就难有回天之力。脚跟扎稳地面，人像钉子钉在地上，这是一只看不见的大手的拉力。坚持几乎是成功的同义词，坚持不懈所达到的目标，就是成功。看来脚跟也成了力量持久的"源"，难怪评论一个人很可信时，常用脚踏实地来形容。在我听来，他们已把军用大头鞋神化了，简直成了取胜的法宝，那就由着性子发挥作用吧。

体育裁判老师没有料到，混合队学生一进场就找好自己的位置，然后在沙土操场上用大头鞋跟卡坑，那等于把脚跟钉在土里，这一招会使比赛对方提出异议的。于是临时决定把比赛队伍转移到校门口的水泥地面上，鞋跟自然卡不了坑。要知道"天时地不利"时，聪明人会被逼得更上一层楼的。他们机敏地发现水泥地面略有斜坡，便临时通气，身体要稍微往坡上倾斜点。反正没有规定拔河比赛不许穿大头鞋，比赛对方也有几个穿大头鞋的。大头鞋就是比普通布鞋胶鞋沉稳扎实有钉子劲。人类学家早就说过："身体可以充当文化的隐喻"，而"服装不仅仅是文化的文本"，形而上的信念都记录在这个表面，而且通过身体的具体语言得到强化。无疑，大头鞋仍然强化着学生必胜支配下的肢体语言。所以艰苦紧张的运动训练，是雕琢磨炼性格和体魄教育的重要部分。

比赛终于开始了。混合队握紧拉直的绳子纹丝不动，瞋目而视。四名女将压阵排在尾部，英姿飒爽，很有穆桂英挂帅的范儿。前面的 11 名男生个个如神话中的雷神，虎视眈眈，有不可抵御的气势，开始就给对方个下马威。混合队指挥当然是女将张静，她有统帅的气质，随比赛笛声开始，她挥舞手中小旗大喊："站稳！"全队事前约好，一开始身体重心就稍后倾点，双方相持时绳子微微颤动，都憋足了气。几秒后，中线上的红色标志上下晃动，对方有人向前移动碎步，女指挥便大喊："不许动！"这口号是事先商定好的，实际是暗号，警示自己队员，对方已站不稳了。持续几秒女指挥高声命令"向后——"，她两手在空中划个大半圆拼力向后甩，脚步也向后退，她比拉绳子队员还卖力，于是全队同时向后移动，前脚身体重心整体后移，绳子中点标志瞬间移过界；女指挥站定，两臂下摆，三呼"加油！加油！加油！"整队顺着她的手势闪电般后退，对方连绳带人越过界河线，迅雷不及掩耳，像多米诺骨牌效应，胜方有仰卧在地的，有趔趄地趴倒的。笛声响了，裁判老师举起手中的小旗喊"停"，并庄重宣布：混合队冠军。混合队队员在同伴的簇拥下背着太阳的微笑和风的赞美，得胜归朝了。

对方没料到败北，而且以为轻松拿冠军，早就扬言"不在话下，拿冠军就是走走形式，为名正言顺"。他们哪里知道，人的激情就像火中的凤凰，当她焚灭瞬间则获得新生，凤凰在灰烬中腾空的一刹那就是自我飞跃。混合队组成前，在可能被迫弃权的"焚灭"中，又进入"不对等"的失衡时，认识便产生了飞跃，清醒的头脑强化着自己的身体，当信心和身体和谐共存时，果真出其不意爆发了估计不到的力量。

回教室路上，裁判的体育老师冲我说：

"想不到！太厉害了！"边说边跷着大拇指感慨：

"对方知道你们是混合队时，就认为冠军到手了。现在悔得直拍大腿，骂自己昏了头。"

我也真实地告诉他：

"自己也没想到，开始时我还想放弃呢，好歹我没有说出口。后来我看他们认真备战，对所有细节都考虑到，被感染了，这过程已使我很满足了。哪知道有今日的享受。"看来过程昭示了结果。最后我很赞叹地说：

"大概他们每个人都有两个自己，否则无法解释这奇迹的出现。"

裁判老师哈哈笑着，但我断定他没有理解我说的"两个自己"是指什么，也许他只理解了学生使出了牛劲，而想不到学生还有个灵魂的自己，更牛。

说"身体的自己"，他们也非常给力，为下午拔河，体委号召大家午间多吃点。那年代肉蛋凭票，吃大豆腐还交粮票，所说多吃就是加量主食。他自己竟吃了八个馒头，交一斤六两粮票，按学生的供应标准，他一顿吃去一天半的量，再加上菜，谁能秤准他发出多少卡路里的能量呢。

混合队凯旋。各自都像兵马俑的战士，凝神而木木地坐在自己的书桌前，教室里静悄悄的没有一点声音，难道陶醉在取胜的回味中？不完全是。是刚才使出洪荒之力拼搏，暂没有力气说话了，像马拉松运动员冲刺倒在终点线外一样，已筋疲力尽了。

我最后进屋，站在前面，像看大型英雄雕塑，其面孔风采各异，有几张脸通红，澎湃的热血还没退潮，可谓容光焕发，那几位高个子，有的脸色蜡黄，有的脸色煞白，令人心疼和担忧，还有人面颊和鼻尖挂着汗珠。那四元女将只说了句"吃奶劲都使出来了"，这是我听到唯一的豪言壮语。

面对这群渴望荣誉，因此相互间比拔河绳纽结得还紧，拉不乱剪不断的钢铁群体，我亲身体会到，通过体力行为表现出来的勇敢，通过精神状态表现出的正气，真是感天地泣鬼神，我甚至很忧虑有人用力过猛体力透支会出现异常状况；觉得什么赞美语言，面对他们都是苍白无力的，只说了几个字：

"胜利属于勇者！"

我记得歌德说，你若失去了财产，就失去了一点；你若失去了荣誉，你就失去了许多；你若失去了勇敢，你就失去了全部。人的品德中，善良的人居多，勇敢的人总是凤毛麟角，可这个群体最大的特点，就是勇敢者的聚集，因为个个禀赋聪明，竟使勇敢者长出双翅。因为勇敢者身上常常弱点多，勇敢常被抹杀，成功的人多是有冒险的勇气。

这个阳光群体中，拥有最丰富和宝贵的美德就是勇敢。勇敢加倍发酵了团结的威力，而团结高温淬火了勇敢的锋芒，使这个群体永远不可战胜。勇敢者齐心协力，利断坚金不用疑。

两年后，离校前参加校运动会，班上只有六男八女，在兄弟班看来如此"萧条"时，他们却信心满满，自己设计了"火车头会标"挂在胸前，高举着班旗，雄赳赳地接受检阅，就像火车头一样奔驰在人生跑道上，直到永远的未来，成为永久的班级，哪怕分散在天涯海角。

3. 学优才赡

对于高中生，语文课最有分量的作业莫过于作文。且不说左右中国五百年的"八股"，今日作文也有基本章法。写作是立足于现代社会的必备技术，当然也是训练考核学生综合能力的必要手段。即使到了世界末日，也是砍不掉的学习环节。中国历年高考，出作文题都煞费苦心；出国留学各种名目考卷，对作文部分过关，都有最低要求，同一张卷别的类型题目答满分都代替不了作文分数的过关线，可见它是考查学生的重中之重。

复课后校内停止了"大震动"，学生回到课堂，老师的心绪也慢慢沉静下来。那年代语文课本受极"左"思潮的影响，内容单一枯燥，排斥封杀外国名著，老师虽然不可能公开提出异议或否定，我们还是借学生外语专业之需，自编了《外国名著短篇》，临时课本中包括《最后一课》《小公务员之死》《项链》《麦琪的礼物》等不朽名篇。它将潜移默化地引导学生从空洞口号中走入多彩生活，脚踏实地地思考。

与此同时给学生出作文题，也尽量有自由发挥空间，写作是陶冶人格和升华情感的淬火过程，尤其记叙文的题目要有人情味，引导学生回到平凡日子里。记不清是讲授什么课文之后，留了作文题：秋天抒怀。那时肯定是秋高气爽的收获季节，对作文的具体要求是：必写具体的秋天场景。

季节是平常的自然现象，处在青春期的少年究竟能抒发什么？结果出人所料。

作文一扫古人的浪游江湖，泛舟垂钓，登高赏月的伤神秋意，而表达了少年们诗情画意的情怀。学生虽然都生长在城市，多数还是歌颂春华秋实的田野，认为金色秋天，来自夏的烂漫、春的萌芽和冬的孕育，并推演人类社会和个人成熟，也同样要经过比秋更艰苦的过程。

有人写树林中秋的"苍劲"，那秋雨、秋风和秋霜横扫落叶，严酷地考验着树的毅力，但树木便由此变得坚韧和顽强，又通过冰雪覆盖寒冬，年年岁岁成长为栋梁。

有人写小巷里秋的"狂妄"，一排小树没见过市面，不知天高地厚，骄傲地同夏花比耐力，同春苗比强壮，同冬藏比耀眼闪光。还有人写秋天鸟儿的浪漫逍遥，在一年的黄金季节里，不费力觅食饱餐，在秋高气爽中排上云霄，高扬着头同蓝天对话，休息时在大地上舞蹈。还有人写深秋田野的"憔悴"，"自古逢秋悲寂寥"，果实被收走，秸秆枯黄，失去昔日辉煌；但为了人类，也不妄生一趟，连被毁的庄稼根也充实了土壤。还有人写秋实的"感恩"，感谢太阳公公照耀，大地赐予营养，雨水滋润灌溉和勤劳人们耕耘锄草。

凡此种种汪洋恣肆地写秋景秋光秋韵，时而飘若浮云，思考深远；时而雄豪阔大，境界高迈。面对这样的作文，自然充满了好奇，不知不觉进入享受中，好像有一股股清泉送来扑面的熏风，好像有一群群鸟儿用歌唱送来黎明，更像在百花园中追逐蝴蝶乐趣无穷。

写作课教师，常感到批改学生作文是苦差事，可批改"秋天抒怀"这样的作文，你不得不仔细端详已认识的人，原来他们内心如此阳光，情感如此纯真，想象如此丰富，思考如此复杂，烦恼也如此真实，他们的稚嫩、脆弱和梦幻与成熟、坚强和现实正处在演变中，几乎能听到他们青春的脚步，就像田野里庄稼拔节成长发出喀喀夜声。这与自己平时看到的天真面孔，寡言少语及质问的眼神判若两人，因为作文使你不知不觉走入了他们的内心。

才女小鸥冰雪般聪明从不张扬，但作文写得洋洋洒洒，一泻千里像滔滔巨浪。美女惠子，作文诗情画意，敏感放肆，精雕出一朵婀娜的野花，挂着露珠在秋野中独放。孤傲幽默的大海从秋日平凡琐事中洞察灵魂，引发哲思，字字珠玑，如在河滩上淘到金沙。书生气十足的小华深情高歌秋的永恒，并言"秋日胜春朝"。

　　如果之前，听说这个班"厉害"，多有"贬意"，当我走进他们的作文里，走入他们与秋的精神对话中，那乌烟瘴气的"围攻"，那风雨云霄的遮盖便一扫而光，反见其烛照的心灵和袒露的性情之真貌。

　　至于后来他们写的议论文也是在一个很高的层次上，表现出了分析、思辨、判断和归纳推理的能力。记得一次帮同事代课，给这个班读过大海的作文。几十年后这个班有个做了高秘的小曼，在电话中偶然说，就是听熟悉同学的佳作顿时开窍，从此会写议论文，真比课本中经典示范性还强。

　　必须承认，这个班学生作文基本功扎实，归于多年训练的结果。但是也必须承认，他们作文中表现出的那种聪颖的天资、灵透的智能、逊志时敏的才气和神韵，绝不是人人都有的天赋，即使是严格训练，只能是使潜能得到开发而已。

　　少年们才气横溢的作文，是强烈吸引我走入这个班的第一步；从作文中听到他们心灵的对话，感受一种质朴、率真、豪情和反叛的可爱人格，是他们最初感动我的深刻记忆。可惜保存他们的作文多年，在最后一次搬家中遗失了。

　　母语是外语学习的基础，善用母语必强化提高外语水平，何况外语是他们的主修专业，精力过胜的少年们外语学习自然是锦上添花了。我常听教他们日语的教师说，这个班"日语的童子功好厉害"。"课上学习专心致志，课下还总是不耻下问"，现在他们的胃口很大，不断要求自编教材加量加深，显然外语教师能适应学生要求的过程并不轻松。

　　教师的质量决定学生的学习质量和人格形成，人生遇上好老师就会有意想不到的生命奇迹。入学前经考试筛选，九岁开始住校，获得独立自由空间，启蒙日语是日籍老师教的，后有留日的老教师和国内名牌大学毕业生授课，底子打得厚实，原本灵气十足，加上特殊教育环境培育，这个班可谓人才辈出。在工作实践中，外语水平井喷式发挥出来，且不说那些考上大学深造和留学的人水平如何高，只看部分学生工作后，因单位特殊不允许离岗考大学，但在实际工作中，包括晋职称考试的成绩，令堂堂名牌大学同专业同事惊讶不已，怎么考不过这些没入大学门的同行。不得不佩服从娃娃抓起的外语人才，有得天独厚的优势，以及他们潜藏不耀的学优才识，灵性遇到勤奋和耐力是无敌的。

沉默是金。但暴风雨来临时，海燕必高歌。

莎翁说，沉默是智能的保护伞，智能越是掩盖越是光明，正像人的美貌，蒙上黑沙也十分动人。

这个班平时很少言语，不显山不露水，人人都是满水，从不发出哐当声，让你很难见到他们深藏的智慧。智能本有三果：思考、语言和行动。看来是时机不到，机会常是才智爆发起火点，就像打火石的火花一样，不去打它怎么肯显现出来！一旦耕者播种，采花者酿蜜，智能何止能写出妙文，还能讲出高论。风雨无常年代，为少年们练习口才无意地提供了"良机"。

一次校方选定这个班试点，事先给学生明确了批判内容，没有重点布置发言人，但会上自始至终都连续不断地侃侃而谈，一点不拘束，大方从容。特别是绰号"活字典"的林秀才，发言有理有据，上挂经典语录，下联生动事实，旁征博引，推论严谨，反映出缜密思维；而且慷慨激昂，语调抑扬有致，真如下坡走丸。大家听后，服其善辩，内容充实。有比较才有鉴别，方知"小宇宙"及同学们的发言确实有文化含金量。

口头表达是书面表达的另一种形式，需要更高的灵敏度和现场机变如神的才能。一位哈佛教授说，有时一辈子的道路就决定于十分钟面试口述中，也就是决定语文口头表达上。

后来在全校推广大批判试点经验，主持试点工作的政工干部对我说：

"你们这个班可真'厉害'，不愧是全校最高年级，淘气淘出花来，大批判水平令兄弟班望尘莫及。"

我听了这褒中有"贬"的话，有点不是滋味，不是因为不喜欢批评，是因为这"贬"的印象表面化，混淆了学生的勇气和灵气，割裂了学生的批判能力与之同根同源，所以我调侃地回她们：

"淘小子出好样的。敢淘气的胆儿，不是人人都有的；能淘出'花'也是一种智慧。你们不觉得这两样都有的学生很少吗？很金贵！"

对方没有回答，也无法回答，只有似笑非笑无可奈何搪塞了。但我借机警示他们固化的思维定式里包含着偏见，万不该因习惯的偏见低估了学生成长的智能，能在大批判中擦出火花，那也是功夫。

我有个终生难忘的字，是学生给我校正过来的，至今还有广播名嘴误读。校正一个字是小事，但表现出来的精神是一种优良的学风。

一次语文课结束，记不清那堂讲的是什么课文了，我正收拾讲桌上的教案，一个高高瘦瘦的男生，精气神十足，眼神中略有几分沉思，嘴角上翘，带着微笑和虔诚，文质彬彬地站在讲台前，手里拿着《新华字典》。这块小砖头人人都熟悉，但可不一定完全掌握它，中学时有阵子刮起认字考字风，走路看，在食堂排队打饭背，翻得稀烂，但很少把它当"正音"器。

站在我面前的这个学生是班上有名的"四大金刚"之一，是个地道格物致知的求索者，即使镍币不能同时见两面，他也绝不放过另一面。他有意放低声音，不使过路同学听到，而且也不是那种神秘兮兮的样子，完全出于尊重地说：

"老师，您看这个字的发音。"边说边把打开的《新华字典》端到我的眼前，用他的食指点在"酵"字上，随口念出它的拼音"jiào"，并说我刚才在课堂上说成"xiào"了，言外之意不是口误，同时强调这不是多音字。

我接过他手中的字典，定睛看着字旁的注音"啊"了一声，抱歉地说"对不起，谢谢你的纠正"。显然他怕我难为情，说自己也误读过，便离开了。我的手在收拾教案，心在念正确的读音，并回忆发错时不自知的窘态，推测听课的这个班同学基本功好，人人都知道我这字发音不对，怎么就一个学生来较真？

回到教研室，我好奇地考两位教数理的老先生，他们同样误读为"孝"音，我告诉他们几分钟前才知道自己误读了二十多年，他们说从字旁认字是学汉字的"妙计"。他们误读可以宽容，语文教师误读不能原谅。

可以说，这个字我从没读对过，追溯到我根本不认识这个字时，就在错误发音中懂其含意。即"酵"，就是"发"了，有益菌作用的结果。上学前，过春节家里备上供馒头的面团膨胀了，就说发"xiào"，农村家中春天做大酱，新酱冒泡了，也说发"xiào"，秋天东北腌酸菜一旦散发出酸味，也说发"xiào"了。不认字时根本没想过"xiào"这个音的字怎么写。后来上学碰上这个字，肯定是根据上下文意思，读了偏旁字音，又与早已习惯的语音自然重合，毫无怀疑地写对读错。二十多年，如果今天没遇到这个较真的学生，或许我还会把读对的当成误读呢。

　　我记得念小学时，老师在课上念《人民日报》的社论《为祖国语言纯洁健康而奋斗》，正是新中国成立初期开展全民扫盲运动，老师让我们去当扫盲小先生，临时学写老式拼音字母，同时纠正某些地方音，不能把"我"念成"něǐ"，把"爱"读成"nài"等，特别纠正平卷舌不分的读音错误，如"太阳热晒人肉"的后四个字本是卷舌，不识字的人几乎都说成平舌，我们嘲笑过，那从字旁读错字，不是更该自嘲吗！

　　从此，我给自己立了一条规矩：备课的最后一道程序是"正音"，对生僻字要查字典并加注音，对常出毛病的平卷舌字，画上引起注意的记号，这个习惯一直坚持到我退下讲台，可说纠正过和强化过很多汉字的读音，让中国的"差不多先生"永远站在了门外望锁。

　　前几天，某电视台女播音员把"酵"也读"xiào"，昨日又一名嘴把"怜"读成"līn"时，这不经意间我竟回到几十年前的课堂，想起那个清秀灵气的少年虔诚和善的面孔。

　　这件小事像留在皮肤上的刺青，静静地跟着我成为胎记，即便老糊涂了，也不会忘记这次校音给我的警示并心生谢意！可谓是"人有知，乃求真，求真者，德之资也，德者，才之帅也"。

　　这个少年从学校下乡不久，就被自己学校抽调回当老师。1977年恢复高考从容进名牌大学，只学一年就考上研究生，他拿着录取通知书跑到家报喜的情景，至今历历在目。研究生毕业时竟超前成为"先锋一代"，投入计算机软件开发，在改革大潮早春时节，便成了真正的帅才！

四、误中课

1

像往常一样,我在六点半打开收音机,不管播什么新闻,对我来说都是唤孩子起床的"钟声",这"钟声"与孩子床头马蹄表的响铃合唱,总能有效地把孩子从睡梦中拉起来。

今早广播里预报的"钟声"低速、深沉、厚重而惋叹,完全没有了往日的高亢昂扬铿锵悦耳的节奏,再迟钝的神经也会敏感地引起警觉:一定有重大新闻,我立刻停下脚步,竖起耳朵:

"伟大的马克思主义者、党和国家卓越领导人,周恩来总理,一九七六年一月八日于北京逝世……"

我不相信自己的耳朵,趴到收音机前,放大音量,泪珠簌簌流淌,这讣告后面还播些什么再听不清,也不想听了。正起床的孩子,在里屋嚷着要换的衣服,我抹着泪水拿衣服走进里屋,小女儿立刻发现"妈妈哭了",大女儿扫了一眼说:"有啥伤心事呀?"我很郑重地告诉她们这不幸的消息,两个孩子哇的一声扑到我怀里说:"妈妈听错了。"那哭声像满山跑着找妈妈的羊羔,脆弱而稚嫩,让母亲疼痛痉挛,不知所措;我当时很意外,知道这不幸对大人很残酷,没想到八九岁的孩子也涕泪交流,悲伤得如大人,而且比大人更率直地毫无掩饰,真是苦难催人早熟。那年代出生的孩子,血液中流淌着更多的红色元素，小学二、三年级正处在人生启蒙教育中，在红海洋中成长，她们对领袖的热爱和对英雄的崇拜远超过现在的孩子，可谓一片冰心在玉壶。

且不说单位，那时家家户户都挂毛主席和当代伟人像。我家墙上镜框中有一幅流传很广的伟人实况摄影，即1964年11月周总理率中国党政代表团参加苏联社会主义47周年庆祝活动回到北京时，毛主席和朱德委员长亲自去机场迎接，记不清有多少次对着这照片，跟孩子讲伟人的故事。

当时流传周总理很喜欢马蹄莲花，我这个不养花的人也寻了一盆马蹄莲放在窗台上。马蹄莲又叫马醉木，叶子长卵形，叶与花都有突出的尖，呈壶状下垂很像马蹄形；花只有一片花瓣卷起，简约、纯净、圣洁而雅致，是一种高尚人格的象征；人的任何喜爱都是有缘由的，孩子早就知道这盆花的由来和它表达的心声。

凭常识，我立即换下孩子身上红红绿绿的衣服，把洗后还没干透的黄军装放到暖气上烘一会儿，半湿半干地套穿上了，头上的小辫子取消了彩色蝴蝶结，只用皮筋束好。再三嘱咐不要乱蹦乱跳和大声说话，孩子听我唠叨时说：

"谁还有心思嚷了！"而且她们稚嫩的心竟发出"以后怎么办呀"，这问话令人心碎，在这一天里将有全中国人在问，而我最早是从小孩子嘴里听到的，说出了我想说的，她们虽不懂何为忧国忧民，但她们像静夜里的庄稼在喀喀地拔节，迅速成长。她们没有用完早餐，吃饭时小燕子们变得无语。看到她们背着书包上学的背影，我知道今早晨，少说了督促她们"快点"的废话，她们格外懂事，自己知道该做啥。

2

北国大地穿着雪装孝衣，天空乌云压城，低垂着头，天愁地悲从人愿，含泪无语心呜咽。我走往公交站的路上，照常碰上不相识和似曾相识的路人，今天好像都认识了，相互间扫一眼像有很多话说又不知说啥，都心事重重低着头赶路。

公交车上再也不像往常那样，因为拥紧而嘀嘀咕咕喊"往里走"，对抱孩子上车的女同志，旁边的人前拉后推相助，和谐得像一家人。售票员自觉地游动卖票，交钱出票都在无语中完成，报站名的声音变化最明显，通常那种冷漠的应付调门消失了，温和又亲切地提前报站，还加上了"请"下车乘客往门口串，丢了命令口吻，礼貌又客气。

车厢里沉默得令人窒息，第一次感受到忍受沉默的痛苦比接受死亡需更大的耐力，从人人脸上的狐疑凝重和眼神忧郁中，便看出极不平静的内心，只是面对陌生人有满腹话难以开口而已。

到红旗街转车，这趟车上的人最多，因为终点是长春汽车厂和长纺，就在这站关车门时，硬用身子挤上来个中年男子，巧遇站在车门旁的老朋友，并气喘吁吁地喊："好久不见了！"老朋友用手罩在嘴上，示意小声点，然后同这人耳语："你今早没听广播吧？""怎么啦？""总理逝世了""啊！"一说一问一答一惊。然后中年悄声解释，"我出差，昨晚半夜到家，今早起来就往车站跑，追上这趟车，赶到单位向领导汇报……"

我正好站在这两个人旁边，他们的对话我几乎都能听到，推测两个都是机关干部。车上更多的是穿工作服的工人，人在沉默时一旦找到释放的出口，说起来是没完的，像河水决堤似的：

一个说，父母边抹泪边叹息，另一个说这位智勇双全的人民公仆，长时间带病工作……

他们对话的声音越来越小而且很神秘。

有轨电车哐啷哐啷地行进着，乘客的心忽上忽下地跳动着，车与人都像呜呜咽咽地自语自叹，我听到那两个人的对话，总算是一种不说的说。

每到站时，有人默默地上下，车厢像个蒸笼，本是三九天，天寒地冻，但车内温度不断上升，若有个火点就会立即引爆，那一张张严肃阴沉的脸，掩盖着内心的躁动不安和忧虑的呐喊，只是不能放肆地表达而已。

死亡使一个伟大声音沉寂，但天假良缘，人们却因不幸激发出生命的光彩，人格受到神速熏陶，并产生强烈效果。

3

一进学校，同样感受到庄严肃穆的气氛。前几天为庆贺新年，教学楼门高悬着的红灯笼，昨天还在，今天取走了，楼厅顶棚的拉花和一串串小吊灯，教室门外的对联，都一扫而光，室内五彩缤纷的饰物都清理一空。

走进教研室，我听到的第一句话，"今天上午停课"，说校方起大早来布置祭奠堂，几个青年教师去长影借鲜花，长春电影制片厂这个鼎鼎有名的邻居不只有鲜花，还有盆栽的松柏树。有人进城等店铺开门，买布做黑纱，我们这些女教师按要求叠白花。

校方如此迅速地行动，肯定是赶到了上级通知之前，此时领导者真有肺肠，行其心中所欲，实乃知民意；这种恣心所欲，也是确信民意不可违，可谓是大智者。比迅雷不及掩耳的悲哀更风驰电掣得民心，被一种崇敬、感恩、痛悼统在一起，屋里除了脚步声、剪纸声和叠纸声，偶有剪刀和桌子的摩擦声，就像阒无一人。人在无言时，内心的话一定最多。

十点前，教职工和学生提前到操场站好队，臂戴黑纱，胸戴白花，威严整肃。女学生一向穿得很艳丽，这外化的青年闪光，今天全变成素色，显得老成持重。家住市内的匆忙跑回去换衣服，还把家里的素色衣服带来帮同学换上。这没有号召的统一，正是民心所向的一致，尊敬和热爱是无言的号角，产生召唤的力量。

操场上鸦雀无声，周围的楼房沉沉地垂着头，树木凝神不动，蹲在枝头的小麻雀和大乌鸦，被这庄严沉重的气氛裹挟得左顾右盼，不知所措，也许它们有灵性感到该和操场上的人一样。灰蒙蒙的天空，乌云驻足，饱含着满眼的悲伤泪水。风儿肃立，连光芒四射的太阳也掩面而泣，顾不得白天黑夜光照的是颠是倒。

祭奠堂正面悬着周总理遗像，镶嵌在黑色镜框里，镜框顶部中央有朵手工叠做的大白花，花的两侧沿着镜框边垂下两条黑色长纱。遗像下面长案中间摆着一盆盛开的马蹄莲，两侧是常青的松柏。遗像上方悬着白色横幅，上面的黑体大字是：缅怀敬爱的周总理。

这简洁的祭奠堂，超越威斯敏斯特大教堂的豪华氛围，因为我们瞻仰的不是君王陵寝，而是为人民立下丰功伟业的民族英雄。他那气宇轩昂的风度，令人想起战争年代他搴旗取将，和平时期他勋业盖世，在风云变幻的外交战线，他誉满寰中，就在当下，他带病殚智竭虑力挽狂澜。他的生是奋斗，他的逝是休息，是另一种活的开始，永远活在人们心中。

教职工最先进入祭奠堂，向世纪伟人三鞠躬，然后举起右手庄严宣誓：

"我们决心继承周总理的遗志，努力工作……"

念誓词中，有人呜咽不能自已，泣下沾襟。看来死不只是死者的不幸，也是生者的不幸，生而不淑，孰谓其寿？死而不朽，孰谓之夭？

4

快到中午，班长宝英跑来跟我说班里的紧急情况：王琴在祭奠堂宣誓泣不成声，往外走是同学把她搀出来的，坐到教室又号啕大哭，嘴里反复说着"怎么办呀"，手脚痉挛得很厉害被送回宿舍了。现又有几个女儿哭得抽搐，越劝越厉害，劝的人也哭，男生也忍不住了，先是直挺挺坐着抹泪，后来也有捶胸顿足大哭的。四十多人哭声像虎啸龙吟，惊天动地，别的班扒门看，嘀嘀咕咕的以为出什么事了。我跟大伙说，咱化悲痛为力量，把力量化为行动，好好学习，好好做人，是最好的感恩，请大家别再哭了。我这么一说哭得更来劲了，像狮吼狼嚎般，怎么办啊？

宝英跟我说着，泪珠也成串地流，我刚抑制住的泪囊又被她的泪水冲开了，我揩干泪水去教室。还好，刚才传出的哭声已减弱，多数同学都趴在桌子上，嘘唏流涕，女同学多围着那几个痉挛的同学，劝她们回宿舍。我扫了一眼，什么都说不出来，此时语言多余，转身去校医室，请李大夫帮助解决抽搐，没等我开口，热心肠的李大夫抢先说：

"你们班长来两次了，我告诉她那是癔病。人受到较大刺激才发作的。不仅体弱多病女子容易出现这种情景，身强力壮的男子也如此。"

我心想，李大夫真很神，我们班痉挛的几个全是女生，平时都病病歪歪的，尤其是王琴，入学时就听说有病，没犯过，这回极度悲伤导致猝发。

"李大夫，你干脆点说，有啥办法治疗？"李大夫看我着急，还故意放慢说话速度，让我坐下听，她将心比心地问：

"你说实话，你能承受这意外打击吗？我一直在克制自己，反复对自己说好好工作比哭有用，可没用呀。你知道同理性冲突中，感情从来都是胜利者。我憋得慌，好歹刚才在祭奠堂发泄了，现在我舒坦多了。"

"已经跑题了，你说怎么还能集体哭，大男生哭得像小孩子似的？"我努力转移李大夫话题，她又搬出心理医学理论说服我：

"这叫传染。大家都想哭，本在克制，一旦有人打破僵局，就像大河决堤，一发而不可收。痉挛也能传染，它像催眠术，释放本能冲动。"最后她终于给了不治自治的招法：

"别理，越理越疯，这就是良方！"

我们照此做了，也确信学生们心中燃烧着爱国情怀，会成为学习动力的。

5

下午补课，老师们认为讲天书也难听进去。学生不是不想听，是想听而听不进去；老师不是不想讲，是想讲而讲不出来。师与生都六神无主，心里的火尚在燃烧，还是顺其自然给学生点寂静思考的机会吧，在沉默中升华。老师们不约而同地纷纷回来了，因为自己也需要思考，为什么不给学生放思考"假"呢！

放学前，学校按上级通知收听中央台重播新闻。听广播时大家很安静，情绪在上午已得到释放，学校提前走了一大步，而老师们又给了学生思考的机会，缓解情绪是思考升华进而落实行动的大台阶。

我下班回到家，两个小学生竟自觉地写完了作业，她们还把盛开的马蹄莲，从窗台移到总理的遗像下。这小小的举动令人感到童心的敬慕之情，在成长中经受着冶炼。两个星期后，小女儿追思周爷爷的作文《一盆马蹄莲》在《红领巾》上发表，是她的语文老师在感动中推荐给刊物的。

她们放学前也听了广播，之后校长讲话，要求化悲痛为力量，课间停止歌舞。

1976 年 1 月 8 日，中国到处是"课堂"，周总理生前是不讲课导师，而沉寂的瞬间又激发出人们的生命光彩，催孩子懂事，催老人返青，催教师要善教，催学生要善学，催陌生人相识，催熟悉人和谐。他活着是榜样，他死去是无声的力量，永远高扬，那课中课至今还在上。上课的根本是育人，有什么课堂能有如此的育人力量！

第三章

琴瑟甚笃

一、"垦荒"路上

教之"荒"的契机，常发生在偶然中，得时者"垦荒"，偶然常成必然。教之"荒"总有起点，"垦荒"却没有终点。

1

偶遇挑战，竟成了必然垦荒的"起点"。

经人介绍，约好我今去见应聘单位主管领导。路上飘着秋风扫下的红黄绿树叶，在晨光中像铺着斑斓地毯，让人迈步轻松惬意，心也在唱着歌；同往日上班匆匆追车赶路比，上班离家近真是好处多多。

十多分钟，到了郝处长办公室。这位身量颀高的老中年人很和善，笑中有点威严，精明的眼神像有穿透力，能直逼你心底的秘密。我双手递给他自己的履历表和申调函，他一目十行地看完，像早就知道表上写的一切，很爽快地说：

"你若调入得'改行'，我们急需外国文学教师。"他的语气没有一点商量余地。我因没有心理准备，眼神惊讶又懵懂，他看在眼里，接着提示性劝说：

"看你毕业的大学，俄语肯定不错，适合搞'洋文学'，如果喜欢这个学科，这是个机会。"

我心想，若说喜欢这个学科，那还真是念书时的"兴趣"。时过境迁，毕业后是需要选择我做螺丝钉，"洋文学"早就丢在脑后。不过今日提起真有点甘露洒心般清爽兴奋，在奔向不惑之年的路上，有了凭兴趣选择的机会，即便有点迟到，也是天赐的幸运。

对方看我凝眸窗外不语，便放慢语速，以缓和的语气鼓励说：

"马上要恢复高考，中文系别的教研室缺编很容易补充，但外国文学教研室面对着重建。你还年轻，教新学科应该没大问题。"他看出我自始至终心事重重，实际上不想轻易否定"机会"，所以才耐心说服我，最后我终于问了一句：

"如果我同意教这个学科，调入还有别的条件吗？"他终于哈哈大笑，像得胜似的脱口而出：

"要通过专业测试，这是新规定。"接着我向他咨询了外国文学教研室成员年龄结构，他说相比较我是年龄小的，还有个比我年轻的要调出。在他的指示下我又去请教这个研究室的主任陶先生。

去的路没多远，我有意拖延时间，对这突如其来的契机，我既不想放过，又担心接受挑战的艰难。要接受挑战的现实，还是兴趣有说服力，我深知外国文学的"趣味"，正在于它的广度深度和内含的无限丰富复杂。它是历史的长诗、社会的小说、人生的戏剧，也可以说它是形象的政治、生动的经济和感心的文化。我确信人抛弃机会，多余机会抛弃人；人找机会不容易，现在是机会找上门来，犹豫瞬间就会失去这偶然的挑战。所以"兴趣"成了逆境中的救星，逆境也许有深不可测的宝藏，不冲撞一下会后悔的，冲撞失败也有"考验"的收获。这思考给自己下了战表，一定要见陶先生。

陶先生体态丰腴，很像慈善弥乐佛，知道我的来意后，很豁达地告诉我"测试俄罗斯文学"，"什么时候准备好了就来找我们，笔试还是口试你选择定夺"，还热心地劝我："不要太紧张，测试是一般性的了解。"对他的良好印象，坚定了我这偶然的选择。

机会的吸引和"兴趣"的陌生构成的矛盾，只能靠行动来解决。所谓"兴趣"，就是当学生时，听老师讲授俄国文学格外兴奋，对"别、车、杜"三位理论家和"普、果、屠、托、契"五位大作家的作品多读了点，早已压在记忆仓库底层。拾回从前的感觉谈何容易，好像要到遥远的天空摘晨星，或到老林中去采人参；之后的日子得和时间赛跑，刻不容缓地拼搏。

渴骥奔泉，我找到俄罗斯权威史学家，季莫菲耶夫的《俄罗斯苏维埃文学简史》（1959 年版）和布罗茨基的《俄国文学史》（1954年版），这是当年曾翻烂了的蓝本，久别重逢引出无限美妙的回忆，还带着丝丝的感伤。

备考期间，我正在乡下分校上课，课本身轻车熟路，课后有充足时间，因为住在乡间，完全摆脱了家务琐事干扰。再说改革开放春风，吹来恢复高考的喜讯，使教师血液里那种鼓舞向上劲，几乎有"一天等于二十年"的跃动，好像面前的阻力都将灰飞烟灭。

对这两大本亲切而"陌生"的文学史，开始我感到眼前漆黑一片，身临其下看一遍，不过是灰色而已。当开始做读书笔记，用涓涓滴水去磨这块大石头，竭尽全力，披星戴月，再看这厚书已很薄了。最后把读书笔记的文字画成表格，在一张大纸上用横竖线连接，使成群作家和作品进入比较中，一百多年的俄罗斯文学，竟一目了然。抛开表格进入对作家代表作阅读思考中，表格慢慢隐去入深海，又被自己的笔记代替，脱离了"母本"。对代表作从表入里，从形到质，像炼丹一样，总有什么融入了精神肉体中，哪怕是一点点，也算是人性陶冶。

"兴趣"的动力，使渴望之火烧起来是难于扑灭的。尤其赶上寒假全休一个多月，集中精力如醉如痴地走进俄罗斯这诗与战斗民族中，重见了"多余人"奥涅金庄园改革失败的沮丧；目睹了《死魂灵》中乞乞可夫的骗局，令人"含泪的笑"；听到了罗亭为俄罗斯命运激动人心的演讲；还随忏悔贵族涅赫留道夫，走入流放西伯利亚囚徒中，为玛丝洛娃"复活"的新生欣喜，也为契诃夫的"小公务员之死"心酸，更为《战争与和平》中农民游击队深深地感动。他们穿上雪白衬衫，豪饮一瓶伏特加奔向古战场，用棍棒竟把拿破仑42万大军打得只身带4万人溃败逃走。所以"冰雪将军"在卫国战争中又把希特勒赶回老巢，绝不是偶然的奇迹……这时完全忘了悬在头上的达摩克利斯的"备考"之剑。看来知识真是"恐惧"的解毒剂，也是灵魂享受的甘露。

几经周折调方既不看档也不测试就发了调函，我如愿地连接机会的挑战。

2

备考垦荒的偶然，竟成了必然的"起点"。

教研室分配给我的教学任务是讲授"外国无产阶级文学"。这部分内容现在文学史上称"苏联文学"。它占当年外国文学教学大纲总量七分之一不到。相比之下，我承担的教学任务很轻。不必问为什么，心知肚明；就看成是领导对刚调入"外行"的照顾，没有摸底

"测考"，这样安排说不定对他们已很大胆了。

但对我来说又是个"偶然"，我误以为调之前说"测试俄罗斯文学"，调入就教这部分内容。后来知道，教研室的前辈多是从俄国文学起家的，那我这后生真得随时移事异，"垦荒"入座了。

接受教学任务到开课，足足还有两年时间，可谓天时地利。于是我决意采取"由远及近"的垦荒方式。

所谓"远"，就是按外国文学教学大纲整体要求，从欧洲古代文学备起，一直备到现代。所谓"近"，就是对自己承担的教学任务，在"心有半数"的情况下，最后"垦覆"，意是不完全属于垦荒。所谓"心有半数"，因念书时苏联文学是重点课程，授课老师都是从苏联回国专家，课上得很有力度并精彩，印象很深。而这部分内容正是"外国无产阶级文学"的主体，所以对这部分内容暂不入备课日程。

但要去吉大中文系"进修"，正巧新学期吉大中文系车老师讲这部分，他已表示收我这个旁听"徒弟"。我要旁听是想体会车老师讲授的思路观点，以及新形势下讲授的重心，为自己正式备这部分内容清除障碍。

中外文学、中外文艺理论和古代现代汉语，是中文系的支柱课程，当年不开欧美文学，绝不是中文系擅自决定。历史就是历史，文学史也如此，当你忽视它时，反倒使辉煌更耀眼。欧洲文学有三千年历史，近一千年，特别是19世纪批判现实主义文学，出现了最灿烂一页。

现在不能因自己不承担讲授这部分内容就视而不见，只为授课一杯水用一桶水垫底也得学习开垦，更何况它是专业家底里的重头戏，已回归到课堂，越早垦荒越有益。

备课同时，永远伴随着对原著的阅读。同读古希腊和莎士比亚悲喜剧及大作家的小说比，有两本书"卡壳"了，还都是有划时代意义的巨著，久闻大名，这次见面竟如此"陌生"。一是但丁的《神曲》，它是用中世纪流行的梦幻文学形式写成的。二是歌德的《浮士德》，这部哲理诗剧，没有首尾相连的故事情节。两本书中的人物都上天入地，人与魂扭结，虚与实交替，不断地魔幻变奏，弄得自己处在云里雾里难于理解。只好放慢速度，一步三回头地反复，像蚂蚁啃骨头似的通过。从没有经历过，字都认识却不知所云的焦灼，后来知道这是外国文学史上最难啃的两本书，但也暴露了个人理解力肤浅和思维的简单。这样的经典"观止"，也将是授课的难点，如现在不用犍牛之力通过，将来也得二进攻垦覆。

走过千百年历史，经历千山万水和崎岖道路，来到只有二百多年历史的美国文学领地，它何止年轻现代，还明快得有个性，真是倍觉轻松了。

徜徉在欧美文学的百花园中，不只大开眼界，流连忘返；它的陶冶作用，也是任何学科的魅力无法代替的。一路上交了很多书中朋友，堂吉诃德的执着，浮士德的求索，随时激励人前行。

最后从文学的汪洋大海中靠岸，带着疲惫的轻松和收获的惬意，回到无产阶级文学领地。在万紫千红的比较中，感悟到无产阶级文学这朵鲜花独特的魅力：前所未有的人性光焰和直逼心底的纯粹高尚，并无比的亲切温馨。这本是50年代的革命教科书，从那个时代走过来的知识青年，有谁不读保尔的小说，不看《夏伯阳》的电影和不唱《国际歌》，人人都是在这红色教育中成长的。所以备这部分课，绝不是垦荒，是垦覆，是垦覆自己从情感认识进入理性探究，以及它不朽的人文价值的巨大影响。

可以说备这部分课，入境很快收获了从容和信心。

1979 年末，轮到我进课堂。先给毕业前夕的 1976 届工农兵学员授课，接着在寒假给 1966 年应毕业又未毕业的函授生补上外国文学，与其说给他们讲课，不如说我在倾听他们渴望上学的诉说。这次除备课充分，也在对比中赶上了好运气。因为在我之前相继有三位前辈，从古代讲到 19 世纪，他们讲的这些内容，对于在闭关锁国中走过来的学员很陌生，别说看作品，很多作家名字和书名都头一次听说。平心比较，我虽是这些学员中年纪最小的，不是也在给他们授课前两年才垦荒归来吗。可以说他们对欧美文学认识之荒，正处在塔克拉玛干沙漠上，难怪他们说像听"天书"或"外语"，我理解他们的心理。而我讲授的这部分内容，学员既熟悉又价值观相近，所以课上得顺极了，学员们溢于言表的满意，便成了我"补考"测试的成绩单。

果然这次课后，教研室便把 19 世纪美国文学和 19 世纪后期欧洲文学教学任务分给我。无疑，我从以前被"照顾""转正"了，当时我开玩笑地说，"用上课的方式来补'测考'，真挺酷呀！"教研室主任以无奈的笑表示默认。

上课前这几年，我好似读了一个学位，心无旁骛地苦读千番，忘生何曾慢，而且自己清楚，这样跑马"战荒"，来不及细嚼慢咽，有很多内容是囫囵吞枣。但寻到宝藏的位置，为日后选择性开采追踪，进入个性化研究做了准备。

再说大脑的面积无限，其中的沙荒面积更是无限，常在需要时垦殖。偌大的地球，不只有欧美，世界五大文明区，东方有四个，公元前四千年到三千年就有灿烂古文明，早于古希腊一千多年，这里怎么能没有古文学！

3

又遇教之"荒",不能不垦殖。

教研室决定，把要开设的东方文学与正在讲授的欧美文学"并轨"，每人认领了自己该讲的部分。我接受的是19世纪到20世纪前期的东方文学教学任务。

早想了解东瀛和天竺之国这个时期的文学。对泰戈尔仰慕已久，夏目漱石的《我是猫》早翻过。这次有机会垦覆，真有点欲求不得而得之。有种在荒野矿脉里，突然找到宝石般的兴奋，以前所有孤立零碎印象，终于可以放在宏观大背景中，系统地衡量其轻重了。

东方文学研究，当时在我国是个薄弱环节和极待开拓的领域。对我个人来说，就是应开垦的处女地。除读几本作品之外，从文学史角度看自己大脑就是一片荒漠。大学时，只听过一位留日老先生讲日本的"徘句"，即日本的一种短诗，以十七个音节为一首，首句和末句各五个音，中句七个音。这趣味横生的课，可惜只讲一次就中断了，虽有文学味但同日本文学史不沾边。

采用东西方文学"并轨"方式，是1981年教委委托华中师范学院编写了《高等师范院校本科外国文学教学大纲》，把东方文学作为一个重要组成部分列入。接着遇到两大困难：一是东方文学的师资奇缺，二是没有资料。东师大按上面的精神办，在没有东方文学师资之前，只能这样临时抱佛脚，分散教学任务，抢行上马，人人都面对沙荒，只是程度不同而已。

好在这种"并轨"安排外国文学课，课时没有增加，加入东方文学内容后，有增就有减，结果可想而知，新增的都是最重要的，减去的也没有次要的，所以能进入课堂的全是精华中的精华。表面看是减少了东方文学的授课量，实际上不全方位垦荒，自己讲授的那部分内容就是无根之木，无源之水。

作为外国文学教师，对东文学这个独立的学科，不论你讲授哪一段内容，也应全线开垦。可国内连一本东方文学史教材蓝本都没有，新中国成立前老专家到 60 年代多谢世，健在的已是"鲁殿灵光"。极少研究国别文学人才，又不在教学岗位上，这使垦荒连最起码的"锹镐犁工具"都很稀罕。有幸我在 1979 年年末，听过陶先生回师大给学生讲座，后来他开创性主编了《东方文学简史》（1985 年首版）。听陶先生讲座时我做了非常详细的笔录，这成了重要的备课指南。讲座历来是盐中盐、碱中碱。备课时必须返回到提炼的原始数据库里，一口口嚼才能在接受专家结论时，有自己的风景和味道。

东方近代文学是指 19 世纪初到 20 世纪初，而现代指 20 世纪前半，进入这个时期教学大纲的主要是印度和日本文学。但我仍从东方文学古代出发，一直垦到中古，因为备课时间仓促，几乎是专门垦殖东方文学之"最"部分。

世界上最古老最庞大的诗歌总集，人类最早最长的史诗，流传区域最广的民间寓言故事集，世界上比欧洲早三百多年的第一部长篇小说，这些之"最"都产生在东方文学领地。这之最中，我只看过《一千零一夜》，而且并不知它在文学史上的重要位置。

我拿着东方文学古代和中古的文学作品目录，先跑书店，买不到的去图书馆借，但精彩动人的古希伯来文学却借不到书，经人指点，不耻下问去拜访一位老先生，当年他留过洋，九十多岁了，快进期颐之年，清风劲节，头脑清醒，他听说要讲希伯来文学，既吃惊又兴奋，感叹"改革中真正'开放'了"。她对希伯来古文学烂熟于心，竟能说出哪个故事属于几回几章。我先后拜访老先生几次，因为他高龄，每次只听一两个故事。记得他讲亚当夏娃偷吃禁果故事时，有趣地摸着自己的喉结，说亚当害怕，想把果核吞下去，结果卡在嗓子那啦，男人才有喉结。他讲诺亚方舟的故事，英雄传说故事，特别赞美女英雄底波拉和孝顺的儿媳路德的表情都很严肃。讲到智慧文学格言，顺口背出"天之高，地之厚，君王之心测不透"。

顺着东方文学发展的脉络，打开了一扇扇大门，那之"最"的风景，令人叹为观止。随着教学深入和管理的完善，外国当代文学又排入课表中，它别具特点地在"开放"时期涌入国门，吸引你关注和开垦。

不能直接看外文资料，总觉得是个缺憾。对英文只能望洋兴叹，俄语还有拾起的希望，但总是提不到学习日程，可见垦荒程度还多停留在面上，对知名作品母国的研究现状仍一无所知。

偶然的机会，又为我打开了一扇门。路上遇熟人小郭，知道她匆匆赶去上俄语训练班，我脑中常遗憾的那根弦突然响了，竟请小郭跟授课杜老师说情，允许我旁听，小郭是政治系的接班人，办事认真热心，当天晚上就通报我杜老师已同意。从此我像用功的中学生，开始每周八节俄语课学习。

这个小班二十几人，全是各系中层领导或接班人。第一次上课我处在"失忆"和"拾忆"状态，听老师和学员说的俄语都似曾相识，有的词能知其意，但很多都像影子，在雾中很模糊，就如我进入老年后，清楚许多熟人长什么样，就是叫不出名字，我确信这种感觉很快能过去。

渴望是动力，失而复得的快乐，会使渴望发酵，就像睡醒了的猎犬寻找食物不顾一切。下一堂得到了油印的自编教材，很快补上前两周落下的课，然后是紧跟，复习、写作业和预习，天天学到深夜，家里人不理解我哪根弦出了毛病。

俄语老师虽批改我的作业，但课上不能提问，我跟杜老师说了自己的愿望，他说要到师资科注册交费。我这半年没课，却有科研任务，再说"俄语出国培训班"是为中层领导开设的。我虽很犹豫最后还是壮着胆子去师资科，心想只要允许我旁听到底就满足了，否则我就自交点学费。没想到一进师资科门，恭敬地站起个瘦高个小伙子喊我"老师好"，原来是我教过的学生。我同他说了旁听的苦衷和担心，他诡秘地眨眨眼，笑着说"偷"课是件好事，"你只管上，我跟杜老打招呼"。从此我很像正式学员，熬到结业前班上只剩九个人，我还考得名列前茅。这事悄悄过去了，期盼有一天能看到最新的俄文资料。

果真，三年以后，就像预知到这次出国需要俄语似的，提前做了准备，偶然又成了必然。

二、贺卡及其他

1

贺卡像电流，它传送着情谊；贺卡像书的序言，它里面藏着感人的故事。

教师在节日里收到学生的贺卡是司空见惯的事，教研室收到学生的贺卡，无论是个人还是集体发来的都不足为奇。但毕业后的异乡学子在辞旧迎新之际，连年给教研室寄来贺卡，以此表达寒泉之思，尤显得稀罕和耐人寻味。其实一见这卡上的内容，也就能大半知晓师生的缘分了。

尊敬的各位老师：

　　我能如愿分配到戏剧创作研究室工作，真是万分感谢你们！新年之际面朝北国，向母校向你们深深鞠躬问安，并永远把你们那玉尺量才的严格和语重心长的宽容，化为奋斗的力量！

第一次收到这样的贺卡，觉得学生那赤子之心很理解老师们超前的关爱，甚至有点冒风险的"开闸"放行，可第二年、第三年他总是用一张精美的贺卡，以感恩和自悟虔诚地报告自己的成长，就不能不使人回味发生在师生间那故事的秘密了。

2

教育的重建很艰难，各种教学秩序的恢复都要重新起步，而且无章可循，已被否定的一切，拾回哪些是对的，谁也说不清。

开始恢复学生写毕业论文，不是像之前或现在这样，给学生充足时间，先确定论题的价值意义，然后"开题"讨论，通过后才进入撰写过程，始终都有教师指导。可那时，只是根据学生个人兴趣，自行确定论题，写作过程没有指导教师。最后为给论文评分，不得不根据学生报的题目，分给相关教研室的授课教师。教师见到论文就像看学生的大作业一样，不同的是，写该论文的学生要来教研室陈述，听老师们的集体评论，美其名"答辩"。系里明确指示，学生还有一周离校，已派遣定位，到单位报到时要拿论文。看来临时抱佛脚是被迫无奈，瑕不掩瑜，也许这种"自由"会使某些才气自溢出来，不受拘束。

分给我的几篇论文中，有篇题目是《论托尔斯泰的博爱是人类解放唯一之路》。我第一眼见这题目时，就像被针意外刺了一下，重复看每一个字，不得不承认这就是真的题目，心想若是有"开题"环节，这论题准被批得体无完肤，根本没有"问世"的可能，甚至在胚胎中就被迫流产。我好奇地查了这个学生外国文学考试成绩单，是少有的高分，是男是女没有一点印象，我敢说授课时没有直接对话过。还是先读其文再识其人吧，这奇异的题目倒使人很亢奋，更急于浏览文中的风景了。

文中论托尔斯泰的博爱，是从托翁作品中贵族青年探索俄罗斯命运开始的，这当然是大爱；文中也证实贵族青年忧心本阶级的命运，这是无限大爱中的有限。贵族青年对本阶级统治的社会不满，寻寻觅觅解决不满的良方便是"勿用暴抗恶"。这五个字后来成了作家博爱的符号。在苏联当代画家的一些托尔斯泰画像中，竟在他胸前大牌子上写着这五个字，无疑是赞美中的批评，是伟大中不得不说的渺小。文中用"辩证"的逻辑推理，阐述一代代贵族青年，为了爱和用爱的方法去解决自己对俄国社会的不满，而一次次的失败，并认为都是因为爱的过程不够充分和持久，所以结局都还在"忏悔"中，这并不意味着爱的结束。"忏悔贵族"们从不否认沙皇俄国的丑恶，而且不断追求消除丑恶的梦能实现。

论文还着重论证作家本人这位"精神贵族"，毕生实践博爱的道道光环，从喀山大学三年级退学回自己庄园改革，直到老年过平民生活到田间劳作，为诗人费特亲手缝制皮靴，甚至要把自己庄园、土地分给农民引起家庭不睦，最后出走，客死他乡，都在为博爱献身。《复活》中的聂赫留道夫是作家博爱的终极化身，他在忏悔中拯救了自己，也用忏悔的爱拯救了沦落的玛丝洛娃，双双"复活"，以此推论，爱消灭了丑恶，爱消除了仇恨。结论是"暴力"革命只是非常情况下的手段，不是常态下的解放之路。

好在论文中的"唯一"是推导出来的，还没有充分的事实论证，处在边缘的混沌中，但能看出作者背后思考的"现实性"，即在否定扩大化的阶级斗争的同时也扩大了自己爱的威力，一左又一右地摇摆，使他陷入"博爱"深井中，一颗高尚的心浸泡在有甜味的毒水中而不自知。

由于各种因素，这个时期的"超大学生"里对社会和学术充满着热情，他们渴望一切新的思想，也掩饰不住对陈词滥调的厌恶神情。他们是积压了十多年的人才，全凭积累和智慧，经短暂备考爆发出个人的才华。那几年高招，年龄放宽到 14.5 岁到 30 岁，是中国高教十年辉煌起航点，老师们至今还心心念念这一代骄子。

3

虽然我脑子里有牢固的阶级斗争观点，看了这样活生生的当代托尔斯泰学生，也许是因为爱屋及乌，也许是因为文章的洒脱俊逸，几乎把我俘虏了。写文章是中文系的宿命，躲不开逃不掉，但能写成这样，使论文别具风格，显露出学术味，屈指可数。论文材料丰满，对托翁作品滚瓜烂熟，还大量引用了西方文论中名家观点佐证；从框架设计到语言表述均用逻辑推理丝丝入扣，通篇组织结构严谨，几乎掩盖了结论的"荒谬"。论文不只是观点独特，驾驭论题的能力也卓尔不群，看出了他的学术追求，可这能通过答辩吗？除非托尔斯泰领着他的聂赫留道夫们来审评。

20 世纪 50 年代中期始，学术就一直被当作"白专"和"毒草"，又锄又拔，大学学术都荒芜。到80年代初终于开始复苏，最渴望恢复的"传统之一"就是"学术"。改革开放，西风东进，新鲜的东西涌进国门。在闭门锁国中成长起来的红旗下的青年，经历了运动风雨和上山下乡的磨砺，念大学期间不同于普通高中生入大学，这些"超大学生"不只是年龄超，而成熟的智慧和敏锐的思考更超，有人破天荒喊出"跟着感觉走"，高歌"让世界充满着爱"。这样的大背景和氛围，可说是托翁"博爱"复活的土壤，促使托翁的粉丝为此奔走呼喊，表现了钻研思考的胆量。

如果因观点问题论文被抹杀，那可能毁掉一个难得的人才，于是我决定找这个学生面谈。

原来这是个斯斯文文的南国书生，总是坐在教室最后墙角那，长方形脸上戴着深度的黑边眼镜，夫子相，眉清目秀，细眼角外有不消失的微笑，说话腼腆，操着江浙夹着东北口音，15岁到北大荒农场插队，在那冰雪风霜的"北极村"，竟坚持偷读托尔斯泰的小说。上大学后如鱼得水，没课就泡在图书馆里，这次的论文是厚积薄发，走向深水区探究，改一字一句都很心痛，颇有敝帚自珍之慨。看来他比讲授托尔斯泰的老师还专业，真是后生可畏。他不可能愿删愿改，所以我同他商量能否把论文题目改成"论托尔斯泰博爱"，他急切表示删去了"人类解放唯一之路"，论题就没有了研究价值，他自己清楚这个论题"很险"，但自信"言之成理"，愿意抛砖引玉，百家争鸣，看来他有思想准备迎接挑战。

最后他同意把"唯一"删去，并把文中相关的文句抹掉。我说这不仅仅是"文句"，也是托翁本人的"宽容"，这种"掩人耳目"的修改，不仅放宽了读者的视线，也免得有人钻牛角尖。他点头表示理解，最后他同意再抄两份，让参加答辩的老师事先传阅一下，但他疑问"别人的论文答辩前也这样传阅吗"，我说很久以前参加答辩老师们必先看论文，这次因时间仓促，只有评审教师一个人看，对你例外。让你这样做是我个人的特殊要求，其目的是使参加评审的老师有充分的思想准备，全面了解论文，不是只听你在会上陈述大概。其实我是担心有老师一看标题就"枪毙"论文。当年刻钢板困难，抄上万字论文得花时间，我鼓励他"才华会感动上帝的"。

他用指尖推了推眼镜框，很动心思，像产生了某种顾虑，所以我又说：这样做，是在你答辩前，以论文的全貌说服评审者，来不及大修大改，离校时论文要入档，提交给单位。最后他表示，用过殿纸抄写，第二天交给我三份，我传给同行，并借机表达了我个人的看法。

其实同事们看到论文后，都认为这个学生很有潜力，才华横溢，就是论题的落脚点不能苟同，我有意说明该生已知论题的"风险"，尽量做些修改，大动干戈实在来不及了。其实别的老师看到的传阅稿，是学生做了修改的，已经剪掉了矛的锋芒。

要知道，这些血气方刚的年轻学生，读书写作发高论，有时偏执自在，睥睨世俗，当局者有时固然迷，那旁观者又能何尝清！对他们的奇思异想，如果不有效地进行庇护，减弱他们可能遭到的"政治压力"，那就不是"博爱"。

4

答辩前我向辅导员了解这个学生的情况，得知是年级少有的才子，学究型的，你找不到他时，肯定在图书馆打坐。辅导员问为什么想了解他，我说他的论文分到我这，辅导说他肯定论托尔斯泰，这下可找到释放的机会了。我没有说论文本身，只是点头。这让我提高了心里的底线，努力使论文评论更顺畅。在当年的气氛里，学术和思想好像是一回事，但也难挡众口铄金。

终于轮到杨光答辩了。

这样答辩没有庄严肃穆的仪式感，就在教研室围坐着，比较随和，学生向老师认真地陈述自己论题的产生和准备过程，特别强调在和平时期博爱的作用。

在座的人人清楚，这不仅是借托翁在进行宣泄和释放，也是一种渴望和分享。看来事先与学生沟通还起了作用。

首先发表评论的是教研室主任，他是研究俄苏文学的前辈，也偏爱托尔斯泰。他今天一反常态，鬼使神差被该生的才华征服了，变得比托尔斯泰更"博爱"，一再肯定这篇论文的分量，他像托翁爱自己的主人公一样。但话锋一转，搬出了"托尔斯泰主义"的历史过错，又搬出来无产阶级革命的理论和阶级斗争观点，点出一二三。

后面的发言虽说各抒己见，但基本上都是前面的调子，充分肯定论文中对作家博爱思想发展脉络的"动机"的论述，不能因为解决恨的手段的"错误"，就否定博爱和爱的行为动机。特别肯定解决人民内部矛盾需要"博爱"。但也非常严厉地指出，托尔斯泰的《战争与和平》中，俄国民众对拿破仑不可能讲博爱；1942年苏德战争，红军对希特勒不可能讲博爱；八国联军火烧圆明园，日本侵略中国哪里有博爱？老师们有效地庇护了学生触犯禁忌的奇思异想，减轻他的压力，并鼓励他持续发扬求索精神。

这次我们用托翁"博爱"，在论文评审中对自己的学生"博爱"了一次，或者说是对托尔斯泰的粉丝"宽容"了一次；托翁有在天之灵会感激涕零的。我们以作家"博爱"的胸襟，严厉地指出不能对谁都"博爱"的历史过错，警示学生的背后是通过了论文，说足了论文的优点和潜能，送游子顺利踏上归乡路，并升华了他对托尔斯泰多年的偏爱，真可谓厚貌深情。

5

不仅在论文中遇到"难题",在学生考试中也常碰到意想不到的"怪"事,对他们的"奇思妙想"既不能轻易说"不",还要小心翼翼地保护他们活跃的神经,无疑自己也能"从中受益"。

20世纪90年代初,我去内蒙古上函授课,给中文专业讲写作,讲完就考,写作试卷的最后一道大题是作文,指定写议论文,题目是"驳金钱万能"。

当时面对"下海"热浪,因听不惯人们张口闭口就是"万元户""爆发户""走穴"发了,甚至幽默地把"向前看"改成"向钱看",金钱狂飙吹得人昏昏然。考试出这个题无疑主观上是引导学生正确对待物质与精神的关系。

规定主讲教师不参加监考,但是要去考场看看学生对试题是否有疑问。果真有个男生举手问"是否可以改作文题目?"

"不可以!"我回答,但觉得很奇怪便向他走去,"同样写金钱也不可以吗?"我走到他的桌前,他边说边把要改的题目写在纸上给我看,大概不想让同学知道。

"没有钱万万不行"。

我脑中立刻闪出,这题目是顶风而上,很有挑战性,也许对他来说可能有特殊原因,于是我果断回他:

"只要言之成理,观点正确,可以!"接着我问周围同学,"还有要改作文题的吗?"有人愣愣地想看热闹,有人对他嗤之以鼻,更多人是不屑一顾低头答卷。

我在考场转了几圈,从对面有意端详改作文题的那个小伙子,一张透红黝黑的面孔,满脸风疙瘩,眼睛不大很有神,宽肩膀,很壮实，猜他是蒙古族牧民。我有点想不明白，这个稳重质朴的小伙子，怎么能有这样特殊的提问，即使考前押题了，谁也不会押这类题呀，所以拿到卷子后，我首先翻找这个题目的作文，怎么也找不到，不得不从头查，终于发现"赞"金钱万能的题目，"赞"字上加了个引号。瞟一眼姓名，是蒙古族扎西勒，我快速浏览这不到千字文究竟写些什么。

文中首先说钱是用劳动汗水换来的，然后写有钱不仅解决温饱，还可以住更好的毡房，扩大再生产，多养牛羊；还可以修路架桥，上学念书。因为没钱，爸爸是文盲，只认几个字，因为有钱，自己才来念函大。文中滔滔不绝地说有钱能办的事情，如果不是因为时间和篇幅限制，他真要说出有钱能办千万种事情，没钱这千万种中的一件也办不了。

我掂掇着这张卷子的分量可说沉甸甸的，而且心很痛，痛得有点莫名其妙，就像医生也说不清是什么病一样。我斟酌着这位蒙古族青年的生存环境，思考着他对生活底层起点的最高要求，看出边远落后地区与大城市的巨大差别。饱汉不知饿汉饥，我切实感到自己在追求精神时，完全忽略了最低的物质生活保障，更不理解落后地区学员的生活心态。只站在大城市潮头，用自己的肤浅的理解冒充高尚先锋，好像有钱人都很物质和庸俗，发展农业、工业、市场经济，能不说钱吗，存在决定意识。

所以，这篇作文除语言表达有瑕疵，没有因为思想观点减分，反倒给清高的自我打了小聪明的低分。自问，你是乞丐时能说钱没用吗？这种警示很疼痛，很残酷。

三、转向心灵的一课

1

下班路上，我遇到从前筒子楼的邻居"哲学王"，共用厨房天天见，他掂大勺时总是高谈阔论。寒暄几句，聊起了正播放的电视剧《安娜·卡列尼娜》，他很兴奋地说：

"老伴爱看，我奉陪，她们学校老师一见面就议论。""哲学王"老伴是小学校长，小学里女老师支撑着整片天，肯定对这片子有兴趣。我听"哲学王"说话的声调，似乎是很不情愿奉陪，别看他是哲学课上的王者，在家可很怂，于是我诘问："你不喜欢这片子？"我的问话正刺他的神经痛点，他立刻打开评论家的话匣子夸夸其谈：

"那还用说了！外国人谈恋爱太随便，若都像剧中那女人，家家不都乱套了吗，放着好日子不过抬腿就走了，妇道人家不上班也不管孩子，演这片子啥用意呀！"他的话引起我强烈的好奇心，于是我夸赞他："你能陪老伴看，真比卡列宁强多了。"其实他没听懂我夸他的反意，他说安娜名字时声调充满鄙意，因为我朦胧地觉得"哲学王"像有点中国味的卡列宁，也许是因为我夸他，他像打鸡血一样嚷嚷：

"老伴让我受教育，我说她倒应该受教育。"我明白他说这话是半真半假的玩笑，他家里校长当家，哲学王高超的厨艺纯属天天练出来的，他心里和口头上的大男子主义都无法在校长面前落实，很委屈，张口闭口"那女人"，可见他多么厌恶安娜，似乎怕安娜名字玷污了自己的嘴，于是我很郑重地带几分嘲讽告诉他：

"我们外国文学 144 节课，如果压缩精减只有 10 节讲座，就有两节讲托尔斯泰的《安娜·卡列尼娜》"，我明知自己是有点"虚构"的夸张，可就是想警告他不能太猖狂，他听后果然惊讶地站住，质疑地瞪着双眼，道貌岸然地显出维护真理正义的样子，"啊！你们中文系还讲这个？"我斩钉截铁地说"当然"并回他：

"就像你们哲学讲柏拉图的《理想国》一样重要。"说着走到他家楼前了，中断了"文学"和"哲学"的这两家风马牛不相及的对话以及水火不相容的内心冲突，没想到文史哲本不分家，却在这个岔路口岔得如此远。我想哲学王像是从远古父系氏族社会走出的牧人，或者古代某国走出来的国王，不过我非常感谢这个活教材给我的教育。难怪歌德说，日常生活比一部最有影响的书所起的教育作用更大。

趁热打铁，看电视的众人的议论还没落潮，我开始留意不同群体对这片子的反映。

咨询在马路边闲聊的老婆婆们，她们说安娜自作自受，家有钱有势有权，还要啥，长得漂亮也不顶吃喝。当然也有婆婆叹息说"可惜了"，我想她一定是为女儿叹息。还有人说，丈夫对安娜挺好，不吵不闹，也没打她，跟别人跑了，丈夫还给她寄钱，仁至义尽。我心想真是官向官吏向吏，无独有偶，但这官员毕竟是文学的"局外人"，无可厚非。可中文系的一个青年教师的话却使我震惊，"我老婆若像安娜那样，我就把她面了。""面了"是当时的流行语，意是用脚踩碎得如"粉面"一样。我说："你开玩笑吧？"他非常严肃地回："卡列宁有什么错？女人有他那样的丈夫有享不尽的福。"

到处亮红灯，真是挡不住众口铄金，这促使我越发认真，完全没有了开始时单纯好奇而已，便有意设计在课堂上做个小调查，认为中文系学生是"行家"，也许这些高人逸士，不会魔高一丈。

调查的结果远超过我事前的估计。"同情安娜不幸的请举手"，哗一下女同学几乎全都举手了。"有同情卡列宁的吗?""啊?"大部分男生举手了，课后知道已婚男生都举手了，虽然占举手男生中少部分，但现象值得深思。至今记得当时的滑稽场面，男生笑嘻嘻地看着女生举手，疑惑的眼神似乎视她们是今日的安娜，而女生也乐呵呵地以鄙视的目光看着举手的男生，似乎认定眼前人有些卡列宁。这个小小调查举手的瞬间，我暗下恒心"偷梁换柱"，托尔斯泰代表作换《安娜·卡列尼娜》，在中文系的伊甸园中做一次撒旦，为安娜正名，为夏娃们撑腰。

2

那些道听途说街谈巷议，乃至课上猝不及防的小调查，引起我的情绪冲动，如果没有理性的支撑，可能三分钟热血后，因为无能为力而犹豫，便烟消云散，即便产生行动，也可能达不到目的。理性是对冲动升华的稳定剂，理性可能使冲动情绪在现实中落地生根，开花结果，因为只有用理性清理自己混乱的思维才明确并坚定为什么这样做和如何做好。

古人说，关乎天文，以察时变;关乎人文，以化成天下。教育的核心是建构人文价值，与哲学、历史、伦理和语言学相比，文学自身具有极强的人文色彩和吸引的魔力，是建构人文价值不可或缺的武器。"文革"中外国文学被弃之旧货市场，被驱赶到人文教育的圈外，现在虽然已经解禁，但还需要用眼力去寻回被"抛弃"的宝物；文学中的人文常隐喻在高山流水和风细雨的混沌状态中，尤其是描写婚姻家庭生活的作品，人文精神极具普遍永恒性，含金量也最高。

教材内容本来是培养学生有科学见识，如果在合适的条件下，选用最优教材就会发挥最好作用。教师的任务不是让学生记住教材，而是理解教材隐含的人文情怀的现实意义，增强对社会复杂因子的认识，使认识溶解于血液中，触及灵魂，才可能有人格成长。所以，有些学历很高的，凭着聪明脑袋来学校记知识，又背着知识口袋到学生中"卖货"的教师，学生说这老师"没文化"是有道理的，其实是没有文化人格，没有人文精神。

为此，教师也应经常清理自己头脑中的惯性思维，我深知自己是在灌输教育和应试过程中育出的一代知识分子，有很强的工具意识，缺乏创造精神，但是作为人文学科的教师，尽管明知自身的局限性，也该在有可能的条件下，努力改变和重申对现实人文的关切，自觉地向精神纬度进发，遇到干扰如果止步就注定买椟还珠，使自己退化成可有可无的盲肠，还有什么教师的责任和尊严！

所以选取最优教材，站在现实的土地上，保持批判的精神，引导学生走向思考的通道，自觉发现无知的过程，就是知人之长，知己之短，便是心灵的洗涤和精神成长。正如柏拉图所言："教育非他，乃心灵转向。"即转向爱、善和智慧。

卓越的智慧虽然极难获得，但教师必竭力跋涉。在永做学生中做先生，为做好先生必永做学生。对人类普适性的价值遭到践踏而无动于衷，那是不配当教师的，而忽视用教材本身丰富学生的心灵和心智，教学也就没有了创造价值。

好在乱而治之才开始，教育正处在毁灭重生的起点上，规矩不多，车走车路，马走马路，还很宽松；虽然各学科都有教学大纲规定的讲授内容，我同教研室负责人提出改换作家的作品及理由，果真开了绿灯，给予理解和支持。

那就充分利用有利条件，同时借了几股东风：借这部小说本身的无穷艺术魅力，借外国文学刚开禁对读者的特殊磁力吸引，借大作家名作主题永恒的普及性，借电视剧热播后人们热议的潮头；更借中文系高年级学生对专业的很强感悟力，信心满满地开始备课，目的明确，改变和加深学生对安娜的看法，也改变我自己。这个行为本身不仅能触及精神和灵魂的多侧面，也会使人保持着内省和反思。不指望在一次课中说深说透，但必须触及灵魂的死角和痛处。虽然对新课的设计取舍很纠结，经过努力也并不完美，但最终还是留下了长久回忆，几十年后"讲安娜的"几个字竟代替了我的姓名。

3

这次备课有明确的针对性。各种人对安娜误读都可理解，但在大学中文系这人文伊甸园，亚当们对"夏娃吃禁果"的态度，令托翁在天之灵会泪奔的。即便是"夏娃们"同情安娜的不幸命运，也不一定很清楚酿成她悲剧的复杂因素，这是讲课的重中之重，为此舍弃了《安娜·卡列尼娜》中另一条平行发展的副线，即列文形象分析。

为了让学生从宏观大背景上理解作家创作出安娜不朽形象不是偶然的，就必须介绍作家一生创作的人物画廊，使学生认识到，人物画廊中的同血脉，并各有独特贡献。

首先，向学生介绍托翁的历史定位及《复活》成为代表作的原因。19世纪俄罗斯文学出现登峰的辉煌，成群作家鱼贯跻身世界文学之林，其队伍的壮观作品的绚烂，同期没有哪个国家能与之匹敌；

托尔斯泰正是带领俄罗斯作家走向世界的巨擘，他占了"一流"的位置，所以讲世界文学必重点讲托尔斯泰，就像讲世界古代文学必讲古希腊"悲剧"一样。《复活》是作家世界观"转变到宗法制农民观点上来"，对俄国"经济的、政治的、宗教的欺骗"揭露和批判空前激烈的作品，同时"托尔斯泰主义"的宣传也异常集中，读者从而很容易看清作家的力量和弱点。《复活》特别鲜明的批判性主题，很符合把旧世界砸得落花流水的政治斗争需要，论批判社会涉及的重大主题，应首推《复活》。

其次，向学生简介作家生平和创作，双轨合一。托尔斯泰作品中连续出现的自传人物，从整体上看可说是作家思想发展不同阶段的同一个人，随着俄国历史发展，作家世界观中民主因素增强，这些自传式人物对社会揭露批判越来越成熟定型，"托尔斯泰主义"的历史过错也就集中地表现出来了。可谓"功劳"和"过错"成正比发展，贡献越大，过错也越大。

托尔斯泰作品中有三个不朽的女性形象，一个是《战争与和平》中光彩照人的贵族少女娜达莎形象，一个是《复活》中"复活"的底层少妇玛丝洛娃形象，最终她们都找到了幸福伴侣，幸福是"相似的"，就再没有故事了。唯有安娜在争取幸福中总是不幸，就有了没完没了的故事。三个女性不同的经历，都肩负着作家社会批判的使命，在某种意义上可说安娜的悲剧命运，对社会的批判最激烈，也最动人心弦。

4

前面这番铺垫是为引导学生"入境"，即进入作家作品的艺术氛围中。他们已经远观了巍巍庐山"真面"的"全景"，心理上渴求老师快点转入核心，所以铺垫"入境"要干脆，万不能拖得学生精神疲惫。

学生是课堂的中心，教师不仅了解他们的知识结构、生活经历和文化背景，更了解他们对这堂课期望和问题的焦点。

上课是双向的，学生和教师都是受教育者，没有学生的配合就没有精彩的授课，没有教师对学生的人格尊重和学识的厚度，很难产生师生的默契，没有教师自身被作品感染产生的激情，就不能点燃学生心中追问的火把，引起学生兴趣发酵，课堂充满阳光。要知道师生心灵的沟通常超过课堂有声语言的作用，古人早知"此时无声胜有声"。心理学家认为，人的视觉更有耐心，人的听觉非常挑剔，相互交谈，语言占 10%，声调占 35%，而表情占 50%。所以教师居高临下的表情和教训的语调，会把流畅语言 10% 的作用抹成零，学生溜号是小事，教学失败是大事。难怪选演员和主持人很注重音质和相貌气质，教师也可以说是讲演者和演员，常在课堂激情四溢中闪过灵感，放化口才，说出讲义上没有的箴言妙语，把学生的思绪引到了穷乡僻壤去探究未知。

备课时可能准备几桶水，但最后就给一杯这是常规，可我这次课，只从一杯中炼出两滴核浓缩油，用三个字表述："谁之罪?"即安娜之死"谁之罪"。

我重复发问了两次，想用发问听到学生的心声，瞬间学生们凝神思考，像屏住呼吸般寂静，然后便交头接耳，清晰地听到学生说"社会之罪"，我继续问"谁代表了这个社会?"下面议论纷纷，我开始联系作品一条条地摆，确信今天审判"谁之罪"应当很轻松，接着摆出下列四点：

一是姑母"之约"之罪。虽然有大题小做之嫌，但必须从这开始。安娜在少女时，还没有严肃思考婚姻，由姑母做主嫁给了比她年长 20 岁的卡列宁，出自家长之命的包办婚姻，使安娜成了封建礼教的牺牲品。二是卡列宁"冰山"重压之罪，貌似木乃伊的卡列宁灵魂全部是"功名"和"升官"，只把年轻漂亮的妻子当成荣誉和玩具，在家拿着官架子，官腔、官语、官调，安娜丰富热烈的情感受到政治僵尸卡列宁冷冰冰的纯理性的压抑，这种虚伪的家庭关系使安娜成了官僚制度的附属品。三是上流社会羞辱之大罪。安娜同沃伦斯基邂逅，久被压抑的爱情之火开始燃烧，并公开与丈夫决裂。这时安娜不同于一般的少女选择自己的婚姻，她既已出嫁，又有了孩子，丈夫又是圣彼得堡高官显员，公开爱上丈夫以外的另一个男人，就成了生命攸关的大事，必然遭到上流社会的非难和敌视。事实上虚伪的上流社会在体面外表的掩护下，不断地干出荒唐无耻的事情，可却容不得安娜公开追求真挚爱情的举动。代表上流社会与安娜正面冲突，是卡列宁掌控的莉蒂亚和培脱西两个高等娼妓集团，她们相互串通，用法律条文、宗教教义、道德规范及风俗与论等围剿安娜，严密地封锁了安娜的个性解放之路，不仅把安娜赶出上流社会，落井下石，而且对安娜进行精神上的羞辱摧残，把她推进深渊无力自拔。

四是沃伦斯基始乱终弃之罪。开始时他对安娜热烈忠顺，但很快就冷却了。

此时安娜已放弃了自己的一切，沃伦斯基是安娜同生活的唯一联系。所以她千方百计稳定自己司沃伦斯基的情感，甚至在屈辱中怀着恐惧的心理，去"享受"这份可怕的"幸福"，但这唯一可怜的希望也破灭了。

这时她完全摆脱作为爱人的偏爱，冷静而严肃地重新审视沃伦斯基，终于认清了他在自己身上追求的只是虚荣和享受的本质时，安娜本人已经走进绝境，完全丧失了生活和还击的勇气，既不能回到卡列宁那去做贤妻良母，也不能在沃伦斯基欺骗的掩护下恣意放荡。

所以，上流社会仿佛假手于沃伦斯基，完成了对安娜的最后一击，直接毁灭了她的生命。

安娜的悲剧，引起我们对社会历史的审判，被审判的社会已成为历史，审判的结论早已进入档案馆，但是代表社会历史丑恶的"罪人"，当时不可能并没有受到法律的惩罚，这种"恶"还没有断子绝孙。

5

安娜对诡谲的社会和庸俗的贵族资产阶级进行强烈抗争时，向生存于其中的千万妇女和不可胜数的后来者提出警告时，做到了她那个社会地位所能做到的一切，达到了反抗的极点，可说她追求真挚幸福爱情的心灵美，比她光彩照人的形体美千倍的珍贵。毁掉这样的美，就如毁掉一朵花的同时，也毁掉了能再开花的树木的根一样，令人惋惜和哀叹。

如果说姑母包办和卡列宁冰山重压"有罪"，但安娜后来自己选择了婚姻，为什么不幸？即便她又选择错了，为什么能一而再，而不能再而三？现在我们在座的各位，看看安娜之"罪"是什么？这种提问使课堂出现了奇怪的眼神，显然在问：安娜有什么罪？我在黑板上写了个"罪"字，并加上了引号，然后强调：

这是不可忽视的思想和性格之"罪"，是不可以进行法律审判的"罪"。但不能因此而忽略了，修养和智慧的发展都是无止境的。无疑，安娜的思想性格加速了她摆脱婚姻痛苦和悲剧的结局，而且失去了"再而三"的斗争机会，我们不得不追究其教训之"罪"，失去了缓冲机会之"罪"，失去了还可能获得人生幸福之"罪"，轻生是一种罪过，同"社会之罪"性质不同。礼治君子，法治小人，我们说的"罪"属于礼的范畴。

她对沃伦斯基的追求，只是倾心于他的仪表、风度和慷慨好施，并没有冷静地去辨析沃伦斯基的人品和逼视他的内心世界，这使她对沃伦斯基的爱一开始就带有"盲目性"。"正像一个饿汉得到了食物"，由于强烈的爱情要求把沃伦斯基美化了。千真万确，常说恋爱中的女人智商是零，安娜这么聪明的女性也没有躲过这一劫，可见情感热烈有时就是魔鬼，使人迷失。

我说上面这席话时，有很多学生点头，随后我抛出一句"正在热恋的年轻人是否得冷静点"，课堂发出笑声，还有人左顾右盼地像是对具体的同学发出善意劝告。

还必须看到，安娜无法克服那个家庭在她身上烙下传统观念的印记，作为贵妇人的安娜，她对生活要求的全部内容只不过是得到个人的爱情幸福，已把爱情等同了全部生活，这说明她对生活的企求是微不足道的，意识上再没有任何高尚理念梦想。所以有人用"爱情至上"批评安娜，不是没有一点道理，实际她只知"爱情价更高"。

另外，在社会旋涡中挣扎的人，有不可避免的局限性，或多或少都是他所处的环境的奴隶。安娜从走上叛逆道路开始，精神上承受着莫大的痛苦：时而羞耻、内疚、悔恨，时而恐惧、猜疑，加重了她精神枷锁的负荷，使她的身心有限的抗压力、承受力、忍耐力都消耗到了极限。

与此相连的还有一点值得注意，她火焰般炽烈的情感，已成了脱缰的野马难以驾驭，她越憎恨虚伪的社会，越感到自己孤立无援，而对沃伦斯基的爱的要求越强烈和"不满足"，偏偏这种强烈情感同沃伦斯基瞬息即逝的情欲之间已构成巨大反差，必然促使她在追求中无望，最后走向崩溃。

摆脱崩溃的方法便是自杀，安娜是以死亡摧毁死亡，以精神的死亡毁灭肉体的死亡，但在后人看来，她的死亡唤醒了新生。必须明确用自杀进行斗争，是陷入了高尚的目的和无为的手段的矛盾，用自杀来抗议丑恶，是人生矛盾的错误解决方式。古希腊悲剧《美狄亚》中的美狄亚公主，跟伊阿宋到异国他乡，后被遗弃还被驱赶，她的处境比安娜严峻危险，而且刻不容缓，可她心碎发狂中决意报复，烧死了国王女儿"小三"和国王，并断了伊阿宋后嗣，乘飞龙离开了。且不说她手段如何残酷得"犯法"，但她绝路逢生的抗争精神，用现在的话说不是很有正能量吗？在爱情受到法律保护的新时代，两千多年前美狄亚的抗争手段不说，但抗争精神不该死亡，所以谁也不该为这样的不幸"牺牲"。要知道，生活和奋斗能给予的，还有比爱情更甜更美的；凡有生活的地方，就有快乐和芬芳。人只有为"自由故"，才值得"抛"弃生命和爱情。

用今天的法律审判已经死亡的社会于事无补，重要的是用今天的法律保护今天不幸的女性，因为造成女性婚姻不幸的"恶"还存在；同时女性也必须有自我保护意识，那就是要有自强不息的人生。

讲到这我戛然而止。眨眼工夫，下课铃响了。第四节下课前几分钟，总有人收拾书包，不小心使碗筷发出碰撞声。今天他们似乎没有听见铃声，教室里静悄悄的，多名学生的灵魂出壳啦？我不得不提醒"下课啦!"看得出我发出的下课信号没有唤回学生们走得很远的思绪，只能在走神中收拾书包，慢腾腾站起来，默默地走出教室，没有往常下课的嘈杂声和相互间的交流。讲安娜的信息不胫而走，没过几日，路遇两个似曾相识的校内研究所女士，问我什么时候再讲安娜，说想听课。再过些天，系里一个青年教师说有记者约采访我，我知道是因这次课，便婉言谢绝了。但吉林《新村》杂志社两次来约稿，我只好浓缩了这堂课的讲义，在《新村》杂志（1985年10期）上，以陈小小笔名发表了《谁之罪？——议安娜·卡列尼娜之死》。

由此我警示自己，用心备课是无止境的。这次课还有许多不足，遗憾的是没有机会弥补了。我深知"不幸"是更好的老师，托翁这部巨著不被理解是"不幸"的，当我努力理解这"不幸"时，先给自己上了一课，才有勇气去给学生再上课，准备的过程是干涩的叶子，得到的果实很甜，特别是听到学生们说"这堂课碰到心灵暗处了，忘不了"，至今我也没忘。

6

几年以后，我有幸赴莫斯科大学教书，来到了托尔斯泰的祖国，托尔斯泰是俄罗斯农民的灵魂和民族的骄傲，同任何一个俄罗斯青年提起托尔斯泰，他们都眼睛放光地竖大拇指。

偶然间知道，莫斯科大学有托尔斯泰的两位后裔在这里执教，由中国留学生指引，我不仅好奇地远观，还打过照面，跟他老祖宗托翁的照片一模一样，神奇的基因密码传下来了，我产生了拜访他的念头。

在中国访问学者黄小姐的帮助下，终于与托尔斯泰第四代曾孙伊·弗·托尔斯泰见面了。我开门见山地请教：

"很想知道，您最喜欢老祖宗的哪部作品？"

"《安娜·卡列尼娜》。"他不假思索脱口而出。

然后我恳请他说说喜欢这部作品的理由，他毫不犹豫地说：

"这部作品使作家成为'艺术之神'。它光芒四射的魅力，强烈

吸引你不能不读它。"我紧接着问:

"《复活》呢?"

"他写的沙皇已经死了,不用批判了!"

"那《战争与和平》呢?"

"1942年苏联打希特勒,红军战士们背着它,今天和平了,士兵不用背它了。"

这两问两答后,我大胆地开玩笑说:

"如沙皇'复活'了,《复活》还会复活的。如果再有战争,《战争与和平》与士兵一起,还会打出'和平'的。"我看他摊着两手大笑,重复说"死了",当然是指"沙皇"和"战争"。

后来我告诉他,老托尔斯泰和他的作品还活在中国的情形,他非常兴奋地说,有机会一定去雅斯纳雅波良那庄园墓地,告慰老祖宗的在天之灵,他会很感谢中国人的,他活着时就对中国很向往。

我每与莫大的"汉学生"提起写安娜的这部作品,他们总是眉飞色舞,记得有个女生说:安娜真的很了不起,但她不了解自己的力量,太可惜了。回国时汉学生娜达莎送我一本俄文版的《安娜·卡列尼娜》,她告诉我俄罗斯家家都有这本书。后来她来中国学汉语时,我送给她一本中文版的《安娜·卡列尼娜》,她说家里还有英文和法文版的。

看来当年选讲这部大作,绝不是偶然,伟大的艺术不朽的闪光,不仅没有国界,还使读者产生了心灵的共鸣。

四、皆青过于蓝者

学生能青出于蓝，而胜于蓝，那么先生把自己视为学生的"学生"，不是同样可以从学生胜于的"蓝"中再取"青"吗，这种循环超越的命题，皆可谓师生"相长"也。

（一）颠覆自我

我教过小象，教时接触最多，毕业后也未中断联系，可说师生融洽得心照神交，我自以为对他了如指掌，其实相去无几。

至今我还不知小象的学名。陆地上现存最大的动物是大象，尾随大象身后的小象也比一般动物大，两个大耳朵和圆筒蜷曲长鼻甩来晃去，人见人爱。在一个班同龄孩子中，这个比别人高半头的小男孩，风骨秀爽又寡言少语，乐善好施又沉潜刚克，总有些奇思妙想；因为他是班上最大个，被称为"象"，又因为顽皮可爱，自然在"象"前加了"小"字，才算名副其实了。久而久之，就忘了他的学名，教过他的老师也都叫他小象，连我这最后带他两年多的班主任，是在他毕业离校后才知道"小象"是他的绰号。因为复课后直到他们毕业，都没有填过成绩单和鉴定，更没有家庭通知书。离校后，他的心上人郑重地为他重新命名为"壮"，仍保持着象的本质特征，更包含着牵挂和祝福。但至今熟悉他少时的老人还叫他小象，蕴含着相识日子长久不衰的美好记忆。

　　教过他的老师，说起小象就是一个调门，"从来没见过像他这么淘的学生""那才叫淘出花来，还不重样"。我也听小象母亲说，"小象虽然长大了，还是让人操心。他小时候，每到星期六下午去学校接他都有点发怵，总是最后领他走出学校，班主任和生活辅导员跟家长通报他调皮的怪事说也说不完""老师说你不要这样，他真改了，可下回他就会那样，然后是那样的那样，无穷无尽花样翻新地淘"。这真是勇动多怨。回头看，那年代学校管理得很严，没把他的棱角磨平，可见他淘得多顽强，总有过剩的精力和热情兴趣没有发泄的地方，也许因为他的可爱，老师们总是高高举手又轻轻放下，他才没有变成小绵羊。

　　我接这个班时，小象正上高二，顽童已步入少年，由于生活在动乱旋涡，个性无度的张扬和社会是非的混沌，过早地摧残了少年的心理，熟悉他的老师不再数落他"淘气"的故事，而是很严肃地批评他如何"闹事"了。对他闹的那些事，有人觉得无可奈何，有人苦不堪言，我总能听出话中有话，话中有刺，甚至愤愤不平。我渐渐明白，小象自己的伙伴与学校的工宣队，还有大部分老师及兄弟班的观点不一样，这个班顶着"无政府主义"的帽子，让人又恨又怕，惹不起的就躲着，敢惹的总是被他们捉弄得焦头烂额，然后蔫退了。

　　别看他这么"闹"，"人缘"好极了，总有勠力同心的伙伴同舟共济，从不孤军奋战。他大辩若纳，但妙计无穷，胆大心细又文质彬彬，还很温柔敦厚，有点贵族的骑士风度。我跟同事议论，小象的义气、勇气和灵气，如果在新中国成立前的战争年代，会成为帅兵的将领，同事竟认为他现在就是梁山泊上的宋江了，不停地与"官府"唱反调，又永远不会"招安"。

为保护正停职审查的那位日语老师，谁给这日语老师写大字报，小象和他的同伴就暗里明里捉弄谁，虽然后来有所收敛，那只是权宜之计，韬光待时而已，并与被保护的老师来往更密切，直至那位老师最后归队。

天赐良机，中日邦交正常化，国家亟须日语人才，几部委先后来校抽调学生派往国外学习，这批连续十来年学习日语的娃娃，人人都有了用武之地。即便下乡的那些，一年多也都被调到十三冶当日语小翻译。小象随大部队迎来一个又一个机会，两年后恢复高考，被医学院录取。

谁能料到，小象把录取通知书贴到宿舍门上宣示："子不从父业！拒绝学医！"小象父亲是白求恩医大著名胸外科专家，母亲是儿科主任，姨妈也是军医。在别人看来，做医生世家成员，是求之不得的美事。

同伴们看到他的"声明"，以为他一时赌气，释放过就不会当真了。哪知被录取的同伴都兴高采烈地离开大本营上学去，小象却从武汉返回东北故里。1977 年冬，大学停招 11 年时恢复高考，全国积下十二届高中毕业生，还有很多初高中没毕业的老知青，几千万的知青做着可望而不可即的大学梦，恢复高考终于有梦想成真的机会了，第一年真是千军万马潮水般涌向抵达彼岸的独木桥，这年据说是"扩招"，才录取 27 万，比 20 多年前"大跃进"多招 17 万，可与 40 年后大学录取 700 多万相比，当年能考上大学可说是万世一时的良机。

即便这样，小象当时还是毅然决然放弃千万人求之不得的大学梦。那时流行"子从父业"，有些老子为让乡下孩子返城接班，提前退休，小象自忖念完大学再让老子"带班"岂不两全其美，便提笔填上了学医的志愿，同时也没报太大希望能通过独木桥，当时那种紧张形势也容不了多想。他后来说"自己就是河底的沙粒，怎么也不敢期待被冲回岸上的沙滩"。果真被录取了，才终于沉下心考虑这辈子想干啥，自己有何兴趣。虽然家有名医，除了填表瞬间子从父业那根筋占据了大脑，再也搜索不到一丝想学医的念头。为此他说自己彻夜不眠，沉吟不决，最后决定"弃医学文"。如果只考虑机会难得，勉强上学，将来可能拐更大的弯。放弃是为了成就兴趣。这种颠覆性决策大大超越了世俗的观念。他的前辈和同代多少人以能念大学就很知足了，学历是找工作的"门票"，"赚钱"是兴趣，相比之下，小象当年那"不可思意"的决定，今天更显得难能可贵并闪着超越之光。

当小象跟我叙述全过程后，觉得眼前的青年突然拔节般成长着；童年"淘气"少年"惹事"的过剩热情精力，终于在青年时用到思考人生和事业上，而且没有一点世俗的狭隘，坚定而自信地憧憬未来。

天有不测风云。

第二年高招通知规定，去年录取不报到的取消今年高考报名资格。小象是去报名后被人告发才知道这个决定的。王道的霸气难以堵住通向罗马的学习之路，智者不会因为"规定"之锁而茫然却步，勇者更不可能因"被告"而倒地就擒。

机会多多，就在脚下。有机会抓不住是小失误，没有机会等机会是中失误，不去创造机会是大失误，中失误和大失误的人居多。

去年恢复高考，今年又传出恢复招收研究生，招收研究生史无前例地放宽报名条件：不限学历和年龄，明确指出在校的大一优秀学生均可报考。显然是无路中寻路，挖掘生源，在校生只有大一和最后一届工农兵学员，社会上还有"老五届"，即在学校没念完又荒废十年的青年学子。当然还有老学童，我认识的一位 49 岁的当年学霸回母校报名考研，大家取笑他将"父子同桌"，因为他大学一年级的儿子也同时报考。即便不限学历，可我无论如何也想不到，高中生也可以报名考研。在教育的荒漠上，如果真有人报考又考上了，他不仅用行动颠覆了自己，也颠覆了解他的人的顽固的思维逻辑和惯性教育理念。

大概流水碰到抵触它的地方才把它的活力释放，使足劲拍球，球肯定跳得更高。"不准再报考"大学"规定"的阻力，给人意外的撞击，激发出智者更大的能量。小象的长鼻子嗅到恢复考研的新闻，便托人看了"文件"，弄准才信以为真，立刻做出"机不可失"的果断抉择。在"条件不利"情况下充分发挥自己"有利"条件，在无条件时创造条件，这何止是大勇大智，更是颠覆性的超越自我。

初夏傍晚，小象急匆匆来我家，开口就说"老师，有事同你商量"，我心想恋爱的风波刚过去，可能又有谁介绍新朋友了，便开玩笑说，"又有哪个天仙下凡追来?""不是，这回排成行追，我一个也不能搭理了!""为什么?""没时间!""是真的?"我们开心地笑着，简单对话，使我料到他可能要偃"武"修文了，我还没来得及继续追问，小象就耐不住进出：

"我想考研!"他语出惊梦，我又低声问："真的?"他点头，"考研"这个词沉睡十多年了，看来也有叫醒机会了，令我这习惯循规蹈矩的人觉得是天外之音，而小象的决定又是天籁之音，令人惊喜万分，小象绝不会开这样的玩笑；我吃惊绝不是怀疑招研信息，这些天就听到很多相关传闻了。归根到底我是吃惊小象胆大包天的韬晦之计，尽管不限学历，也没明说中学生可报考研究生，即便真有中学生报考，真敢钻这个空子，离真能考上有不可逾越的障阻，谁敢冒这个险呢。

小象没有在意我疑虑的神色，继续跟我细说考研的特殊政策，还说就是去年上大学了，也不会放弃今年考研的机会，已定下考世界近代史，很乐观地说"天从人愿"，老天为他特设了这个专业。早想从历史根基出发，来看当今世界和未来前景。我心想这还是个忧世忧国的"中学生"呢，怎么才发现呀！师盲！

我还是忍不住表示，"为什么不考日语专业的研究生？"在我看来这可能是唯一的有利条件，十年日语，又是从童子功开始，还有十三冶的几年文字翻译实践。可他显然已通盘考虑过，所以不假思索回我：

"日语，是我考研的撒手锏，它使我立即使用外文资料进入研究，比别人多把钥匙，但只能当工具，还不是我喜欢的专业方向，不是我的兴趣……"，我终于明白"兴趣对他说是历史镜子，照现在和未来"。

显然小象是深思熟虑后来通报我的，已经到了报考"没商量"的程度。勇者从来都藐视困难，困难变小，弱者从来都发酵困难，困难自然膨胀。但面对学问，不仅需要智慧，还需要时间、耐力和基础，他的历史专业课要从零起步。看来我仍顾虑重重，没有勇者博大的襟怀。但在这样的火头上，万不能说教，更不能阻挡，我的话只能烂在肚里。当勇者已选择了挑战自我的路径，不妨把这冒险看成是一次演习性备战。只能给走在路上艰难跋涉的人助风助力，万万一点冷水不能滴，我立刻警告自己要保持住这个心理底线，于是表示：

"说吧，需要我做什么？"

"帮我补政治和作文。"看来这是小象今天计划好的求助"项目"。

"没问题，尽其所能，找最好老师。"

之后小象细说了补专业课计划，以前看过的所有历史故事都成了引路灯，已经从图书馆借到了几个版本的历史教科书，正看着，准备去吉大和师大历史系请教名师。

几个多月后，我见到小象差点认不出，与以往那个英俊少年真是天差地远，判若两人，剃了光头，上穿宽松墨蓝粗布劳动服，下着牛仔裤。他看我上下打量的奇怪眼神，赶忙对我解释：

"这衣服抗脏，不洗不换，还能和衣而睡。"他边说边摸着自己的头补充，"洗头不用梳理，理一次保持很长时间。"我看着笑着赞美着：

"披荆斩棘的'劳改'英雄，一天真的等于二十年了，看你这样美女就吓退了！"

"有！不是都找到你这啦！"找到我这儿的那个女学生，只因于图书馆同小象打过几次照面，便开始跟踪，穷追不舍，小象不理她，就内查外调找到我和小象的日语老师那，求我们说服小象，当然也直接找到了小象父母，我们只能推托考完试再说。看来美女追美男是文学写不完的主题，如还有机会，就我所知也能给小象写出爱情三部曲。

给小象辅导政治的老师说，"这小伙子绝顶聪明，反应机敏，一点就透"，考前又给指导一次。听到行家的点赞，我心里美滋滋地增加了希望，但对他的专业还是心中没底。

最后我给他辅导"写作"，其实不考这科，只是说说答题技巧而已。

由于焚膏继晷的备考，小象体重减去很多，瘦得更高更精神，甚至有点驼背了。不言而喻，每晚睡四五个小时，连续几个月，这种夜以继日攻读没有破釜沉舟的意志难持之以恒，他说母亲把供应全家的肉蛋都给他吃，也还是补不上消耗。令人担心身体吃不消，我也不再说鼓励的话了，用套话给降温：

"不要指望几个月吃成胖子，放长线，留得青山在，不怕没柴烧。"言外之意今年考不取，还有明年，若去年上大学今年才大二，按常规毕业考研还有两年呢。可见我对今年考取仍缺乏信心，或者没抱希望，小象听了我这番话，先是自责：

"谁让我念书时'不务正业'，总是打架斗殴，若像学霸那样，现在就不会费这九牛二虎之力了。"他真是毕其功于一役，不苦完不成。接着他又一反常态发毒誓：

"一次成功！不考第二次！"这铮铮铁骨的誓言，如不可撼动的泰山。

在马拉松跑道上，他果然是个战神。一个多月后他来报喜"录取了"，与他同窗十载的学霸竞先，第二天也拿着录取通知书，让我分享攀登快乐，两个欹嵚历落学子都闯入"研究"之列。

（二）超越的超越

在江西招生中，我认识了万玫，一面之交的师生情谊却如山涧中的细泉从没中断。

90年代开始扩大招生，即招收计划名额外的"自费生"。说实话，若没有扩招，我还真遇不上万玫，当然别人在扩招中也许会遇上李玫王玫，相遇不一定能成为朋友，也得有缘分。

那年去江西鹰潭录取，录取名额中包括两个自费生，校招办特别嘱咐注意招收的自费生家庭经济状况，如改专业要考生亲自签名。对非自费生省招生办按志愿从高分到低分排序，并按录取比例投档。

但投档的自费生名额没有比例，只给两份，这两人分数都超过了要求的最低分数线，录取肯定没问题。但万玫的志愿填的是法律系，我们要录取的是政教系名额，虽然志愿表上也写了"服从分配"，还是按要求与本人面议，于是我同省招办打招呼，要求考生当面同意并签字。

第二天早上，我凭胸前录取卡去紧锁着的铁门前接万玫，门外站着很多学生和家长，个个眼神焦急，直盯着铁门里。我下楼前反复端详档案上万玫的照片，姑娘长得像朵白玫瑰般文静，眼神腼腆略有几丝忧郁。森严壁垒的大铁门开个缝的瞬间，万玫听我叫她的名字，几乎同步迈进门槛，一个中年男子有半个身挤进铁门，为的是递到万玫手中一个牛皮纸信封，同时悄声嘱咐"把这封信交给老师"，她攥在手里跟我上楼。

盛夏酷热难耐，姑娘穿着长衣长裤，这种封闭和质朴使我产生异样的怜悯，并感受到她那满脸的焦灼远超过她的年龄。进屋后我指着档案志愿栏跟她说明情况，她同意将法律系改为政教系，并在"提前录取栏"亲笔签上了自己的名字。插一句，入学时她又转到法律系，看来学法律不是一时心血来潮。之后我又指着档案上家庭关系栏，询问这两个父亲两个母亲"谁出资供你念书"，她说亲生父母共同出资，而且用手指着她母亲名字，从小同父亲一起生活，刚才是父亲送她进门。临别时她拿着牛皮纸信封说：

"这是我爸给你的信。"其实在进铁门的一刹那，我就断定这根本不是什么信，只有傻子或者装傻才能信以为真。

"我知道，这信封里装的是什么？"我停了一下又说，"记住每年开学，你不因学费有困难能按时报到，老师就满足了。每年开学我都会去系里问的。"我边说边用两手捧着她拿信封的手，表示让她收好和感谢，并祝贺她：

"录取了，珍惜这次学习机会！"她感动得无语，眼里滚下串串泪珠，白皙的脸颊涨得粉红，泪花和嘴角都变成微笑。我送她到电梯口说"开学见"，她边用手拭泪，凝眸相望，向我深深鞠躬。或许这泪花使两颗陌生的心浸润相通，像细泉才没中断。

每年开学我都去系里打听，知道她按时报到便放心了。她的父母都是普通工人，各自都顶着新家的压力供她上学，看到她那沉默寡言内向性格和简朴无华的衣着，我总是有种隐痛莫名袭来。常与教她的老师询问学习情况。偏偏到毕业那年，意外知道她有两科挂科，补考及格才能毕业。我想答不出高分可以原谅，怎么还能学成不及格呢。我是个应试型学生，认为魔鬼迷了心窍，也不可能出现不及格的意外。

本想去找万玫聊聊，又怕伤了她的自尊，便直接去找她的任课老师，两位老师都说小姑娘长得又漂亮又可爱，我这科学习就不出彩，遗憾地叹息，"放心，都得毕业，一堆人呢，学校才不会留他们呢，老师们更不会给自己找麻烦"，这道理我也知道，明知补考就等于通过，便止步了。

六月是毕业升学季节，既是收获之秋，也是播种之春。下旬的午后，万玫来家里告别。她一坐到沙发上就低下头，闷闷不乐，我以为是毕业分配不顺，就直问派到哪上班，她抬头看着我，停了一下，很羞涩地说：

"哪也不去，先回老家看看，然后准备考研。"

如果说分配工作有点不满，我还能表达自己的同情，可她要徒手攀岩，你还能矜持住不惊讶吗？我脑中立刻引出一大堆的问号，高考复读后还没进正式录取线，大学毕业前挂科拿什么考研？现在每年有几百万当年毕业生。我心里怔忪，但还尽量很平淡地说：

"正好回老家复习，考江西大学，守家上学。"我这么说也掩藏着另一种疑虑，就是父母是否还会继续供她求学，早一天生活独立，让父母少操点心。

"我不考江大，考北大！"

这位沉静的淑女，从不张狂乱说，今天夸下海口，也绝不是随便说的。她说"考北大"时两颊流着泪水，两手紧紧地攥在一起，不想让我看见在抽搐，可见她伤心惨目已痛入心脾。

我担心刚才的话伤到了她的自尊，连说"对不起"。她拉着我的手并摇头说，来之前就难过得想哭，还命令自己"抑制不住就不要去老师这，对不起老师，不知为什么……补考时，两位老师都说你去找过她们，对不起又让您操心了"。

我努力转移话题，她才擦干泪水，接着她明确告诉我：

"回家两周，然后去北大住到朋友那，朋友是北大法律系研究生，她同室的那个研究生家在市内，从不住校，有张空床，那里学习气氛好，朋友还能指导我如何复习。"

说完她把手伸到自己书包里，先掏出个金属片，十分精美还闪光，约两寸半长，一寸宽，上面镂刻着古代美女婆娑起舞，细看线条清晰，上角有"敦煌壁画"字样，下边有英文"中国制造"。上边小孔穿着嫩绿丝线中国结。她边让我看边说：

"这书签是我爸亲手制作的，黄铜产自他工作的矿区。老师天天同书打交道，用书签隔上就能找到从哪开始。"接着她让我伸出右臂，从书包里掏出一条淡蓝色缎带，有两厘米宽，很有光泽，她非常麻利地系在我的手腕上，还系出四瓣的小花，边系边说：

"这是幸运带！祝老师永远走运幸福！"

我左手心上是金色书签，它精薄却很厚重；右腕开着天蓝"幸运花"，它很清爽又很温暖，这奇妙的礼物让人刻骨铭心。至今珍藏着，每遇上它准闪出美妙影相和欣慰的怀念。

万玫在北大复习期间，给我打过电话通报情况。她说每天三点一线很紧张，怕身体吃不消最近增加早晚跑步，很少出校门。偶尔混到法律本科去听课，大开眼界，出现另一片天地，更坚定考这里的研究生了，不管多难也得过这个高度。这是无数北大学子的共同感受，我女儿北大本科毕业考硕考博，就是非北大不考，认为不管竞争多激烈，也是唯一最值得拼搏的目标。

考研报名后万玫也来过电话，说竞争对手都是名牌大学的，只能把压力变动力，这种危机感促使自己丝毫不能放松，争分夺秒地赶路，还计划到考研辅导班突击政治和外语。

不管万玫多努力，我心里的谜团还是难解，她胸有成竹非北大不去，难道是我根本不了解她韬声匿迹的特点，还是她有不达目的不罢休的鸿鹄之志呢！一次我散步，偶然的机会同一个法律系高年级学生闲聊，他上过我的选修课，聊得很投机，我一提起是否认识万玫，他蛮有兴趣打开话匣子，当然不知我和万玫的特殊关系，所以毫不掩饰地发议论。她说万玫是个怪女孩，我让她说哪儿"怪"？他数落"一怪偏科"，除法律专业课外，她都不爱学，还逃课，我想这就是她挂科计算机和外语的原因，这一怪说得靠谱。二怪不谈恋爱，长得漂亮，穿衣像村姑，傲慢像公主，追她的男生都被撞回来，这一怪也大半真实。最后又说她"眼高胆大"，正在北大复习，要考北大研究生，言外之意也够"怪"的。他的这些"怪"话，使我很受启发，提示我追忆万玫对法学的兴趣不能小觑。高考唯一志愿是法律专业，录取同意改修思政系，看来不过是权宜之计，入学时她说服思政系"放"法律系"收"，这对刚入学的新生，不是因为强烈的专业兴趣是难闯的一关。特别是后来硕士毕业，她没有以当法官"时髦"跟风走，竟选择很多人既觉枯燥又不赚钱的法理专业，更印证了她对法学专业浓厚的兴趣。

考研那两天，我虽不在万玫身边，但对这个日子总是有职业的敏感，同样祈祷她与我熟悉的学生都能正常发挥，考得顺风顺水。真是天知我意，大概我们双方都有了第六感觉，她考完最后一科，从考场径直来我家。这回她终于换了件红色羽绒服，脸烘托得像朵绽放的粉红玫瑰。我很想听她说考试情况但还是回避了，因为我一向认为对紧张的回忆在心理上就是复习疲倦，无疑是对该休息放松人的惩罚。我最担心的是外语，北大录取研究生外语分数，绝不因满足招生名额而降分，宁缺勿降，她几乎看透了我的心思，竟主动说了句外语考得"还可以"，我知道这是她评价好的口头禅，听后我心中的弦立刻松弛了很多。

同时我确定，她能从考场直奔过来表明她很兴奋，这两天考试答得顺天应时，若很沮丧就会躲起来。我问她："今天该大休，想吃啥？"她笑着说："吃肉。"这表明她心很爽，没有考出胃火。我小女儿高考前，老师们说只要数学能过 90 分，进北大中文没问题，因为她别的科几乎不丢分。她从数学考场回到家就问，"冰箱里有烧鸡和酒吗"，给了饮料和鸡腿，大口吃喝后抱着复习用的所有数学书，反复吟唱着："啊，朋友再见。"扔进垃圾箱，我就知道数学答得没大问题，结果成绩是 112 分。

欲望常是情绪的晴雨表。万玫吃过红烧鸡翅，直奔火车站回南昌了。二十多天过去了，她以很少有过的轻松语调在电话里报喜"考取了"，我邀她过来庆祝，她说自己在南昌打工，录取信息是在校的朋友通报她的，为她祝福的同时我内心有无法言说的情绪。

读硕这三年，万玫常过来，逢年过节总要打电话祝贺，在准备毕业答辩前，就有师兄落实了毕业后的工作岗位，我的大脑还惯性滑行在三年前的轨道上，虽然万玫当年考入北大我为她的超越惊喜万分，同时也有说不清的内心自愧，但我并没有使自己从老朽观念的"套子"里彻底挣脱出来，所以她说准备答辩时，我又自然地问："毕业打算去哪里的法院当法官？"她抬头看着我，沉默片刻，重复三年前的话：

"哪也不去。"我终于还是比三年前略微有点进化的反应过来，替她说出：

"考博！"她微笑而自信地点头，果然要跳到最高，"考博"这是教育殿堂神圣塔尖，当然还有做博士后。接着我问所考专业和招生的学校：

"法理专业。北大招。"同时她还解释，"这个纯理性专业，因为不赚钱，很多搞法的人不愿学。原来没考虑，导师很希望我报考，认为我这沉默的人适合"，说着她自嘲又自信地笑着，告诉我已着手备考了。

世纪末金钱和物欲膨胀，知识分子不再羞于谈钱，很多人开始下海，老师学生纷纷办班编书挣钱，知识分子几乎不再是贫困的代名词。对于无数充满不确定性的青年，面对眼花缭乱的诱惑变得如水上浮萍。可万玫还穿着那褪色老式布衣，把自己捂得严严实实，满足于生活原地踏步；但在专业学习上直节劲气要三级跳，一次超越并不满足，还要再超越，真得刮目相待，我的耳畔第三次回响她"我想做的一定能实现"的誓言。

这个从庐山脚下走来的质朴的姑娘，通过了智取华山的那条小路，还要经历备考读博，可谓精诚所至，金石为开，而且她终于攀上了珠峰。在那最高学府的熔炉里，她学习多少知识、积累多少经验我没法说清，但同十年前在招生办签字的那个"村姑"相去何止天冠地屦了，蜕了青涩变成熟，没了肤浅更沉稳，丢了胆怯，变得坚定，那从容、淡定、智慧和高雅的人格气质，使她成了真正的文化人。

在读博中她经历了恋爱风波，这次不是她拒绝对方，相反是对方拒绝了她，让她尝到了拒绝别人的苦涩。为此她几次来找我聊，看出她真心爱对方，谈这烦恼她常情不自禁掉下眼泪。说心里话我很心疼，凭这美女的学历和教养，照理得排队来求婚，但我也知道女博士的学历使很多男士望而生畏，所以才有"圣女"之"剩"的谐音，而万玫爱慕的这位青年才俊，反倒觉得当今女性高学历是稀有金属，尤其能念北大的求之不得。

但他不理解对方与之不相称的穿着"土气"，也许只把她幻化成童话中从井里跳出的那只"青蛙"，而自命成王子啦。那年代女孩个个都花枝招展追求时尚，她怎么一点"不知打扮自己"，言外之意难成为他眼中的西施。可这位男士哪里晓得，越朴素越单纯的人，越有内在的美质，就如所有白色的花都很香，越艳丽的花越缺少芬芳，这真是智慧的误会，却折磨得万玫苦不堪言。万玫是白玫瑰花中精美的一朵，竟对那位谦谦君子锲而不舍，不知经历了几波几折的风雨磨难，万玫终于得到了这位白马王子的心，结为伉俪，可见她骨子里的韧性能战胜任何障碍，又实现了想做的。

毕业后不久，她与丈夫同去中国驻希腊使馆，我多次收到来自巴尔干半岛的祝福，听到从爱琴海浪花里传来的她的呼唤……

（三）得智慧的因果

教育生涯里，我分享过无数学子成长的喜悦，甚至自命有预测成败的"先觉"。可小象和万玫以及与他们有类似超越颠覆自己的学子，一而再，再而三的梦想成真，因出乎我所料，败与成的巨大反差使我在祝福他们成功时，却久久沉浸在自省中。事实胜于雄辩，他们在我认为"挑战不可能"时，都径情直遂地"挑战成功"了；这引起我深层的心理震撼，不能不怀疑自己根深蒂固的教育理念有革故鼎新的必要了。谈何容易，貌似合理的行为在世俗中存在实践着，如果说学生能用行动颠覆自己，而我只能在思痛中清查自己的教育理念了；找任何外因，只能透支心灵能量，只有从内在去追寻所面临的窘境才是上策。

如果说小象颠覆自己时，我还有个朴素的信念，"淘小子出好样的"，这普通老百姓的观点，真比我们自命懂教育的行家高明多了。但我还是半信半疑，信他淘得胆大包天，却疑他专业上白手起家，大胆无用武之地。而到了万玫这，她超越的目标顶极到北大，同时她的智慧确实又在有限时间内爆发出奇迹而攀上了顶峰！我在他们高尚的冒险精神面前，真成了精神侏儒，变得软弱无力。我虽没有阻止他们去"冒险"，可也没鼓励他们去闯荡，只是坐视成败，惊悚地享受成功的喜悦，怎能不生愧意！我就犹如"一生中只下过半戈比赌住的赌徒"，谨小慎微，而他们却拉我参加"成千上万卢布的牌局"，我的"全部经验却化为乌有，全部本领也施展得一塌糊涂"。这促使我去检讨由于习惯惰性，一直扎根头脑深处的那些既定看法；它深藏在意识里，可能不用语言表述，却成为约定俗成公认的正确，并冠冕堂皇成为人们习惯的尊崇，我试图像学生那样颠覆自我，走出"套子"。

人最大的敌人是自己，世界上最难的是了解自己，所以这种精神颠覆艰难而漫长，但我终于把最初的反复思考有勇气讲给了学生。给新闻系上课，一些学生常跟我说很想毕业考研，心中无底，认为这建系的元老班，都是刚毕业的老师授课。于是在一次课前，我给他们讲了小象自学考研，小玫"挂科"报考的故事。相比较，眼前你们每个人都很优秀，关键是你们缺乏超越自我的勇气，不相信自己。转而我批评自己，当年并不理解他们的超越，就是因为像你们现在这样过于看重他们以往的不很"优秀"的成绩，低估了他们的个性兴趣的爆发力，用"高大全"思维捆着自己的手足。所以我鼓励眼前的学生记住，勇气能使智慧花开不败，畏惧能使智慧枯衰。课下他们说老师的自我批评实在给我们鼓了劲，充了电，拼了！毕业时听说人大新闻系从全国72个新闻院校中录取30人的研究生班，其中竟有9人来自这个建系元老班，考第一名的也出自这9人里。人民大学为此惊呼：厉害了！首届毕业生！我想学生的"自信"中，也许包含着老师"自我批评"的鼓励因子。

我陷在"唯分数"里，难以自拔。

当学生十几年，一直处在考试的王道里。数不清的各种名目的考，结果就是"分数"，脑子里铸牢了分数是衡量学习成绩唯一的秤，最后我竟成了应试型学生。我很习惯考试，别人怕考我盼考，我却有争高分的兴趣，已成了"快乐"的分数奴隶并不自知。除此对重要考试，我习惯复习后押题，假定自己是出题的老师，有时押得很准，更不知自己半斤八两了。高考语文的前一天晚上，躺在床上琢磨最有可能出的作文题"勤工俭学二三事"，果然同试卷一字不差，当然得高分了。入学后我知道班上作文写得比我漂亮的大有人在，虽然考高时没有因高分引起格外关注，相比之下我就是一种高分低能者，在大学开卷考党史，我认准一道大题，还告诉好朋友准备，果然班上只有我俩得优，其实这优中有劣，而那些低分同学潜藏着优。当老师后也从没离开过分数，仍然确信高分是学生学习好的标志，见100分笑，见不及格打唉声，大脑被分数规范化到封闭和麻木的程度并不自知。

打破了我的墨守成规，是从小象开始的。他连大学学历都不在乎，只在乎专业兴趣，自学过程没有谁考他，根本没有分；高中毕业也没有成绩单，而且可以肯定他绝不是班上的学霸。万玫对自己不喜欢的学科竟能挂科，我觉得不可思议的荒唐，在心理和面子上都过不去，可她补考过了，一点没有因此影响对喜欢专业的深造兴趣，可见她对以分数金榜排名不屑一顾。当有的高分学生在考研中望洋兴叹时，他们竟以合格的成绩被如愿录取。在理念上，他们没有以分数捆绑自己的个性，之所以不在乎，还实为顽强的学习兴趣使然。所以有人说分数是一种夸奖的手段，同时又是别有用心的控制，还是浪费时间。特别当考试成绩成了选择指挥棒，一个微妙变化悄然产生：片面的不可靠的成绩上的指标，就会变成个人的努力目标，就会变成学校工作的目标；而对学生非常重要的人格教育道德情操培养，最难用分数指挥棒衡量的被忽略了，必然陷入误区。从本质上损害了教育的终极目的。

分数的指挥棒的危害，后果显现难于一时看出，"高分低能"排斥个性多样化，"死记硬背"降低脑细胞神经的可塑性等弊病，各从不同侧面损害教育的终极目的，这已是公认的事实。

"庸才教育"是我有意清理后得出的结论。我认为，"庸才教育"的实际表现有两点：其一教育工作的重点首先放在"问题"上，其二看一个学生常因为有突出缺点而缩小或看不到他的优点，一句话又可称为问题教育，我断言，问题教育永远不会出英才。

"问题"教育总是取长补短，工作重心是"补短"，结果完全忽略了长处；最终长处得不到发扬光大，短处也很难拉长，从发展的观点看原有的长反而短，仅有的棱角也磨平了。有个明显的后期效应，就是毕业后"好"学生与老师的感情，远不如"问题"学生亲近，这大概是因为老师同"问题"学生接触多，把工作重点放在"问题"上，自然淡漠关爱好学生，这也是我刚毕业时"不公平"执教的伤痛和盲目。

有人说，我们整个教育的设计就像捕鼠器一样，完全针对缺点。老师首先关注的是学生的"问题"，家长关注的是孩子最差学科如何补，不看最擅长的科目，不首先看学生的优点和特长，并激励他们发挥强化。让人做最擅长的事，那才是智者的教育，是英才的教育，学生能主动去做自己擅长的事，才是最成功的教育。

我带班的那两年多，如何使小象们不惹是生非，是我工作的重中之重，庆幸的是抓"问题"时，我还有意地保护了小象们的勇敢和热情。但非常遗憾的是对班上一大片从不"闹事"的学生及他们各自的长处发挥完全忽略了，其合理的托词是他们"自治"，用不着操心。到了万玫这，我也首先看到她学习上的"问题"，而她的兴趣、毅力和梦想都是在她成长中显露出来的，是她拖着我重新认识她，而不是我主动鼓励她，所以每回忆学生们的故事，我都警告自己：不要以为自己是先生就忘了做学生，不要忘了，学生也常常是你的先生。

"庸才教育"主要特点就是盯着短处不放，这就如动物世界要选"王"者，要求会游、会飞、会跑，因为老虎不会飞，老鹰不会游，大鲨不会跑，它们都落选了，只有鸭子最终胜出。它虽跑得不快，游得也不快，偶尔飞得也不高，可它"全面"发展。鸭子称王，鹰成"笨鸟"，虎成"熊包"，鲨成"鱼怪"，但它们是真正的水陆空之王。鸭子称王百年也生不出水陆空之王的一点特长。优点最明显的人往往缺点也最突出，世界神话中那些力大无比的神都有致命的缺点。战神阿喀琉斯只因脚后跟没有洗礼，在特洛伊战争中被敌人射中；大力士参孙头发是力量源泉，大力拉给剃了被敌人抓去；安泰的脚不能离开大地母亲，敌人举起来打败了他。谁能改变古代英雄的短处？谁能抹杀水陆空之王的长处？那我为什么非要先看学生之短，他们事实上没有因为短影响长的发挥。非要补学生之"短"，这无异让乌龟学兔子跑，让兔子学乌龟游一样违反教育规律，没有好结果。

"问题"教育的反面是追求"完美"，为此拔苗助长。

"完美"永远是相对的，没有绝对的完美。要追求绝对完美，就像要求河流不走弯路一样不可能。人成长中也有不能容忍的"刺"，玫瑰很美丽但它有刺，爱一朵玫瑰并不一定把"刺"根除，只要学会不被刺弄伤，也学会不让自己的刺划伤别人。这道理一听很懂，但在看实际问题中，就扭曲地打了折扣，自己的刺划伤别人不知，还不准别人有刺。

"无瑕"的人是没有的，卢梭说，世上没有不可恶缺点的好人是没有的，然而我却因学生身上的"刺"就忘了"花"，非要求学生完美"无瑕"。这种乌托邦常发展到感情用事，恨铁成钢的心理导致更大的行为误差。我看学生某方面有不足，使人变得一无是处。所以当有朝一日，有真实存在"短"处的学生，爆发了被你用短掩盖的"长"时，便总是觉得"出乎所料"。检查起来，我对自己熟悉学生内在的智慧和勇气爆发的能量吃惊，多是我的这种思维逻辑作祟。因为追求"完美"而感情用事，把存在于同一个人身上的不足放大的同时，也把优点在掩盖中缩小。对优缺点都特别鲜明的学生，这样衡量和要求伤害更大。好在两个青年学子禀赋顽强，不达目的不罢休，即使我当时把自己的"顾虑"摆在桌面，也丝毫动摇不了他们的钢铁意志。但这不等于我的这种思维理念不再伤及别人。

深挖自己这种虚无，还是因为对教育对象缺乏本质认识。当我明白"植物和树木已经存在于种子里，虽然它的形象实际上看不出来"，教师只需要把暗藏在种子体内的东西培植出来就够了。学生的不同特点也存在于内部，教师的使命像耕夫一样，去培植和激发学生的内在潜能，不是去"改造"和"改变"学生，这种积极辛苦的伤害普遍存在着，不以为错，反以为美。

教师万不能自封为画师，把学生当成"一张白纸"，去画"最新最美的图画"，不论你画得多认真忙碌，仍然是盲目地拔苗助长。也不能自封为"塑造灵魂的工程师"，人们习惯以此尊崇自己的事业，便自信地手持刻刀，把学生当作雕塑的对象，按自己既定的面貌随心所欲地雕刻，这与在"白纸上"画图一样，代替学生成长，即剥夺了学生自主独立人格形成的机会，也是拔苗助长。

面对学生颠覆性成长，引起我的震撼和困惑，清理出以上的糊涂观念，可谓是从学生的"蓝"中取的"青"，虽然来不及在实践中修正，使其变得更蓝，下辈子再当教师最低不会成为全盲师。

五、师生缘

以知识育人心者为德师，师德必得学生敬慕；再鼓励学生超越，才不为庸师；学生超越本身，就是对师德最大的鼓舞感恩，这种螺旋上升形成的教与学的情缘，实为师生"相长"也。

（一）滴水知音

我右臂抱着鼓鼓的讲义皮夹子走出教室，像河床上的淘工提着桶金沙，兴冲冲地往家赶。每上第一堂写作课，我都有这种强烈的心理期待，急于阅读学生当堂写的作文，就像急于赶到妇产医院婴儿室第一眼看外孙似的亢奋不已。学生送的这份高贵的"见面礼"，能提供多种信息，为授课找到起步点，少些盲目和错位。

写作文前给了内容范围，包括学生此前生活的全部：家、故乡、学校、自我和亲人，自拟题目。我还强调，请从你的作文中让老师了解你的生活和十多年积累的文字表达能力。学生写得非常认真，正如交卷时有的同学说，比高考写作文还投入，因为自由，还来了点灵感。

到家立即摊开夹子里四十多篇作文，开始浏览，修改和写评语是之后需慢慢完成的细致活。怀着探宝的好奇看这刚出炉的有香味的"面包"，稿纸上还残留着学生的气息和温度，它娓娓地诉说，我静静地听着年轻生命跳动的节拍。我如辛勤耕夫查看破土幼苗，像园丁清晨洒水观赏蓓蕾绽放，或者期许从金沙中发现闪光的颗粒，不断地自言自语，"不错""好漂亮""有新意"。

看着翻着，突然眼前一闪，字迹如此清秀俊俏，这哪里是汉字，是一朵朵的"山花"，在春风中摇曳，清雅绝尘，远看像片紫罗兰，近看它的叶子和花都含羞地舒展着。从头细看《家乡的小河》，一条银色丝带绕过村庄，轻歌曼舞地流淌，悄声细语没有怒涛也无忧伤。它是我童年玩伴，如今牵着我的手走出故乡，共拜黄河之母，分手后小河去大海见龙王，我却到了追梦地方，但在梦中常与小河诉衷肠……文炳雕龙，用词精致、密实和细微，结构灵巧又很抒情，把自己的童年生活写得趣味横生跃然纸上。全文自然得如牧童端坐牛背，寰宇澄明，人间盈盈通透，秀水会秀水，天地静穆，泉语低声，断定此生性格内向沉静。抑制不住出声朗读拍案："妙文！""少见！"

惊讶鼓动我心潮澎湃，甚至产生更大的好奇心，便继续急着"赶路"，有如大河之水奔流直泻，有如看本新书被某种情节吸引加快脚步，或者被某种逻辑推理钳住思维，直读到最后一篇《十八岁纪感》，这篇是最早交的，记得那女孩脸面粉白，又细又嫩，乌黑的短发下有双浓眉，明亮眼中闪着智慧，双唇角上翘坚定而从容。她没能站起来，双手捧着稿纸直接递给我，那皮肤和脸型都像娃娃，天然流露着微笑。坐在讲台前第一张桌，右腿膝盖到脚脖裹着厚厚的药布，脚放在桌前小板凳上，旁边放着两个拐杖，说是走在校园路上，被身后同学意外爆炸的热水瓶烫伤的，这样她还来坚持上课，可说是有股韧劲。她的作文字体流畅轻松飘逸，我的视线跟着文字奔跑，文江学海，文贵天成，一气呵成，如行云流水，别人千字，此人翻倍，文字操觚率尔，但毫无粗草。祖孙生活快乐得如天马行空，奶奶的爱是孙女成长的阳光雨露和氧气。十八岁这年，带着爷爷的基因，奶奶的愿望和父母的嘱托，终于到了祖孙梦想的地方。一颗感恩的心金子般闪光，预示她前途无量。这篇作文没下课就交了，还写得最长，内容丰满，可见笔意超逸，读完自语"后来者'不善'！"意是好厉害。

我自忖前后遇到这两篇作文，两种风格相映成趣相得益彰，如丁香和牡丹，如细泉和大河，一个静思，一个跃动，一个骨气秀爽，一个豪气勃勃。在写作课上每班都能遇到美文，可至今还没有这么超尘拔俗的。

可谓是"两岸青山相对出"，要选名科代表，只能一厢情愿选定这"后来不'善'"者"行云"，前面的"山花"当万一的"后备"。而且我妄想，如果教师有权决定学生免修，我一定给这两个学生开绿灯，去修未知的兴趣课程，可惜当时的教育管理体制还没精细到这一步。应用写作课本应训练学生文字表达基本功，而我们因"实用"主义，便被异化成日常公文的文体格式写作，当然更与训练学生文学基本功相去甚远，所以"山花"和"行云"这样的学生留在我的课堂上，难于满足和提高，如果他们溜课，我绝不会责备，可惜他们只能糗在课上。

　　作文还没批改完，我去上第二次课。讲课前我宣布自选一名科代表，如本人同意，请起立，大家鼓掌通过。先宣布"行云"的大名高琴，她意外地说："我是学委，规定不许兼职。"我立即宣布"山花"的大名傅华，他从教室最后靠墙的角落站起，面孔黝黑干瘦，中等身材，很腼腆，低声说"同意"，大家鼓掌很响，看来人心所向。

　　下课后，他到前面问我科代表该做的事，我戴着老花镜终于看清他的神情，他浑身上下那苦涩的质朴乡土气息令我眼熟，眼睛的微笑中含着几分沉郁和谦卑，我直率地跟他说，"你的作文写得棒极了！向你学习，愿合作愉快。"这话后半截很俗套，但是真心的。他可能自认是只丑小鸭，没想到那漂亮的作文让我看到了白天鹅。

　　肯定是一种鼓励，有的放矢的肯定更不能吝啬。中学语言老师曾给我的作文101分，但没有评语，我不知好在哪，当时我想自己当老师时，对学生作文一定写出评语。打分只是完成肯定，真正的肯定在评语；还要从"文如其人""以如其食"的观点出发，褒奖作文者的潜能和素养。我一走上讲台真这样做了，但开始没做好引出了麻烦，本书首章"羞赧的失误"就是实证。所以之后我对作文的评语总是掂来掂去才落笔。不能吝啬鼓励也不能膨胀批评，掌握分寸并不容易，恰道好处会收到意想不到的效果，任何实践酿出的蜜饯，都饱含着失误的辣素。

写作虽是必修课，但远不如专业课受学生重视，再说几十节课一结束，师生之间也就断线了，"山花"同别的科代表比，我们好像老知交。没想到这学期课结束放假才几天，他从遥远安徽农村给我打电话，那时连"大哥大"也只是款爷才有，电话没有普及住户，农村打电话很不方便；我接到电话虽很高兴又觉有点意外，只当是一种礼貌，连我听他说"非常感谢老师的鼓励"，也公式化回答"应该的"，没多想他打电话的初衷，更没具体琢磨我鼓励他什么，至于作文评语，对每个人都如此。

后来我才知道，恰恰是那最初的作文评语成了师生心灵对话的开始，它产生的能量波的契合，恰如似曾相识的投影，使师生一见如故，我是按正常程序评作文，哪知这鼓点恰好打到他心坎上了。作文评语产生的意识能量，鼓励他走出刚入大学困惑的怪圈，说起那怪圈我也有同感。

大背景是农村孩子进城，特别是走入精英聚集的大学，产生不可避免的精神阵痛。"井底之蛙"视野狭窄，信息匮乏，观念守旧，更新得慢，因为不是文化世家，再加学校应试教育，阅读量非常小，孤陋寡闻，同城里人说话一时搭不上茬；特别那种毫无恶意的审视你的眼神和耳语，有种天然排外，令人心里不悦。到傅华这"新新一代"，他们格外敏感，从贫困落后农村进京城念大书，对家乡人来说不亚于古代状元入皇府，但对城里人不足为奇，你到了新的班级，有如进了"虎"群的另类，即便你也是一只虎，那也是进入了别的虎的领地。

山中无老虎，猴子称大王。"山花"也是当地的"猴王"，但入到城中"虎"堆，猴子的"王者"灵光被扫了大半，像刘姥姥进大观园，虽没有那么夸张，却也大同小异。生存环境的气场铸造人的心理行为气质，有如方言的语音一样改变就得重新有意学习。难怪作家芭芭拉进行体验写出《我在底层生活》中说出："穷本身就是一种专制。"中国底层孩子走进大学一路是很痛的，而且不停地补课。但城里人哪里知道，来自山河土地和艰苦环境中的意志、毅力和坚韧度，是城里富裕环境中缺失的。那小小的街道使孩子失去天阔地大的陶冶。莎翁说困苦永远是坚强之母，我永远怀着敬畏，感谢北大荒的冰天雪地和辽阔，给了我不屈的乐观。

"山花"面临的困惑，比我当年更复杂更沉重。城乡铸就的心理差距，若缩小是很漫长的，眼前的困惑使他冷水浇头怀抱冰，日常生活听人家议论搭不上茬可以沉默，最吃紧的是英语课堂上"聋"子听雷，课上全部说英文，老师问啥听不懂，学生哇啦哇啦回答也听不懂，不仅"聋"而且"哑"了。原来在家乡中学是班上外语学习的尖子，高考也是高分录取，现在是鸭子听雷，哑巴吃黄连，有苦说不出，失去了"发声"机会，这种极度的刺激和挑战，令人沮丧的心理落差压得他喘不过气。

"山花"的中学外语原是临时聘请的民办老师教的，能教出高分也算有一技之长了。就是外省重点中学学习尖子也有同样遭遇，我同事的儿子，高考吉林省第三名录取到北大经济学院，入学后因"哑"外语烦恼万分。成功绝不吝啬精力，这孩子兜里是磁带，头上是耳机，嘴是话筒，眼前看到的视为听众，卧薪尝胆，到大三全班托福皆超六百多已经是奇迹，但当年的"哑"外语的外省人，竟创造满分新闻。下苦功闯关本是山乡孩子的长项，但走出怪圈的勇气却应有充电的光和热助力。

偏偏这时又遇上没想到的"迷失"，不仅没有助力，反而拖了后腿，起步艰难。"山花"很小就养成着迷的阅读习惯，在书籍有限的环境中千方百计借书，读后给同学讲并试着自己编写，他说这是能写出漂亮作文的秘诀。高考后如醉如痴地读了王朔的全部作品，陷入了情感旋涡，像入沼泽地般销蚀着自控力，小说中的"痞子精神"和玩世不恭的冷幽默，躲避崇高亵渎神圣，高考后放松的情绪被俘虏，在误读中把体现人性的情感提升到至高无上，产生看不起别人也看不起自己的悲观。尤其遇到困惑，情感的磁力大于意志力量，便产生了破坏力和杀伤力，心灰意冷把自己看得一无是处，忘掉本属于自己的长处及底气。

就在这困惑烦恼情绪低迷的节骨眼上，遇到了作文评语中"老师的褒奖"。他说自己像陷在河水深处怎么挣扎也游不上岸边，"终于有人拉一把上岸似的"。他所谓拉一把就是"看到自己还没那么差，还有比别人强的地方，"便有了底气想拼搏。如歌德所说，人的激情就像火中的凤凰，当她焚灭的瞬间就获得了新生。凤凰在灰烬中腾空而起的一刹那，就是自我理性认知的飞跃。

真是天赐良机，使我这上写作课的老师有幸看到了他的作文，看到了一只"白天鹅"，谁知那时他还自认是丑小鸭。是天赋教职，我竟被他作文中的才华强烈吸引，毫不吝啬地密密麻麻写了一大篇评语，现在回忆不起来具体写了什么，但总体印象还像我在此文开头说的那样。

可说是巧合，归根到底是种缘分。如果说作文评语这"好雨"，在"当春"最干渴的"时节"，随风潜入无声"润物"，那么这"滴雨"便是师生成为"知音"的开始。后来的成长使我确信，即便他当时遇不到作文中"滴水"滋润的寸劲鼓励，也迟早会摆脱那临时困惑，畏葸不前永远都不是他的性格，虽然他很随和羞涩，勇敢却是他骨子里的精髓。

（二）桃李争辉

大学本科四年，高考地区第一的"行云"高琴，在年级仍独占鳌头，傅华稳操胜券紧随其后，两个人在年级齐名并价，可谓天生一对而又秀出班行，两人心灵的全部缱绻之情越加坚固，后成文君司马。

记得我曾半开玩笑将了傅华一军，"怎么不考回第一"，没过几天，他在校园里跑来告诉我"考第一啦！"笑着揉搓着手，像小学生似的等着表扬，而我竟较真地问"比第一高多少分"，他低头羞答答地回，"一位数"，还同时补充"她考第一落我两位数"，我毫不吝啬地鼓励说，"你把两位数都落过去了，证明有潜力，现在发挥出来也不晚"。看来棋逢对手，巾帼总是不让须眉呀。

教育不是让学生做什么，而是让他主动去做什么。我确信优秀学子不会满足本科学习，深造是他们既定的目标，进行科学研究应是终生主动的选择。但我深知穷困抹杀优秀人才，本科毕业忙于生计，一旦中辍学业，智力开发受到影响，寒门就难出"贵子"。我早就清楚高琴和傅华的家庭情况，两家各有四个在校生，她与他又都排行老大，她来自山西窑洞的工人之家，他来自安徽偏僻穷困的乡下，深造下去要越过很多障碍。

出于爱惜人才的心愿，我很早就借机鼓励他们，不止一次提示，若想不拖累家庭，继续学习的唯一出路，就是以最优异的成绩进入美国名牌大学，获全额奖学金，深造完成学业，我不仅相信他们的潜能价值，而且更相信他们渴望发挥自己的才能，只要有意识地提前进入准备状态，就不会失去机会。他俩确实同时具备聪明、勤奋、坚韧和思考的成才条件，世上聪明人多得很，其中能吃苦耐劳的不多；而聪明能吃苦的人中，有坚不可摧意志的更少；同时又具有思考头脑的更是凤毛麟角。甚至能吃大苦的人常常比绝顶聪明的人，对成才更是宝贵的品格；而在任何挫折面前能有抽钉拔楔不低头的精神，是更能使天才开花结果的基石。北大的棕白华和朱光潜两位美学天才，一个绝顶聪明，一个绝对勤奋，勤奋的朱光潜为后人留下极丰厚的美学遗产。

其实在本科学习中，傅华和高琴逐渐完善自我人格的成熟，并选定了追求的目标，确定考研。但毕业时阴差阳错，两人运气大不相同。高琴似有阳刚之运，同她文风一样从容流畅，皇帝女儿不愁嫁，心想事成，春风得意马蹄疾．入北大念硕士，三年后入世界牛校哥伦比亚大学读博士，一路风调雨顺。而傅华这位"附马"步步遇坎，挫折接踵而至。挫折最能检验凝聚力和胸襟，谁都不想要苦难，但苦难就是造就人才的学校。

傅华考研专业成绩总分大大超过录取线，遗憾的是外语差两分没能如愿。考外语时他进错了考场，而那个座位上的碰巧弃考，是个空位，看开头考号相同就没往下对。后来发现考号不对，心慌意乱，已答了大半不能换考场，无疑影响后面答题心境和稳定发挥。真是天妒英才殊为可惜。夜里十点多，我从电话得知这蹊跷意外，不顾深夜不该打搅，立刻给学院社工系主任打电话求援，第二天系主任赶早去人大招生办说明情况，答应将外语试卷归到原考场试卷中，否则当缺考就没有外语成绩。社工系主任当时疑问，你不是学生的辅导员和专业课教师，怎么与学生有这么好的关系，我说关系再好这个忙也帮不上。

一个羞赧的失误，比一个骄傲的成功还高贵。有时我埋怨监考的工作不到位，傅华总是自责马虎和外语不过硬，导致考研受挫。留京工作的名额已让给后面同学，分配办规定年级排前五名的都有留京指标。好苗不愁长，系里最终找到社科院人事局，同意接收必签下四年内不准考研出国和"跳槽"的合同。

人事局这回调来个新人，才华横溢又踏实肯干，如获至宝，大量的文字材料压得他不停地写，难度大的重要材料交给他写，别人写不出来的或写得不合格的，领导还找他给补写。很快就传出了佳话，在一次学术会议上，我遇到社科院文学所的一位老先生，他知道我是中青院的，竟兴奋地说起中青院为社科院人事局输送个出色的"接班人"，人事局领导到处说"这小伙子人才难得"。这位老先生哪里知道，我对他赞叹的"接班人"知道得彻里彻外，当我跟他聊起这"接班人"种种优点时，老先生感慨"看来人事局真有眼力发现个好苗子"。可以说这对于想升官的是个绝好机会，得其所哉。但我心里明白，傅华目前工作是权宜之计，履行合同，卧薪尝胆，绝不会因为升官机会放弃选定的深造目标。在社科院工作是中转站，这是我们师生间的"秘密"，不会泄露给老先生的。

领导的信任和考验，工作不断加码。傅华的单身宿舍在通州，每天上下班路上往返四个多小时，起早贪黑，苦不堪言。还哪里去找学习时间，没有假期，更不可能报外语辅导班。

愚蠢的错误便是将来的智能和成功，因为挫折或不利的突变是带着同样或较大的有利的"种子"。紧张繁重的工作对有的人完全可成为放弃目标的理由，但挫折带来的"种子"在困难中却顽强生长，使他以悬梁刺股的钉子精神，晨夕不休及至眠睡疲寝，并把每天上下班路上的四个多小时变成稳定的学习时间，在拥挤嘈杂的公交车上戴着耳机听音，或在角落座位看书，休息日便是学习日。三年后，傅华出国读研的两套外语 TOEFL 和 GRE 考试都一次性高分通过，申请赴美读研同时收到几所院校的接收回函，经过慎重比较，考虑接收学校的专业实力排名和奖学金情况，选择了伊里诺伊大学。正如这所大学校长所言：你是这所大学最初一个享受特等助学金的硕士，也是最后一位。因为很难再遇到这么优秀的学生。真是退一步海阔天空，拖后四年得到读硕机会，远优于国内相同专业的水平，不仅专业创建时间长，实力排名在同专业靠前，而且导师很有经验和名望。乐观地看，因祸得福。这成功之花，人们往往惊羡它现时的明艳，"然而当初它的幼芽却浸透于奋斗的泪泉，洒满了牺牲的血雨"。

出国读书的一切手续备齐，只欠东风，却刮来了西风，真是数奇命蹇。

赴美签证通不过，一而再，再而三被拒，还要相隔一定时间才能再预约申请。三次拒签后再签，据有经验的人说，就可能成为死档，即便与工作单位合同到期怕也走不了，更担忧的是赶不上接收学校的开学季节，录取学校能否给延期还是拒收，外语考试成绩过期能否作废，拖下去会引出一系列麻烦事。

一夫当关，万夫莫开，签证官有怀疑和拒签的权力，可我们却没有解释申辩的机会，即便你知道他可能怀疑什么，也没办法说明，何况你根本不知道他为什么拒签。

在万般无奈之下，一改故辙，把去"山姆大叔"那的签证目的改为"探亲"。高琴专程从美国回来保驾驭马接夫上阵。西方讲"人性"，有"人情味"，那在美读博士的妻子带丈夫是人之常理吧。改签探亲一计，合情合理，无疑能奏效，否则连虚伪的遮羞布都没了。签证那天交了材料后，高琴紧靠窗口前面对签证官，那人问：结婚几年，在中国哪个大学毕业，在美国哪个大学读博。高琴只用六个字："四年""北大""哥大"回答完毕。应该签证的人就在眼前，签证官什么都没问，好像是高琴自己办签证，瞬间签证"通过"了，几个月的愁结，唰一下打开了，两个年轻人相拥雀跃，热泪盈眶。周围的人只知他们为签证通过而激动，怎么知道之前的磨难和辛酸，把大洋两岸的牛郎和织女折腾得牵肠挂肚，哪里知道一个书生只为远渡重洋求知，无辜地被怀疑拒签是什么滋味。两人立刻跑到楼外公用电话亭，第一个通报我，"家话"抵万金，约定"打的"速归，嫌公交车太慢，人在挫折时烦恼倍增，一旦烦恼解除，快乐也成倍发酵，希望与关心的人共享。我放下电话，直奔院外桥那边的小卖店去买香槟酒。天意，那小店只剩一个特大瓶，就是等我来，就是早为傅华的成行备好的。每次拒签傅华都及时通报，一提签证我都打怵，这回心中的阴云散了，甭提多高兴了，必须举杯畅饮祝福，东风来了，西风也东进了。

我们打开香槟酒瓶，泡沫真冲到天棚上，老旧房子，天棚书写下的欢声笑语清晰地保留着，每溜一眼就是温习快乐。我们赞美签证官太"重情"，实际在嘲笑其所谓的"警惕"性，他们无端怀疑的"收获"，最后只能"上当受骗"了。

傅华赴美一开始就锁定读博士后目标。高琴在捎来的信中告诉我：

现在到傅华拿博士学位至少还有5年，还想将来做个"牛"校的博士后，如可能我也做博士后。后来的5年证明，他们果真各呈才情，连镳并轸。傅华完成三级跳，从伊里诺伊大学硕士毕业，到哥伦比亚大学读博同时又拿到个硕士学位，创纪录的在第5年到纽约州大学的教育与人类发展学院开始博士后研究工作。

5年中每次打电话都连传喜讯，发表论文了，参加国际会议发言了，答辩通过了，不一而足。超前完成学业的消息，自然想起王维的《少年行》，"一身能擘两雕弧，虏骑千里只似无。偏坐金鞍调白羽，纷纷射杀五单于"。在重重困难中毫无惧色地攀登，无异于古代边防勇士。

用电话及时通报情况已成为固定方式，总是在北京时间中午前打过来，那正是纽约的深夜，我尽量让傅华早些挂断电话，他总是说习惯了，每天都这么晚，今天的任务完成了。高琴很有趣地插话，"他给您打一次电话高兴好几天"。其实师生的情分早已是各自生命的组成部分，朋友们劝说，连傅华的父母当面跟我直言"认这个儿子吧"，说实话，我没有勇气，是因为没生没养没有资格，但我确信，这胜似母子的情缘是永恒的。

（三）特殊"家"宾

我收到了一份特殊的邀请函：

"写这封信的目的是正式邀请您在今年 5 月份来美纽约参加我在哥伦比亚大学博士毕业典礼。"

"我时常深深地感到自己能在 13 年前与您相识是多么幸运，就是在 1995 年那个美丽的春天，是您对我写作上的褒奖和鼓励给我带来了勇气和信心，使我这个从偏远乡村里走出来的年轻人重新燃起了拼搏与进取的信心。正是这坚定的信念和您不断的鼓励与教诲，鞭策着我不断前行。

我谨此诚挚地邀请您来美国与我一起分享这个生命中的重要事件，亲眼看到您十多年来不断栽培的学生被授予博士学位的那一刻"。

信中还设计了陪我到美国哪些地方旅游，并特别说明有足够能力负担全部消费。

说心里话，就是不去，感受到学生那寒泉之思及感恩的心，已经无限满足了。之前两人曾多次口头和书面邀请，我都婉言谢绝。他们早知我常说世界上有两个国家得去看看，一个是俄罗斯，能打败拿破仑和希特勒，竟没有打败没拿枪的敌人。二是美国，仅有二百多年历史竟能称霸世界，凭什么世界各国青年奔那留学。他们的邀请撩起教师的热血衷肠和曾经的梦想，一箭双雕，"多"全其美。

之前不去的最主要原因，我觉得他们学习紧张，科研任务繁重。试想他们五年没回国，又没有小孩拖累，年年学校都有几次假期，两个年轻人竟没有一次浪漫的度假旅行，当然也有经济上的原因。唯一的社交活动是与朋友和同胞聚聚。我对这次邀请动心，是觉得他们学业告一段落，高琴已工作两年多了。

可到那里，我方知自己的判断失误。完全出乎我所料，他们仍在"马不得停蹄"赶路。到曼哈顿的第二天早晨，高琴陪我下楼在哈德逊河岸上散步，她说住这好长时间了，今天第一次这么轻松沿河散步。我们走近看格兰特将军博物馆，将军墓旁奇特的座椅沿地势变化，上面还嵌着五颜六色的碎石片，令人感到艺术走入了生活，不走近还真看不出这"艺术人生"。之前她是从电脑后的玻璃窗看这风景，真是多日"绮窗前"，却不知眼前"寒梅著花未"。他俩的起居室左右角是写字台，面朝窗户，抬头能望着哈德逊河往来船帆。我看了听了很感慨，觉得打乱了他们的生活秩序，耗去学习时间，但我没说出口，来之安之吧，正去觅李鸿章在河边栽的纪念树时，傅华催进早餐，便折回。

两人都过而立之年，早几年我很正式劝说"收获头脑的研究创作，是一辈子的事情，没有终点；而收获生命的创作，却是受自然规律制约，拖延可能失去机会"。其实他们是有意放弃机会。我甚至表示"一旦传来创造生命的喜讯，我立刻接受邀请"，为让我答应邀请，他们欣然承诺"您来旅行之后，肯定要孩子，之前要就没办法陪您啦"。师生之间有了黑色幽默，我"要挟"他们，他们以此"要挟"我。我终于让步。果真，下一个春天他们的大儿子牛牛出生了，现在又添了羊羊。

为了办赴美签证，两人给我寄来近80页的必用和备用材料，包括傅华的个人简历、毕业典礼邀请卡、相关证明、中英文邀请函等，仅就证明师生关系的电话计时记录一项，就长达6页。还为我特别写了一份"签证可能问及的主要问题的回答要点"，唯恐签证受阻，为万无一失竟一应俱全。这种细致周到、审慎耐心，透出骨子里和心底中的深情厚意，也是他们做事的一贯风格。

我翻这些材料，心想签证官即使是铁石心肠也得被感化了，尤其那封邀请信，签证官自己当过学生，怎么不感同身受地赞叹这样的师生情谊，这情谊平常又奇妙，质朴又高贵，诚恳又热烈，纯粹又多彩多姿。

那天早上7点多，我到了秀水街签证处，跟着人流站排，不知不觉移动着脚步，交了护照和各种材料，指纹扫描后等着与签证官对话。这中间同坐在旁边的人闲聊，知道双方家长去参加孩子硕士毕业典礼，在加州的一个学院，夫妇是唐山人，小学老师，说起自己的孩子，那位母亲满脸的喜悦和自豪。当他们知道我年纪七旬独自去参加中国学生的毕业典礼，十分惊奇，然后大发议论，羡慕地说："这一定是最优秀的学生知道感恩，老师才有这份福气。"

10点多呼我到10号窗口，学生模样的金发姑娘用流利的汉语问我去美国的原因，要求出示与邀请学生的合影，去多长时间和是否有固定工资收入，她随问我随答，教师的职业素养使我的回答不多说一个字。随后她翻看英文邀请函，只是浏览几行，或许之前她看过了，她把一叠材料夹在护照中，便在电脑上打字，趁她打字机会，我轻声探寻：

"在美国的中国留学生，请自己的中国老师赴美参加他的毕业典礼，您之前遇到过吧？在中国的美国留学生，有请他的美国老师来中国参加毕业典礼的吗？"签证姑娘的眼睛盯在电脑屏幕上，长睫毛忽闪忽闪的，似笑非笑，我相信她听清了我的话，抑或不好回答，抑或她从没遇上过，也根本没有想过。最后她慷慨又吝啬地用汉语说了两个字"通过"，我道谢离开。也许我的申请材料天衣无缝，也许我的学生那颗感恩的心，赤诚火焰熔化了她所有的疑问，要知道连上帝见到老师都敬礼，签证官何不开明点让路助航，她真很宽容，家属探亲最长签半年，给我签一年。

我到家开门时是中午 12 点，纽约正是深夜，屋里的电话响声肯定是大洋彼岸急着听签证结果的呼喊，果真是心融神会的巧合。

傅华连续三天参加哥伦比亚大学三种规格的毕业典礼，我像小学生家长似的天天跟着去赴会。与以前的家长不同的是现在的"小学生"照顾"家长"，我成了保护的对象，这滋味真美，迄今为止是破天荒的享受。

5 月 19 日下午，在林肯艺术中心，参加社会工作学院为博士硕士举行的毕业典礼，社工是傅华的专业和终生研究方向。

5 月 20 日下午，在圣保罗礼拜堂，参加研究生院为博士举行的毕业典礼。

5 月 21 日上午，在学校露天大会场，参加建校 254 周年的本科、硕士和博士的毕业典礼，规模之大前所未见。哥大一年一度的毕业盛典，总是在希腊庭柱式的洛厄行政大楼和巴特勒图书馆之间的广场上进行，风雨无阻。今天风和日丽，平日宁静肃穆的校园人山人海，喜气洋洋。

每种规格的毕业典礼，亲友团的人数都几倍地超过坐在会场中间的毕业生。绝大多数是中老年父母和兄弟姐妹，有不少白发苍苍的长辈，甚至有拄拐杖坐轮椅的老者，少见的几位中国同胞都是来参加儿女的毕业典礼的。像我这种特殊身份的"外"宾，也只能随嫡亲入"家"属流了，难怪签证官答不上我那天的诉求。后来我在美国各地旅行，遇到不少中国同胞，是来参加孩子的毕业典礼的，我有意寻找自己的同行，一个也没有。亲友团一律着正装，与穿礼袍的毕业生和严肃的会场氛围和谐一致。为参加这次盛会，我破例到名店购了一套标准的礼服套装。

这三天我同无数亲友团一样，穿梭在无涯的学海里坐在毕业生周边。会场中间满是身着毕业礼袍的学子，小规模的典礼有几百个毕业生，大规模的有几千个毕业生，礼袍的主体是蓝灰色，从背后看会场中间像蔚蓝的海或湖，与晴朗蓝天或穹顶遥相呼应，只是那一顶顶黑色的礼帽把天地上下分开了。

主席台上坐着校长和教授，都穿着礼袍，不同的颜色和款式标志着他们毕业的学校，能辨出哪是哈佛、耶鲁、斯坦福等学校毕业的。礼袍是放大的校徽，永恒的广告。主席台是藏龙卧虎地方，上去的都不是等闲之辈，他们集外貌、智慧和庄严三大特征于一身，令人想起拉斐尔的那幅名画《雅典学院》，画中集名流于一堂，大学若没有这样的精神贵族，那这个社会便精神贫穷乃至有死亡的前兆了。看着眼前的主席台，我的思绪倒回时间隧道，幻觉中推断实用主义哲学家杜威，当年也一定这样坐在哥伦比亚大学毕业盛典主席台上，注视着校长给他的中国博士胡适颁发毕业证书。当然在这里毕业的还有我们熟悉的名人马寅初、冯友兰、徐志摩、李政道等。

会议所有工作人员，都穿着有自己毕业学校标志的礼袍。这不是演戏的化妆间，是真实的文化殿堂，礼袍同将军的军阶一样，标志受教育的程度和文化身份。

傅华的体形使博士礼袍显得宽松，直垂到脚面；肩部和胸前黑色部分自然变宽，更加肃穆。胸前的王冠图徽也更清晰，多角的黑色博士帽与衣服中间黑色部分连成整体；帽檐上垂着两条金黄的授穗，闪闪发光地跳动，不似王冠胜似王冠，礼袍不是皇袍胜似皇袍，穿礼袍的人不是皇帝胜似皇帝。

研究生院院长的演讲极有哲理，明确指出走向社会的使命：

"你们毕业后永远在黑屋子里摸索，直到光明到来，再去另一个黑屋子开辟新的社会领域。"

每位毕业的博士都单独上台与院长合影，从院长手中接过毕业证书。这样程序上百次重复着，但鼓掌祝贺后，会场又立刻鸦雀无声。亲友团个个绷紧神经注视主席台，翘首等待自家学子上台。

保罗礼拜堂不很大，我坐在主席台左侧靠前，能看清上台者的面孔。傅华是最后一个走向主席台的，少见的东方面孔，款步登上台阶，满脸春风，恭敬地驻足院长面前，掌声打断了我的思绪，泪花模糊了视线，流光瞬息，竟没有看着他是怎么走下来的。

但我终于见证了他生命光辉闪亮的一刻，见证了他里程碑式收获的瞬间！从遥远的东方赶来，满载故乡亲友的祝福，分享了这神圣场面的光环，带给我激动和荣誉。三年前高琴同样在这样氛围中被授予博士学位，谁说寒门不能出贵子，他们以"寻求知识"的奋斗，"与真理为友"，奔向了"理想之门"，在横流欲海中，却甘心情愿地走进这魅力无穷的"象牙塔"。

我一生经历过好几次毕业典礼，几乎没有留下什么记忆，竟在异国他乡一流大学弥补了这一缺憾。终身的职业决定了我享受这份幸福的特别兴趣。这里不仅欢迎毕业生的老师，你再看看主席台上坐着一排排教授导师，而不是一行行官员，便知对教师作用的充分肯定，难怪哥大的一位教授敢直面反驳艾森豪威尔校长："我不是雇员，你才是。"

毕业典礼是形式，但世上没有单纯形式，包括最能搞形式主义的铺张浪费的排场；更不可能有没形式的内容。隆重的毕业会场，表明教育的神圣，科学的纯粹和为其奋斗者的使命担当。毕业典礼后，我又特意在哥大参观一天，在东亚图书馆里看到中国各大学学报和古代文献。哥大有十七个图书馆，图书馆是大学办学的第二实物标志。我去哈佛图书大楼前久久凝望，说这是哈佛最宏伟的建筑，去麻省理工和耶鲁参观流风遗址。终于明白世界各国的青年为什么涌到这里，美国拥有一项特殊的国家资产，就是高等教育，世界上最好的大学在美国。这里没有国家时，就有大学教育。事实证明，没有一流的大学教育，国家就没有真正强大的底气。

毕业典礼后，在他们周密的安排下，我漫游美国。纽约一日游、波士顿两日游、华盛顿三日游，都从唐人街出发，有汉语导游，傅华送我到车上。美国西部七日游，傅华步步陪着。同路遇到中国同胞，知道我们是师生关系都羡慕不已，说"一日为师终身为父"，我心想这之前如知道更多，定会仰首伸眉说："当老师真好！"并会自吟《红楼梦》中的《好了歌》，"痴心先生古来多，尊师学生谁见了"，"今日果真见到了"！

（四）惦念无声

早听传言"美国是儿童的天堂，青壮年的战场"，傅华和高琴这些年在学业上的拼搏，我自认为有了些切身感受，可当我生活在他们身边，方知自己只知其一，不知其二；只看结果，不知过程；只享荣耀，不知艰难程度；只知动机，不知行动。

2007 年暑期两人回国，我以为这探亲休假总该放松点了。哪知两周活动超负荷，前一周陪两位美国老妇到大学讲座、旅游，直到送上飞机离京回国。后一周到双方老家探亲，从北京折腾到山西、安徽和上海，再折回北京，日行夜奔，夜间困卧在火车上，下车便探亲访友，马不停蹄，忙得头晕目眩。

所以送别时我直言，"知道这么紧张劳顿，不该欢迎你们回来，下次还这样安排行程就不要回来了，通通电话，宁可不见。回去好好歇歇吧"。我从没听傅华叫过累，这次他终于感慨地说"走路都能睡着"，高琴乐观地说"睡一觉就会好的"，可见他们拼得很习惯了。

回去无疑重返"战场"较量中，在国内两周只是劳其筋骨，回到"战场"是劳身焦思。不出所料，这年中秋节傅华的电话从上午 11 点聊到下午 2 点，他说补上回国没空说话的遗憾，这之前两次电话只是报平安，这次才说了实情：

上次回去在飞机上就病了，发烧，身上的零件散了，真是春眠不知晓，睡到飞机着陆前，被空姐叫醒。第二天带病进入工作状态。我插话，"怎么不请两天假"，他说：

"自己刚开始进入博士后岗位，怎么好意思第一天上班就开口请假。而且上班偏偏赶上研究的课题，先前已有五六个人搞了两年，也不见成果，导师焦急万分，对新来的一到岗就抓住不放。日日坐班，自己开始摸不到头绪，压力很大，只能全身心投入，精神紧张，阅读材料堆积如山，分析整理后才明确后面的解决方案，拼了一个多月总算心中有数地上路了。下班要修改暑假前刚答辩的博士论文，请人鉴定后要准时发表。只有论文发表，业内同行在一年之内没有提出质疑，才认定答辩最后通过，明年暑假前才能授予博士学位，允许参加毕业典礼。这同时还要为下月参加学术会议准备论文，再加办绿卡琐事都赶到这点上得处理……

忙到中秋节，总算有头绪了。昨晚收到您捎来的信和月饼，反复看信，知道上月离开时，您很担心我们身体吃不消，今天才细说已经过去这个月的情况。"

百闻不如一见，我来到他们的身边，朝朝暮暮，亲眼看到他们那"不可遏止的成长欲望和动力，包括学术研究，阅读写作，为人处事和人生境界"。他们闯出了自己的一片蓝天，并稳定地织入生活经纬交叉点上，打开了上下左右外延的精神联系网络。我多次感叹"你们太辛苦了，父母看到会心疼得掉泪的"，可他们总是乐呵呵地回我，"乐于生命的选择，心甘情愿地接受清贫的孤寂和苦不堪言的劳累"。

的确，他们真心实意地投入其中，自信地去完成并设想着一个又一个攀登的阶梯。第一天参加毕业典礼晚餐后，高琴工作到夜里两点，傅华工作到早上 6 点，眯了一小觉，9 点去见"老板"，根本没时间早餐，他的口头禅是"哪怕多睡一分钟也比吃早饭重要""能保障每天睡四五个小时，就非常满足了"。

这使我想起契诃夫的小说《渴睡》，文中写个 8 岁的小女孩，给有钱人家当保姆，白天干活，夜里哄摇篮中的婴儿睡觉，婴儿白天睡足了，夜里又哭又闹，小女孩总是遭主人呵斥，她渴望自己能睡觉，狠心地捏死了婴儿，自己也同婴儿一样永远不醒了。小女孩用生命换睡觉，我们的博士们用"胃亏食"来换睡觉。即便吃早餐也极简单，古代书生还"一箪食，一瓢饮"，他们只是两片面包一杯奶，同样"食无鱼，出无车"，全靠公交上下班。

我们从西部旅游回来的晚上，傅华还是工作到第二天凌晨 6 点，眯了一个多小时去上班，还自足昨天在飞机上睡那两个多小时很顶用，真是奇闻，睡觉还能提前预支。之后两天，白天去坐班，晚上为我回国的琐事忙碌。一个月前母亲节那天，他们送我的佳能照相机存的照片全都给倒到盒带上。高琴正在伦敦开会，有些琐事我又无法替他分担，可傅华总是把每件小事都处理得有条不紊。

送我到机场过了安检，我坐在登机处不知为什么不停地流泪，其实这是多次流泪的继续。每当我深夜醒来，看厅里还亮着灯，他们静静地坐在电脑前，键盘格外清楚发出快速的打字声，我瞭一眼表，已是凌晨两三点了，自问天下哪个父母看自己孩子日日这般辛苦能不心疼！还要在百忙中照顾我，便自问参加毕业典礼后为什么不及时返回！年轻人迅速成长与自己的老化距离越来越大时，只能在吸收中享受他们的成长快乐，何止不能雪中送炭，更是火上浇油，自我的传统惯性做法超越了他们的实际承受；甚至他们越是甘心情愿去做，你越是不能心安理得；推而论之，老年人应在有限自理中生活，不应理想地"弥补"愿望。

我终于彻底明白，你指望他们减速歇下来是不可能的。主要不是因为他们工作在"战场"，是因为他们生命的选择，要想实现目标，必须把发条上足了劲，所以再艰难的付出，他们都乐观豁达；因此，我告诫自己，以后既不要心疼地说"太辛苦"，更不要说那些"鼓励"的话了，"你们旺盛的生命火焰，烤得弱者惭愧，照得老者欣喜和羡慕。天赋属于你们是幸运的，像你们这样雄飞天才能得以充分发挥，以超人的毅力和速度走在前列，光辉未来属于你们"。

我过去这样写信，是发自内心的赞美鼓励，当我亲身感受到他们生活的艰辛和战斗得一步不停歇，终于明白自己愚蠢的热心，实际上是给他们增加智慧的痛苦。

人习惯于在自己的经验中打转，以前只知不要吝啬鼓励，在老化的思维中，却不知不觉走入膨胀鼓励的误区而自作聪明。好在他们已进入了光辉壮丽的成年，有足够的力握稳生命的舵。如果说老妪赴美有很多重要的收获，而在那之外我还拾到了宝贵的中性观念，学会说：

"慢点！"

在无力分担时绝不可拖累，这也是我至今不肯接受另一群老学生邀请的原因。

2016 年夏，高琴带团来北京、大连、丹东、上海开会，她的小儿子刚能坐着，还没断母奶。她照样主持各地活动安排，其父母带着宝宝跟随在她身边，她总要在集体活动间歇中跑出来给宝宝喂奶。谁见过带着五个多月婴儿漂洋过海到各地开会的母亲，这不是非常时期，是和平的日子。一个月后，高琴又因工作来上海一周，干脆没带婴儿，只带个抽奶器，想把奶水保存冰箱中带回去用，当然冰箱没那么有人情味，惩罚了这位年轻母亲爱的愿望，但抽奶器帮助她保护了奶源不息。难怪哥伦比亚大学与芝加哥大学都以优厚的待遇，拼命地挖墙脚，哥伦比亚大学终于挖回自己培养的博士才女。

看来说"慢点"，只能是良好愿望了。

牧场的驴天天磨面粉，老了主人让它到外面草地上休息，然而驴不吃草，找到棵大树，围树干转圈圈。我的惯性思维同转圈圈的驴没区别；觉悟在苍老暮年，是过了季节的年代，脚步跟跄蹒跚，已无法享用这反省的恩惠。但我却亲眼看到他们在而立之年就早早成熟，做事的从容，独立自主的大气，与朋友相处的礼让，谈起专业研究的充盈和纯粹，磨去了刺眼的光辉和刺耳音响，不理会哄闹的微笑，也洗刷了偏激的淡漠，豪情在发酵中，收获着累累的果实。

前些天我收到高琴英文版的大作《福利、就业与贫困：中国的社会救助》（牛津大学出版社 2017 年），同时从微信上看到新书发布会的隆重场面。这位年轻的教授竟是哥伦比亚大学中国社会政策中心的创始主任，实践着从"求学到治学为人民谋福祉的信念"。傅华关于早期儿童教育发表了 40 多篇论文，学术专著出版的日子也屈指可数了。

我默默地期待着，连"慢点"也不说了。当年课堂习作的潜质才华，何止是师生情缘的媒介，重要的是昭示了日后辉煌大作问世的基因。

六、教之乐

古人曰：故学然后知不足，教然后知困。知不足，然后能自反也；知困，然后能自强也。故曰教学相长也。

今人又曰："知不足"的最大乐趣，归根到底是提问题的乐趣，证明没有僵化；"知困"的最大乐趣，便是求疆土有春的生机。故曰"善问者"与"善待问者"是"相长"也。

（一）知惑之乐

今天第四节下课铃响后，教室里的气氛有点异样，格外寂静，大概因为心的沉思销蚀得语言无用，也许这是月晕而风，础润而雨。

多数学生流向大教室后面仅有的门，还有星星点点形成溪流，从过道反相往讲台流来的。坐在前排的两个，一步就蹿到讲台边，回头招手唤同伴快点，陆陆续续挤在讲台两侧，只有一个女生精灵豆似的站在圈外，背着军用挎包，大眼睛直眨巴，像在疑问中等着答案，看脸上的神情底色，便知是高中生考来的。

这个年级大多是知青，乡下雪雨风霜的打磨在脸上留下了光谱，一眼便知是成熟青年，恢复高考便涌入学校，积压十多年的爆发力，使他们有着极强的求知欲。

讲台四周形成包围圈，这些人中只有一个我能叫出名字，他上课总是坐在中间排靠前点，就像看电影选择不远不近的合适位置。当所有同学都低头写笔记，唯有他举头若有所思。一次我问他怎么不记，"他们记多为考试，我听课是为人生"，回答得好有哲理，没有一点功利性，也不被习俗风气约束。他似乎使我相信，据科学家说，人的大脑容量可记忆约五亿册书的知识，相当于美国国会图书馆的1000多万册的50倍，可人们总是说好记性不如烂笔头，谁也不寄托在记忆上。我平生遇上了唯一的记忆奇才，不仅听课时很"特"，毕业时主动要求去西藏，后来他一直用诗歌和戏剧书写自己的"人生"。别看这小个子其貌不扬，但心灵和文笔美如烂漫的山花，他就是当今文坛上一株孤傲的冷杉。

还是回到讲台现场，过来的学生个个面带微笑，相互间几乎都用眼神说话，沉静得有点神秘又很默契，此时真是夜静春山空，谁也不先开口，只是面面相觑，在这传授知识的殿堂，无声地进行着心灵的交流。

平时师生间非常随意，每次下课总像老朋友一样再见，有些女生为占前排的座位提前赶到教室，课间总是问这问那，直到下一节课老师来我才能脱身。即便赶上午休，有人也不急于奔食堂，跟我一起边走边聊，还有人等在楼门外，带着想法同我探讨。至于休息日常有三两结伴去家里侃。有时在教学楼走廊碰上总会停下说点什么，令同行者羡慕地说，"我也教过他们"，言外之意怎么不同我攀谈。对于教师，门墙桃李与门可罗雀两种景观，定有不同的感受。近二百人的大课，绝大多数名字是叫不出来的，但有了学生的学而不厌和教师的诲人不倦，两者永远相须而行就足够了，有了师生的平等，课上融合课下得益，平等会获得自由，自由会使智慧开花。

那时上课前，精神不仅高度集中，而且心情亢奋，往教室走就像披着战袍奔向战场，踏着晨光中的交响乐曲般坚定而快乐，去参加庆典，去朝圣，去见老朋友，自己说不清。一站上讲台，便开始声音和心灵的交流，构成的图画与音乐，大师也难描绘谱写出其中的美妙。

今日学生们如此矜持，真不知他们要卖什么药，我被闷在葫芦里了。总得打破僵局，我兜了个圈子开始说：

"此时我这里真热，周围全是 36 度以上的暖气，人的温度上升多是因兴奋，一定有话说"。他们你看我，我看你，有的掣肘同伴，其中一个书生气十足的小伙子耸了耸肩膀，推了推自己的眼镜架，欲说又止，碰碰同伴胳膊嘀咕"快"，他真是颐指如意，那个被怂恿的浓眉大眼的果然羞羞答答开口，不疾不徐地说：

"老师，我们觉得自己很像奥涅金"，他停顿一下，像给自己壮胆充气似的还想说，却已插不进话了。他的话月出惊山之鸟，像噌一声划着的火柴，尴尬的沉静瞬间消失，空气都活跃得发声：

"不是像，就是！""对，就是！"

一颗水珠掉进滚沸油锅，迸出火辣辣的油点，灼得张张温文尔雅的脸，发出求知若渴的眼神，凭善良正直说出自己的心声，不煽情但真诚，不尖锐但敏感，不英勇但很无畏。

"我早就读过这本书，当时就有这种感觉，听了今天讲课，越听越像，我就是个'多余的人'！"

"我们这些人都是！""对！都是！"

"老师，你别笑话我们，说我们是不是？"

这七嘴八舌的火，直烧到干柴尽头，我被这突如其来的风火刮晕了，所有的声音都向着一个目标，我感到很意外，一时治丝而棼，不知可否，但又绝不能一哂置之，学生异口同声地期待老师加入，而我躲躲闪闪突然抛出一句：

"你们不都是当今的热血青年吗！"言外之意怎么能与贵族的奥涅金同日而语。这是我当时对奥涅金或者说对"多余人"的认知程度的真实心理，认为不能用今天"优秀"比昔之"不足"，这种错位的对应比较，不仅会产生双误，更有损于当今学子的形象。

我的话何止是文不对题，并事与愿违，倒激起了学生们的情绪，其中有人说：

"'热血'没有武之地！""对！是这样！"我明白这话是对入学前生活的"小结"，那时一箪食，一瓢饮，住陋巷，最重要的是没有机会上学读书，前途渺茫。又有人发声：

"刚才写纸条就是为这个！"我早留意到他们听课时交头接耳，现在他们不肯放弃，并心无芥蒂地自荐：

"老师，条子是我写的，您看！"这个书呆子把攥在手里的纸团打开念：

"朋友：如果觉得自己有奥涅金特点，请在下面签名，下课时咱跟老师请教。"我看到下面有一长串名字，远比围在讲台这儿的多。一张小纸条成了无声的号角，确信还有没来得及签名的或签名没来的。

气氛暖心又逼人，我心里的障碍不可能一时清除，心想怎么也不能把当代的青年骄子说成是"多余人"啊，这是个"原则"问题。后来才知道，自己头上有多个紧箍咒，使我根本忘了文学典型的生命价值，也忽略了年轻学子春江水暖鸭先知的坦荡和敏锐。

"老师，不用细说，就看我们像不像奥涅金，有没有'多余人'的特点？"

学生步步紧逼，我像从深水中打捞百年沉船要提出水面般艰难，力不从心地慢吞吞说了句半明半暗的话：

"一半像，一半不像！"我这被激流冲击的石块，一会儿被卷入深水，一会儿又停在松软的沙滩上，说了上面那折中"保险"的话，可发起签名的那个同学却拍着胸脯很自足：

"有老师这句话就够了，至少我们想对了'一半'，回去再琢磨那'一半'，那一半说不定也是，今天有收获。"紧接着有个同学机灵地背诵狄更斯的名言：

"我们看透世界并热爱，用婴儿明亮的眼睛打量世界，富于信仰又怀疑，这就是我们的一半和另一半。"大家为他鼓掌，他那歆羡又追慕的态度，深深地感染着我。

我在心理上已成了铩羽之鸟，知道自己的回答敷衍塞责，空言无补。学生们像群飞鸟来山谷觅食，凫趋雀跃，只觅到"半"个米粒还是空壳，却很自足；我眼看他们满怀希望飞来，可这空空山谷却使他们失望而归。

我抚躬自问，倍生愧意。

今天的课，本是介绍19世纪俄罗斯文学概况，为后面讲托尔斯泰做铺垫。因为没给俄罗斯"民族文学之父"普希金设专章觉得遗憾，所以对《叶甫盖尼·奥涅金》不得不多说几句，也许学生还是感到说得太少，倒点起了追问之火。不期而遇，学生从那简单评价中，分外眼明地认识到这个重量级典型，觉得似曾相识，撞到了心灵某个敏感的角落。

讲奥涅金形象时，我注意到学生格外兴奋的眼神和抑制不住的低声交流；踌躇满志地认为，那只是对奥涅金这个典型感兴趣而已，万没料到自己的堂吉诃德式热情，引出前面那尴尬的一幕。

对同一个文学典型，师生的认识产生如此差距，既不能姑妄听之，也不能姑妄言之。但有一点我立刻意识到，或者是我低估了奥涅金典型的魔力，也同时低估了学生们对作品的深刻理解力，或者是学生低估了奥涅金的某些特点，同时也放大了自己某种烦恼情绪，从而产生认识上的错位和对异质文学为我所用的切割，出现了误读。

之后每一轮课讲奥涅金时，我不仅进行"补给"，格外谨慎，还非常留意学生的反馈，总是能听到那相同的声音"现在也有奥涅金"，"现在也有'多余人'"，包括我给自考和函授生上课，学生同样很兴奋，有人下课特意跑到我跟前，说自己是现代的"多余人"。相反，我讲保尔·柯察金形象，有意地说了句联系实际的话，学生们"嘲笑"自己离保尔太远，但怎么对"多余人"如此地亲近呢！

于是我萌生了研究"多余人"的念头，并随时提醒自己反思教学实践中学生的疑问和兴奋点，引出科研论题或者教学方法研究论题。公开发表的学术论文和教学研究论文，几乎都与学生之问有关，而且下一轮课总能有新鲜的血液补充。但80年代忙于参加各类教材建设编写，系统研究"多余人"的夙愿难于提到日程，可那"追问"一幕刻在记忆深处，重重地压在肩上，那群报春的燕子，那群报晓的雄鸡，随时在呼唤和提醒我。

（二） 阒阒如也

几年以后，80 年代后期，我有幸赴莫斯科大学教汉语，到了盛生"多余人"的文学大国。没有哪个国家的文学，于 19 世纪有成群的作家写贵族阶级的叛逆者"多余人"的觉醒，简直写出一部辉煌灿烂的文学发展史，这个不屈民族的子孙们的意识和意志矛盾撞击出的精神彩虹绚丽多姿，成为战斗与诗的独特文学风景。

那时期，西方世界对苏联长期的和平演变和军备竞赛，已把这第一个社会主义国家拖得精疲力竭，并用戈尔巴乔夫的"新思维"，还有叶利钦的假共产主义蒙骗，加速摧毁进程，妄图彻底改变苏联"颜色"，这场辛酸而悲哀的颠覆，最后兵不血刃，不战而胜，把偌大的苏联解体成 15 个国家。

苏联解体的"前夜"，我生活工作在那里，切身感受到风暴之前的惊天动地，特别是青年学子的焦心劳思的心态。莫斯科的政治空气十分紧张，普通苏联人虽然忧虑，更想不到国家"解体"的可怕后果，但莫斯科大学的精英们，那鹰一样的眼力，猎犬一样的嗅觉，对大震荡引起的思想混乱却忧心如醒。

我教的"汉学生"，大一的才 16 岁，还是少年，苏联中小学教育十年一贯制，大学五年，学生一生只有一次升学的大考。少年们很少议论这场风暴，汉语表达也有限。但高年级学生，特别是男生，因大学三年中断学业去参加义务兵受训，两年后返校继续学习，这些成熟的年轻人，对国家和民族命运休戚相关的政治气候格外关注，遇到在课上打哈欠就主动告诉我昨夜听辩论到天明，而且脸上充满着焦虑。这令我自然想起 19 世纪俄罗斯的"多余人"形象，他们苦苦探索俄罗斯该向何处走。你只要随便说出俄罗斯文学中有点名气的"多余人"名字，学生们便拍着自己的胸脯说"我也是"，然后又用有限的汉语和不完整的短句，数落经济落后，轻工业产品太少和集权政治等矛盾。

其实，这所有的议论和忧虑，都只是俄罗斯套娃的外层，万万没想到西方统治集团已经和平演变到了套娃的内核，就要完成"最后一幕"的导演。此时苏联产生的"多余人"，与俄罗斯19世纪文学中产生的奥涅金何其相似，在这无数学子里，塔拉斯跟我的辩论，不只是启迪思考，更催我思前想后开始行动。

塔拉斯是汉语课上的旁听生，猖狂耿介英气逼人，已上大学四年级，就读于亚非学院，学习异常刻苦勤奋，能用流利的汉语对话，听力极强，语速很快，据说是60年代过去的中国老师谭先生的弟子。莫大不限制旁听生，但不准在课上与老师对话，怕占用正式生学习时间。塔拉斯只要下节没课，找准我也没课，便抓住机会进行"饿补"，课上得不到的课外格外珍惜，所以我们短时间里混得很熟，他自称是"老牌汉学生""说地道的汉语普通话"。

每次对话，都是塔拉斯侃侃而谈，不时也问我，发现语病没有。他这样利口捷给，既是借机练说汉语，又是借说汉语发泄内心的块垒，归根到底，"说"也载"道"也。

一次他说起苏联有三个名字家喻户晓：彼得大帝、列宁和普希金。说实话我倒想听听诗人怎么同大政治家并列，也许在特殊的现实背景下，都成了人们怀念的镜子。他说彼得大帝是俄罗斯历史的骄傲，列宁是"第一个"的缔造者，普希金作品中的奥涅金还奔走在苏联大地上，只有普希金还活着。

他最后这段话引起我极大的兴致，我仿佛又听到中国学生在说自己"像奥涅金"，我充满兴趣的眼神竟给他充了电，觉出我是忠实的听众，便滔滔不绝地往下说：

"我现在不只是奥涅金，还是皮却抹、别里托夫、罗亭，如果我不努力行动，也会成为奥勃洛摩夫那样的'废物'"。

塔拉斯说上面那串"多余人"的名字时，我有如同声翻译快速对应地数出那人物所属的作品和作家的名字。塔拉斯用惊奇的眼光看着我如此准确地说出俄罗斯作家和作品，其实他不知我在国内是教外国文学的，而我更惊喜眼前这个汉学生对祖国文学理解得如此现实，即便汉语专业也开文学，他也绝不是个本本主义的学生。之后他说起苏联的形势和自己的苦恼，就像奥涅金庄园改革失败一样的不安，现在弄不清是自己脑袋出了什么毛病，还是国家机器出了什么问题；休息日奔走公园广场听辩论，听来听去脑子一锅粥，好像暴风雨就要来了，担心出现可怕后果。

这次闲聊吉姆也在场，他们自称是"大卫和约拿单"式的好朋友，二人常形影相追，一个形于辞色，一个形于颜色。吉姆先当兵又工作娶妻生子，之后念大学，是位老成持重的"大哥"，总是悄悄不语听塔拉斯演说。他生于中亚长得像中国人，不修边幅，穿的蓝布上衣胸前绣着金色汉字"我爱中国"。塔拉斯把同我说的汉语不时地用俄语给吉姆解释，还把吉姆说的话译成汉语，吉姆说的最风趣的一句，我至今存在记忆光盘里，"我是个老牌'多余人'"，当谈到莫斯科到处有辩论时，吉姆苦难深重的表情令人心碎，那种忧心如焚的公民意识也令人感动。

要知道，意识的进步和超前永远是"多余人"可爱的本质特征，否则世界各国不会在文学的走廊中不间断地供奉着他们络绎不绝的肖像。

塔拉斯与我还有一次对话，让我具体地感悟到一个鲜活的当代

"多余人"近在咫尺。这次是休息日，他突然来我的公寓，敲门时我随口说，"哪位？请进！"他推门欣然雀跃，还立正鞠躬并自称：

"罗亭来了！"

我上下打量这个气宇轩昂的小伙子，也顺水推舟地开玩笑说：

"你个头既不'巨大'，又不'矮小'，怎么自命罗亭？"他机变如神地意识到，我说的"巨大"和"矮小"的喻义，心领神会并反唇相讥：

"你不是神仙皇帝，当然看不出来'巨人'和'侏儒'啥样了！"我机不旋踵，索性就同他辩起了罗亭的"巨大"和"矮小"：

"今天我当一次神仙皇帝！"然后我闾闾如也地说了下面这些：

"语言的'巨人'和行动的'矮子'，集中在罗亭身上，优点和缺点同样显著的人，一定不是个平庸之辈。优点再多平庸的还是平庸，缺点再多英雄的还是英雄。"塔拉斯听这议论，不再睥睨觑觎我是在开玩笑，变得心思很重，点头用下压的手势表示让我说下去，看样他听我的议论心折首肯了，便正襟危坐，把一只手放在耳后，表示洗耳恭听心慕手追的样子，我只好随性发挥对罗亭思考所得：

"我看罗亭是个伟大的'侏儒'和渺小的'巨人'的有机集合体。"因为文学史上习惯的说法是"渺小的侏儒和伟大的巨人"，我认为这结论太绝对，便有了自己上面的思考。塔拉斯吃惊得急不可待，催我说下去，于是我说了下面这大串话：

"语言的'巨人'，有对罗亭先进思想的肯定，又有对这种思想难于变成行动的否定，就含有伟大的'渺小'了。行动的'侏儒'，有对他先进语言失败实践的最低肯定，又有对他伟大思想相比的渺小实践反差的极尖锐的批评，这含有渺小的'巨大'了。所以，'巨大'和'侏儒'的每种元素内部，都是有'伟大'和'渺小'的双重性，罗亭的性格不属于'非此即彼'，而是'亦此亦彼'。

155

我以为自己这番高谈宏论，会使塔拉斯心旌摇曳地"退却"，否定自己是罗亭，于是我随后便问：

"你还是罗亭吗？"他干脆从沙发上跳起来，情绪很激动地说：

"听你这么议论，我更像了！"接着他也间间如也地为自己辩护：

"我追求的理想比罗亭远大，超高，时代不同了，大众的要求也不同了。"他把手举过自己的头表示无限，"而我实践上做的超低，现在可说是'零'！"他蹲到地上辩口利舌地说："两者之间反差巨大，我不是更罗亭吗！"

"你说得太棒了！"我这话是多重表态，既夸他汉语表达的艺术，也赞他对我那大段推理逻辑的辨析听力，更钦佩他从灵魂深处喷发出的自省火焰和燃烧着的信念。所以不管塔拉斯有多明显的"多余人"特点，我都不想说他是"多余人"。

当时我对俄国文学中的"多余人"思考，还处于起步阶段，只对个体有肤浅看法。《罗亭》这本书我翻过也思考过，还是垦荒，不能统观比较。但我能清晰地看到眼前这个青年，不仅有罗亭的思辨力，还有苛刻的宽容；不仅有奥涅金得天独厚的才华，还有找不到路的彷徨苦闷；不仅有皮却林高贵的愤怒，还有不达目的不罢休的追问；不仅有别里托夫被幻想淹没的理智，还有厌恶旧习俗的行动。未老先衰的奥勃洛摩夫在睡梦中，已变成了微不足道"多余人"，连"矮子"也不配，塔拉斯不属于这种蜕变，而属于向上冲的过渡转化型，到头来必是人民的战士。

我与这个心贯白日学生间间辩论，同几年前面对中国学生"追问"不同，但无论如何得感谢那次尴尬的"追问"，它一直敦促我"负债"前行，而且目标渐清晰，呼唤我对俄罗斯文学的"多余人"作品不停地"造访"，甚至有时抓头挖耳地思索，但无论如何，那只是从书本到书本；现在俄罗斯现实中的青年，于特殊的历史背景下活生生的言与行出现在眼前，使我幸运地从文学走廊跃入生活的大课堂。

真是天赐良机，得天独厚，不能不令我思考中国大学生与塔拉斯们对"多余人"心照神交的异口同韵，绝非偶然。

学生们都将生活作正文，将描写"多余人"的书籍作注解，没有把名著当蟹匡蝉緌，真真体现了名著生命之不朽和启迪作用，可谓薪火相传。

我是用"书籍"同学生打交道的先生，却与学生相背，偏偏把生活当注解，把书本当正文，显然忽视了两国学生同声相求的那类"书籍"对生活的永恒注解。虽然我已有探究那书籍的行动，并时快时慢进入其中，可今日与塔拉斯侃侃谔谔的对话，却促我今后应极意前行。

（三）解惑之乐

知惑之乐和闾阎之乐都是因，只有"自省""自强"地求疆土之春，才有获果之乐。

探讨"多余人"的学术实践，对我是一次马拉松，从萌生到开题时断时续经历八九年，马拉松跑到雅典全程 41295 米，我以蚂蚁的速度，踩稳脚跟前行，有煎熬之苦，更有收获之乐。

奥涅金形象是有定论的"多余人鼻祖"，以"鼻祖"做根据地，从纵线往下追踪其"子孙"，有明摆着的"当代英雄"皮却林、"身外客"别里托夫、"巨人"和"侏儒"罗亭，及"躺卧不起的废物"奥勃洛摩夫。我追加并发表了当时鲜为人知的《阿加林———一个时髦的"多余人"》，阿加林是涅克拉索夫长诗《萨莎》中男主人公，中译本 1980 年才同中国读者见面，所以"多余人"家庭中才点到阿加林的大名。

同时我又追踪到奥涅金嫡亲血统兄弟，首次确认并使其归队到"多余人"家族。为此发表了《简论"忏悔贵族"与"多余人"的亲缘关系》，文中论证了托尔斯泰的"忏悔贵族"与"多余人"本是同"根"孕，只是"异母"生，都以孤独和忧郁进行沉默的反抗，又都以自省和探索进行积极的内心追求。还发表了《高尔基笔下"多余人"形象初探——试析"白老鸦"福玛》，文中分析从资产阶级"黑乌鸦"群里冲出的"白老鸦"，与从贵族营垒里分化出来的"既不是孔雀也不是乌鸦"的"多余人"，本质是相通的。福玛开创了俄国文学描写资产阶级营垒中"多余人"之先河。这之前还发表了《爱的失调：伊戈尔"幼稚症"的病因》，分析当代苏联作家利帕托夫的长篇小说《伊戈尔·萨沃维奇》塑造的"幼稚症"患者伊戈尔形象，当代特权阶层优裕生活条件下产生的"多余人"。文章发表后很快收入"青年文库"。毋庸讳言，我追踪结果，客观上否定了 1859 年赫尔岑宣布的"俄国'多余人'绝迹"之结论。

奥涅金后有"子孙"，前还有没引起关注的"长兄"，普希金创作"返璞归真"的俘虏和阿乐哥，我认为这预报了奥涅金的问世，同时也追溯到格列鲍耶陀夫因"智慧痛苦"的恰茨基，他是俄国文学最早的"多余人"萌芽，日后成了俄罗斯培育"多余人"的学校。

世界上没有不影响他国的文学，也没有不受外来影响的文学，俄国"多余人"从萌芽期就深受欧洲文学的影响。

此后我的研究便从线拓展到面，以俄国"多余人"为"根据地"，借这久负盛名的商标，去追寻世界各国"多余人"。原来早在奥涅金之前，18 世纪末德国的"烦恼者"少年维特在欧洲掀起热浪，促使法国出现"维特式"的"世纪儿"勒内、阿尔道夫和沃达夫，促使英国出现了"拜伦式英雄"哈洛乐德、曼弗雷德等。所以浸润普希金的"多余人"孕育的不仅有母亲河涅瓦和伏尔加，还有塞纳河和泰晤士河的异乡同类元素。为此我发表了《论"拜伦式"的"南方叙事诗"》，文中论证普希金的"南方叙事诗"直接受到拜伦的"东方叙事诗"的影响，被公认为"拜伦式长诗"，诗中塑造的都是"多余人"形象。

很快俄罗斯和欧洲的"多余人"风一样刮入东方，在最适合的土壤和温度里，日本出现了"逃遁者"，中国出现了"零余者"。到20世纪中期，最年轻的美国文学园地也姗姗走出"反英雄"，汇入斑驳陆离的"多余人"国际风景线，可谓洋洋大观。

对文学中"多余人"这种"世界公民"首次进行"人口普查"，从近百名作家笔下的"多余人"中，最终选择7个有较大影响国家的20多位作家的近30个"多余人"典型形象。按问世的时序先后排列，揭示世界性"多余人"现象之间嬗变演化的历史轨迹，使任何个体都处在整体比较状态，自然找出了递接连锁式的影响循环。书中不仅对公认的"多余人"重新审视匡正，并对尚未得到认可的同类形象大胆提出新的判断，拓展了"多余人"现象研究的疆土，打破了国别文学单一研究的体系，横向联网，纵向联锁，运用比较文学的理论武器，使作品回到艺术规律自身中，引出符合客观实际的结论。最终出版了专著《"多余人"论纲——一种世界性文学现象探讨》（东方出版社，1998年）。

假如没有教之中学生的追问和辩论，很难说会选择这样的论题而开始远程跋涉，垦荒自己板结的认识。跋涉中，只要想到学生"追问"的渴望和辩论的快乐，不管多么疲惫，都坚持在"多余人"伊甸园世界神游，直至到了无人区取来"西天"之果。虽然这果还大辂椎轮，但到目前为止还是独本。我很想再回到那"追问"的讲

台，很想再见到塔拉斯们，说一声谢谢并送给他们这苦中获乐的
果实。

探讨"多余人"课题过程，对我是一次文艺观的清理和精神洗
涤，它伴随课题研究始终。而且最重要的收获是从"多余人"的
"一"可以反"三"反"四"，为备课的多方面内容充电，注入新鲜
血液。这样不仅使上课趣味无穷，对科研更是乐此不疲。只要深入
备课就能发现问题，而解决问题就要写研究论文。所以教师的科研
要和教学内容及学生兴趣努力结合，课上就能阐述新鲜的见解并鼓
励学生提出问题。

回过头从自身说起。我学习年代，正是中国文学典型类型化时
期，从"高大全"发展到"假大空"，千部作品一腔千个人物一面。
这一切从文学和教育的角度诱使我们做个不寻常的人，听到那精彩
的故事我们热泪盈眶，想象出的场面都是刀光剑影，这种思维奋斗
方式使我们看普通人生活平庸而乏味，只有抛头颅洒热血才叫人生。
记得念大学时，一次课上讲中国当代文学的周先生，满腔热情讲授
《创业史》中梁生宝买稻种的辛苦劳碌，老师边说边被感动得流下泪
珠，可我们这些听者非但没有动容，反而不约而同低头相互睨视，
觉得老师在"演戏"。

要知道，梁生宝已经被塑造成和平时期的"高大全"式人物了；
而我们这些规矩、认真又很"驯服"的学生，竟敢毫不掩饰地与老
师的感情相悖，真无法估量我们的人生期望远远超过"高大全"多
少倍了，或者说已成为"假大空"的虚无而不自知。其实我们已经
成为意识的超"巨人"和实际生活的超"侏儒"，比"多余人"的
缺点还"多余"，而且更缺少"多余人"追问和探求的高尚元素，
不是很可悲吗！

当时，崇拜"高大全"已成为流行的思维惯式，这种思维平面化缺少好奇幻想和冒险精神；后来它又变相为"最快多"，成了我们习惯性思考和行为追求的目标。80 年代初外部环境相比已非常和谐宽松，可我们并不自知精神世界早已形成的痼习，还处在不自觉的禁锢中，还没有自觉意识心灵解放势在必行，精神的紧箍咒是无形的，当你感觉不到时说明已僵化了，只有在实践中不断自省才可能拓殖已僵化部分。

与其说在研究"多余人"文学，不如说是在反省自身的思维痼疾，若使研究纳入合情合理的轨道，也必得同时缕清矫正自己的价值观和文艺观。

与拨乱反正的大气候同步，很快矫正了政治上"单向"评价文学作品的标准，还清理了史学家和文艺批评家对"多余人"过苛的评价模式。即便这样，仍然有舆论认识上的阻力，至今这种阻力还在时隐时现，难以彻底清除。我研究"多余人"课题，首次在学术委员会立项没有被通过的原因，是有人提出"多余人"是"中间人物"，没有学术价值。

认为"多余人"是"中间人物"的误读，大有人在。听起来似乎有道理，其实那多是因为不了解"多余人"的基本特点，没有把握"多余人"概念的精髓才得出模糊看法。

要知道"多余人"精神上的超前和思想上的敏锐，语言批判的锋利可以使他们成为"英雄"，但意志上的怯懦和行动上的怠惰，又使他们常常成为"失败的英雄"。

相比之下，"中间人物"既没有"当代英雄"的冒险精神，也不会做出玩世不恭的"落伍行为"，总是随遇而安地生活在"保险"箱里，否则怎么能叫"中间"呢。如果说"中间人物"是介乎正面人物和反面人物之间的人，那他就更没有与觉醒抗争叛逆的"多余人"相提并论的资格了。

"多余人"虽是病态的畸形人，但在思想上却是"报晓的先觉者"，"多余人"具有双重性格和心理，叫过渡的典型，但他们无论多么无能，也不会过渡到"反面人物"一边成为旧意识的捍卫者。这种误解，多是把"多余人"当作"反面"典型，多看到表面弱点，根本看不到形成这弱点背后的叛逆抗争的心理原因。

我冒昧地请季羡林先生做序的初衷，虽然没有直说，但做序者心里明白，序中肯定了这论题的分量。在这之前得到中国比较文学专家刘献彪先生的首肯，在一次会议上他得知这个论题便抓住不放，很快在"中国比较文学教学研究会通讯"上预报性刊出了《多余人》一书的内容提要，几次写信鼓励，最后他把看法一并写入该书的"序二"中。

"多余人"研究，至今具有超前性和永恒的现实意义。且不说文化圈的非文学专业对"多余人"文学的误读，就在大学文学专业的圈子里也有如此怪象。我看到一篇批评现在大学生的短文，认为课后玩游戏、打牌和睡觉的90%的学生都"多余人"。那种认为有缺点的人都是"多余人"，贬低了"多余人"的价值，其实"多余人"对于他反叛抗争的错误意识才是"多余"的，而对于应该崇尚的信念是求之不得的，不仅不"多余"还唯恐"太少"了。

"多余人"形象能引起青年学子共鸣和一些人的误解，有多种复合因素，但最重要的是"多余人"题材永恒的普遍性和形象丰富到深刻的"复杂性"，产生五光十色的迷人魅力，使人难以辨析。

社会永远要在冲破各种阻力中前进，这是人类历史发展永恒的现实规律。青年是真正荣誉的王朝，充满各种可能性的时期，他们永远生活在传统与现代文化的撞击中，如果不清醒地把握自己及时与新文化融合，即竭力同步转化就有可能成为当代的"多余人"。

特别值得注意的是，生活中有了"多余人"，不等于文学中也有这种类型。大前提是，只有文学千百年发展中逐渐摆脱了描写"神人"，"巨人"、帝王将相和叱咤风云的"大写的人"，转到写普通人，包括"小人物"，生活中的"多余人"才可能进入文学的殿堂，世界文学百花园到了近代"多余人"这朵花才有了盛开的位置。

"多余人"身上真实地混杂着复合的色彩，又是多棱多角多侧面的立体，反映极其丰富的人生元素，这类人是属于鲜活复杂的"精神贵族"，他们有智慧的思考、敏锐的判断、痛苦的探索、深刻的反省、无边的烦恼、孤傲的沉默，构成灵魂世界多侧面。

看"多余人"的意识是"英雄"，难怪称他们是"当代英雄""落难英雄""临时英雄""拜伦式英雄""患病英雄""反英雄"，这说明他们身上潜藏着成为"英雄"的素质。

但看"多余人"意志和行为的结果，又不得不称他们是"聪明的废物""躺卧不起的废物""行动的侏儒""行为的乞丐"，这说明他们徒有英雄素质还一事无成。

"多余人"有勇气从厌恶的环境中拔出"旧根"，常找不到适合土壤扎"新根"，便成了"无根的浮萍""身外客""局外人""逃遁者""沉沦者""隐身人"。

他们身上那活跃的神经向外的无限张力，同惰性的意志向内不停地收缩的矛盾使其痛苦不堪，几乎人人患有"忧郁症"，通称"智慧的痛苦"。

一个能成为英雄，想成为英雄，可又没有成为英雄的人，当然会有无穷的故事，能成为"英雄"的永远是极少数。一个人身上浓缩着这么多情感含量，岂不吸引你同思同虑同忧同喜！你为他智慧的判断喜悦，为他觉悟抗争而亢奋，为他反省自责而感动，也为他的无所作为而惋惜，更为他落难的旧文化而愤慨，不知不觉走入了人物的心灵世界。读经典意义上的英雄斯巴达克，使人肃然起敬；读麦克白这样"深刻的大坏蛋"，使人远离千里；而读"多余人"，无论你怎样漫不经心，也能在他们身上找到自己的参照数的影子，发现自我何止亲切，还引起共鸣和思索。

处在成长中的年轻人，总能在某个阶段或某些事情上与"多余人"出现精神心理的契合，谁都躲不开，不管你成长到最后结果如何，除非你出生就是没脑子的寄生虫。不论你活得轰轰烈烈，还是平平淡淡，只要你有聪明的思考想有所作为，而又一时找不到发挥能力的岗位，哪怕有几天几个月，你都可能成为"多余人"，当年的瞿秋白、鲁迅、郁达夫、郭沫若不仅喜欢阅读并创作"多余人"，到头来都成了"斗士"，那种觉得自己与"多余人"有千里之隔的，他既不可能成为真正的"巨人"，也根本还不如"侏儒"，因为他没有经历智慧思考追求而痛苦烦恼的精神砥砺。

第四章

松声竹韵

一、渴望上学

渴望进学堂学习，已成人类进化本能。满足学生求知渴望，是教师的天职；诲人不倦履职，不仅学生学而不厌兴致勃勃，教师也会陶然自得更进一竿。这种师生间互融互补，正是教与学"相长"也；反之兴尽意阑，教与学"相消"也。

（一）等白了头

恢复高考两年后，1979 年又恢复了业余函授教育。要知道，新中国成立十七年中，每年国家招收研究生均为 940 多人，招收大学生均 9 万人，1959 年"大跃进"才开始年招 10 万人，而业余函授生年均招 1 万多点。当年有资格招收函授生的大学比现在的 985 和 211 大学还少，上函授不仅通过严格考试，而且除日常自学外要在多个寒暑假集中上课，这种边工作边上学，不仅要有强烈的学习愿望才能坚持，更得有马拉松运动员的耐力和毅力；人越接近目的地越渴望胜利，坚韧的人性有时要经受艰难的考验，渴望上学的也是如此。

1980年寒假，我给中文系函授生"补上"外国文学课。精神的饥渴远比人的身体饥饿更能摧残人的身心，从心理学上讲，不能实现的梦想拖得时间越长，人就越加倍渴望实现，一旦有了梦想成真的机会，就会为获取知识而不惜一切，就像中世纪的"巨人"们寻找"神瓶"一样，为"畅饮知识"和"畅饮真理"而奔走。

外国文学是给这期函授生"补上"的最后一科，规定讲授四天，第五天考试。我承担的教学任务是在最后这天，用函授生们自己的话说，我们今天上"最后一课"。如果说现在的教育走得太快，有人呼喊"等等落下的灵魂"，而那个年代因为教育"沙漠化"，积下无数孤魂，竟一块挤向十字路口。

这届函授生都是中小学教师，他们在"文革"中受到冲击或批斗，一说欧美文学有谈虎色变之感，西方文学名家名作几乎没读过。这次来授课是抱着"听外国语"的心情，忐忑不安。函授办在开课前，就把学员的苦衷转达过来，希望老师授课从实际出发上好最后一课。

看来学员对外国文学课像是跋涉在沙漠上，不过我确信，自己授课的这部分内容是得天独厚的例外。因为我讲授的是"外国无产阶级文学"，就其价值观，与我们长期革命传统教育相契合，它从新中国成立时起，是唯一畅通无阻进入国门"革命教科书"。

长条教室位于在教学楼东侧一层，外面是冰雪世界，但屋里暖气扑面，加上坐得满满一屋，有种其乐融融之感。课前几分钟，我站在教室最后，自然是以《魔鬼辞典》的思维方式，即"从后脑勺看人"。

乍一看，满眼是黢黑的头发，但目光稍停滞，便见丝丝的白发从黑发中钻出来炫耀自己的资格。再移前几步定睛细看，竟有些头顶华颠的老中年人，还有白发苍苍的老者，散落在黑发人中间，由于窗外射进的晨光像镜子似的透亮，白发显得格外显眼。课前我只知这届函授生年龄大，身临其境才知自己走进了"老年"大学里。

我踏着铃声大步走上讲台，在问好声中，我瞥见了好奇和质疑的目光。教师的眼睛有过特殊而自然的训练，这是职业化的必然结果。我从背后审视了他们，他们从对面审视我，包括猜测和期待，只要以平等和尊重，谦和而友善，沉静而自信开口讲话，审视和猜测瞬间就烟消云散。

"把原二十节课压缩成六节，绝对保障重点。无产阶级文学发展的线条十分简洁，从英国宪章派诗歌到法国巴黎公社诗歌，最有代表性的是《国际歌》。我和在座的各位一样在《国际歌》声中走过来并将继续走下去。苏联文学和 1917 年前的革命文学，是这次课的重点。"

上面这段话我预想达到三个目的：其一，打消课前对外国文学的恐惧心理，其二，让听者心中有数，其三，点燃他们的心灵之火，走进课程内容中。

所以后面的课上得很轻松，讲到电影《夏伯阳》他们兴奋得微笑点头，转入高尔基短篇《鹰之歌》《海燕之歌》，竟有人同我一起背其中的名句。

课间休息，一个中年男子蹒跚地向讲台走来，样子很骨感，走路脚跟用力一跛一跛的。这位走到讲台前，小学生似的向我深深鞠了一躬，然后慢条斯理地问：

"老师，您多大年纪啦？"我对这贸然提问神经质地一愣，随口说"反正比您大"。接着他直言不讳地说"我 41 岁""是这个班上最小年龄，属牛"。面对他的坦率和真诚的紧逼，我无法再矜持，便悄声说"我属虎"，他惊奇地拍着大腿，"您和我们一样来自解放前，我的眼力没错"，我终于明白他为什么绕了这么大的弯，前排的几个女学员还帮腔，"老师，别看他年龄最小，还是我们的班长呢"，另一个女生说"老师才是我们这屋年龄最小的，还教咱们呢"。正议论时，这位班长侧身用眼神引我看坐在过道右侧的老者，说那位满头白发老人今年74岁，是这个班年龄最大的，退休的中学校长，心脏血压都不正常，衣袋里揣着几种药，坐在旁边的是他小孙子，跟班护理，随时提着热水瓶吃药。还告诉我后面角落坐着的奶奶72岁，原是小学老师，班上绝大多数都过半百了。我边听他说边走下讲台，几步走到老校长跟前，课上我早就注意到这位老者和旁边的少年，他们祖孙刚起身我示意同坐，并询问是否需要帮助，老校长开朗地笑着说，"上学很快乐！家里人不让来，说老了学习用不上。本该60岁退休时毕业，那时没多少白头发，哪知这梦中断十几年！今天终于成真了！"他开心地笑着。

坐在他旁边的同伴竖起大拇指，称赞他"老当益壮""还是我们学习的辅导老师""这块老姜可辣了"……

是呀，七旬多老人还殚智竭力学习，可见多么淡泊明志，功名梦断，却还泛舟前行，不虚度年华。

我借机征询对讲课有何要求，周围的人都转过头来，说前三天的课难度大，作家没听说过，作品没读过，像听天书一样，只能死记硬背了。

我心想这是预料之中的，是教育出了问题，使受教育者的文化结构有缺失。他们今天的渴求，岂不是我昨天贫血补课前一样的感觉。我念书年代把"古代文学"都贴上"封建"压条，望而却步，把西方文学加上资本主义警戒线，不去鉴别。

苏联文学对中国人是"近水楼台""有先得月"的优势，所以同学们听这段课总能轻松了，还会"很享受"的。高尔基《母亲》中的巴威尔，《钢铁是怎样炼成的》中的保尔和《青年迈卫军》中的奥列宁，都是我们这代人年轻时的偶像，连马雅可夫斯基的《开会迷》在某个阶段还风靡一时。

以上是我回到讲台上，又一次跟学员交了底，鼓励他们减轻压力。同时我还赞美他们中许多是教语文高手，不知做了多少观摩课，分析文学作品信手拈来。"你们中很多人比我中学老师还年长，我得向祖师爷致敬求教"，这话引起了掌声。教室里空气像增加氟氯溴碘元素般活跃。冬日的阳光洒在大家身上，人人都在升温，脸上绽放着笑容，那种和谐氛围使我们像久违重逢的老朋友。

所以后面的课上得很顺利。课程结束时，同我比年龄的班长激动得站起来感叹："今天是我们念大学的最后一堂课，虽已乞浆得酒，但还奢望老师再多讲点！"还有随声附和地说："我们还没念够书，想再听几天课"，课堂里引起朗朗的笑声，可谓是"稻花香里说丰年，听取蛙声一片"。

作为先生，我只是给他们讲授一门功课的部分知识，而作为听课者，他们那种求知之心点燃了我更难抑制的上进之火。

几十年之后，我看到尼日利亚一位88岁的老翁，从2009年开始进小学，他的同桌才7岁，老人说"最终目标是获博士学位，年龄阻止不了我"。这则新闻令我想起函授课上的老校长和那些老学生。

（二）产妇一搏

师大从此又面对东三省中小学教师招收函授生，招生人数逐年增加，来过这函授的认为师大的教学有质量，毕业证书的含金量货真价实，所以舍近求远还愿跑这来念书。

20 世纪 80 年代中文系招收的函授生，对外国文学课，仍然是既好奇又"恐惧"。好奇的是对外国文学的百花园大开眼界，原来它如此的辉煌灿烂，使人流连忘返；"恐惧"的是与它陌路相逢，因知之甚少，吸收理解时手足无措，就像文盲手捧宝典，只看图不认字一样困惑，所以学员们对外国文学课格外用心，加倍努力，授课时常常在感动中度过，留下美妙记忆。

三伏天的高温，可谓铄石流金，公二大阶梯教室里坐着三百多学员，老化的教学设备长期得不到修缮，天棚上的电扇一旦转起来就发出摩挲响声，学员们唯恐听不清老师讲话，宁可开窗进热风，也关掉电扇，好在长春最热也就32℃。直到1998年，我去杭州给函授生讲课，那"天堂"的三伏天竟38℃，学生同样不愿开沙沙作响的棚扇怕影响听课效果，有两个学生热得晕倒在课堂上。还回到公二大教室的80年代，当时年轻人习惯穿长袖衫长裤，连女同学也小心谨慎，既不穿短袖衫也不穿裙子。那天下午，我破例穿短袖衫入课堂，平生第一次在学生面前"解放胳膊"，函授办特意通知老师可以带扇子，我认为那有伤大雅，只带条毛巾。

讲台与头排座保持很大的距离，离两侧窗户足有七八米，这种糟糕设计只庄严不亲切，因为割离而缺人性融和。

这天下午授课过程中，我不时感到右侧靠窗台那一带总是有议论声，有点诡秘，我瞥几眼倒没见什么异样，只见那里坐的全是女生。女性扎堆是陌生人相遇的常规，何况她们每次来授课都相遇，已是陌生朋友了。

简陋大教室，座椅前没有设桌子，只是椅子右侧扶手加宽延出个拐板，正好能放笔记本，这种设计无疑增加了教室的容量。

课间休息开始，右角那边立刻骚动，多站起聚拢，其中有两个女生，一左一右扶着怏怏的同伴，同伴双手捂着腹部，三人缓缓地走下几个梯台奔向右角的前门，我终于清楚看到两人揽着的是孕妇，一张粉白的娃娃脸，有点兜齿，刚毅的嘴角挂着无奈的微笑。我走到她们跟前已来不及询问，只能用目光送她们走出教室，又转到角落里听议论。

女学员告诉我，今天上午她就说腹痛，大家劝她回去，她强调预产期还有一周呢。下午又来了，非把最后这科听完不可。刚才她痛得汗流浃背，我们几次要送她出去，硬挺着说难为情又影响上课。

听她们七嘴八舌议论，忽然她们中有人惊恐地瞪着眼睛并耳语，"快！谁有报纸拿来"，然后小声嘀咕，"地上也有，她太能忍了，今天肯定生，羊水破了"，她们几个人擦了又擦，把一堆纸扔到外面垃圾箱里。看着眼前一切，我责备自己迟钝麻木，枉亏自己还是母亲。

第二天课前，我一走进教室，那个角落的女同学就向我招手，不等我问，她们大开笑口报喜，"生了！生了个儿子！"而送她那两位更是喜眉笑眼地说："她嘱咐我们好好做笔记，三天以后来参加考试呢。"

我听了很吃惊，有个同学心疼地嘟囔："简直不要命了，家里人不会放她来的。"此时对于我，没有语言能表达复杂的心情，欢喜与忧虑，赞叹与憧憬，还有自责和幸运，使我的心疼膨胀，眼前又浮出那一摊摊羊水的痕迹，还有被同伴搀扶的壮美的身影。心想，她的儿子怎么能知道母亲是这样生我劬劳和将养我成人的。

局外人只是议论，而行动却是她自己，这女娲式的女性，谁能挡住她"补天"的大志呢！

函授考试授课教师不参加监考，只管出题和批卷。几天以后，我得到考卷时，完全没有想到产妇真能来参加考试。

批完卷填成绩单，没有一个人缺考，名单上有的全有分，我不相信自己的眼睛，只好重新一一核对，"没错，都有成绩，也都及格了"。不能不确信产妇是真的来参加考试了。面对这份感人心肺的成绩单，我又一次无语，她是谁？她隐忍得刚毅木讷，质朴得善良优雅，平凡得伟大可爱，我不知道她的名字，只知她是母亲，是大地之母，是半边天之母。

去函授处交成绩单时，我百感交集地说了这个故事，他们中有位参加监考的说记得开考前几分钟，教室外来个平板车，上面铺着被子，听学员说是一个丈夫把妻子背到教室门口，她自己走进来的。这人还说自己看见外面树荫下，有个男的坐在平板车上，守着暖水瓶和兜子，一下课就跑进屋把她背走了。当时他以为生病发烧，哪知是产妇呀，紧接着大家感慨了一番。十月怀胎"创造人"是耐力的长征，她如愿以偿。在临产前冒险坚守在课堂上，产后三天里补课复习来考场答卷，并最终通过考试，这是毅力韧性在淬火中升华的人性，她虽不是惊天动地战场上的英雄，却真真是平凡日子里的伟大强者。

走出函授处，我的思绪似乎飞回到公二教室的那个角落，寻踪觅影，生情见景，仿佛又见到那张可爱的女娃脸，两腮像含着糖球般丰满，露着童稚的微笑，但又不失少妇妩媚，冰魂雪魄，很像莫泊桑笔下的"羊脂球",虽只看她一眼,却使我永远记着她。

(三) 热血融冰

20 世纪 80 年代,恢复业余函授教育的同时,很快又刮起自考之风。大批返城知青,等不及报考录取到正规大学学习,便利用业余时间上自学自考的辅导班,这种班雨后春笋般出现,不限定年龄、职业、学历,参加辅导班,通过省教育机构的统考,并完成某专业规定的若干学科考试,成绩合格便是"自大"毕业生。这种"短平快"自由灵活的业余教育一出现便方兴未艾,很多单位主动组织办班,自行聘请授课教师。这种自学之风,使得业余教育万象更新地创造性复苏,迎来了业余教育的"春天"。由于教学设施的限制,参加自考的多选人文学科,中文专业成了热门,法律经济专业也很时髦。选修中文专业的,外国文学仍然是这代人担心难通过的学科,请谁授课,据说各学习辅导班都把省内大学有限的师资调研个底朝上,老师一旦被哪个辅导班盯上,就难推脱,如真要谢绝便紧随其后有熟人来"说情"。人被需要时,自控能力减弱,我那几年课上得很疯,最难忘的是"铁北班"。

顾名思义,这个班的学员几乎全是铁路职工,办班地点位于长春火车站北面。我若去上课,必从南到北穿过大半个城市,再越过纵横交错的铁轨,进入城乡交接地带,又赶上三九天晚上授课,系办跟我说时我很为难。第二天晚上,主持办班的三位不速之客竟兴师动众地登门"邀请",还提了中文系某"要人"本想一起过来,可谓用心良苦。我答应了,绝不是冲着"关系网"说情,因为解决了交通上的困难。

急于上外国文学课,是要赶在省里统考前辅导完。铁路职工只能利用下班和星期日零打碎敲地上课。办班者认为，参加这次统考是万世一时，机不可失，而且还想做到万不失一，说学员能通过这科，后面的路就会越走越顺。学员最担心古汉语和外国文学，并称为"古外语"和"西外语"，办班领导认为如"西外语"能大部分通过，就会增强过"古外语"大关的信心。辅导班成员都是返城知青，最低具有初中学历，还有少数高中毕业生，前四科已有 80% 通过了统考。知道这些情况，我不仅被他们的学习热情感动，也觉得有很大压力。教书授课是良心活，努力是无止境的，好在这之前已教过几轮，不是迈第一步。

冬日天黑得很早，但灯光和白雪联首延长着白夜，刚错过下班高峰，骑摩托车小伙子来接我，那年代私人还买不起摩托，这个小青年是铁路邮局送电报的，看来是公车"私用"了。我不会骑自行车，坐摩托车后面也是头一回，生怕颠下来，紧紧抓着小伙子的衣服。

路上的雪厚厚的，路边堆着的雪像堤坝，大气里一点水分都没有，水蒸气凝结成冰霜，还有稀薄的雪花纷纷扬扬飘着。寒气无孔不入，我武装到牙齿，贴身羽绒服外还加上大衣，头包得只露眼睛，冬日寒风更似剪刀，让人割鼻刮脸般痛，不一会帽檐和围巾上挂满了霜花，眉毛也让细霜染白，口罩外层已变得冰硬。开摩托小伙子正面迎风，贴脸的帽毛像微型树挂，与路旁枝头白雪凝成的水晶般冰凌遥相辉映。我们同大自然终于一致了，大概人这样就无须畏惧寒暑了。冬之严酷的外表，用高压打磨人性的韧度，弃掉弱者的怯懦，难怪说冬天才是灵魂的故乡，又是万物蓄势待发的静宿地。

七拐八折，越过火车站多条轨道，进入城乡接合带，眼前出现鳞次栉比的平房区，通过农村的土路，摩托终于开进"姑苏城外的寒山寺"，往东挺进一个孤零零小院，直奔那仅有灯光的屋子。

　　我以为到了上课教室，脱下外套放出体内冷气，会把冻僵的四肢缓暖过来。原来走进教室，就是从无限的冰天到了有限的冰窖，这里寒气砭骨，仅有的几扇窗户玻璃上积着厚厚的冰霜，学员个个穿得像球似的，虽头发上没有霜花，但呼出的气似白烟，几乎人人抱着膀，手退在袖子里，脚下不时发出磕地的声音，还有哈气暖手的动作。

　　破烂的讲台桌后面，确有块木制的黑板，无疑这是教室，屋角扫除用的水桶里冻着冰。学员们告诉我，这是自学的人出钱租的小学教室，学生放假暖气就停。这样的教室还不如我念小学时的农村复式班，能自带木柴生炉子取暖。但没有像他们现在穿得这么多，我们的手脚都生冻疮。

　　据说来这自学的返城知青都在"子承父业"政策下有份工作，有些父母为了给孩子倒出就业指标，不得不提前退休，有的女职工40多岁就退了。父母不仅让孩子就业，还渴望他们能识文断字。有个学员说自己是家里最小的，哥姐都大学毕业在外地工作，父亲提前两年退休，为使他接班。上这个自学班，是想提高文化水平，同时还参加高中课程补习班，准备明年参加高考。像他这样准备高考的，班上还有几个，因为担心明年考不上，现在的机会更不该错过，真考上大学，现在多学点也有益处。

　　这个班女学员比男学员多，全都结婚生子，她们认为没有报考大学的可能了，只能这样补充，总比不学强。有位少妇身边坐着个学龄前的小男孩，她说丈夫上夜班，因为孩子太淘气，怕放邻居家惹祸，就带在身边。小男孩手里拿个玩具枪，不停地瞄准，嘴里还发出射击中弹声，他母亲不时扒拉他一把，警告他"别出声"，其实他能坐在椅子上几个小时，已够残酷的啦。

因为学员手里没有教科书，课堂笔记成了唯一复习依据，就记得格外认真，不仅标题要板书，重要的话还要减速重复说。每次课间休息，都围着你问这问那，在座位上的也相互对笔记，唯恐丢了什么重要内容中的关键语。

几十颗年轻的心，用知识燃烧着生命之火，用热情温暖着冰冷的教室，每次课结束时，玻璃上的霜花融化后都留下道道的痕迹，而每次课开始时，厚厚的霜花都等候着学员的到来。就这样连续十个晚上，每晚三个半小时，班长天天点名，从没有缺课的。当然也没有叫苦的，他们好像天生就习惯这种严寒的生存环境。其实，他们说在乡下那些年，每个冬天都这样。上课这几小时，大家在一块，屋里温度在升高，表层的霜花都化了，再说一心想学习，精力高度集中，顾不上冷暖了。

这次的课是从公元前 8 世纪的古希腊出发，经过中世纪但丁的故乡佛罗伦萨，转道西班牙去拜访塞万提斯，再北上英国的斯特拉斯福请教莎士比亚。后穿越 17 世纪时空，去看莫里哀的喜剧，绕道 18 世纪去聆听歌德的歌诵，终于来到 19 世纪，姹紫嫣红的文学百花园，到法、英、俄、美和印度畅游，最后拜谒苏联文学中熟悉的"英雄"。我们乘坐摩托车，风驰电掣风餐露宿，穿越千年时空，饱览地球上各处的文学乐园。这次文化之旅结束时，学员们感慨地说，"此次精神漫游，就是考试通不过也值了"，还有学员说，"课听到后来，就忘了考试的事了"，我深知一旦学习入境就丢了功利性。

每个晚上，师生都是"风雪夜归人"，顶着三星往返在路上。沉沉夜幕下的大千世界，当一切生命都悄悄入梦乡，万籁俱寂，了无生机时，我们却在那白雪包围中的冰冻小屋里，用仅有的 36 度体温，融化着窗上的霜花，学员一丝不苟地听写着忙碌着，洗涤着灵魂中的锈痕。

春节过后，这个班的三位组织者特意来报喜道谢，说外国文学统考成绩比预想好，及格率比已统考的四科还高，后面过"古外语"关更有底气了。这次寒窟冶炼，学员火焰不只结出果实，我还认识了能融冰霜的朋友，他们那火热的胸怀及寒冷中的韧性，使我看到了坚强，也借来了永远有用的力量。

（四）"游学"避考

给师大函授班授课时，我认识了学员小赵，她是本市某单位的图书馆管理员。因病与丈夫带着孩子提前返城，原是老高二，下乡第八年头上回城的。

小赵中等个，瘦得像麻秆，眼睛不大，笑时变成细缝，很有亲和力。走路飞快，像风中流动的绒球，说话连珠炮滔滔不绝，对方难插嘴，每见面总要很亲热地说个没完。善思考的人，思维敏捷，善语言的人，表达精美，这两样小赵都具备。

她最早在自考班上听过我的课，后来溜到中文系的函授班听，最后又混入中文系本科班听课。她若不主动说，我是不会发现的，她认为自考和函授的课时少，听得不过瘾，饭一口一口地吃才能嚼出滋味，囫囵吞枣难于吸收。细嚼慢咽，不只要听课，还要跟读讲的名著。她对中文系各年级授课情况一清二楚，我以为她是师大家属子女，她嬉皮笑脸地摇头，说自己是听课的"老油条"。从办班听课开始，她就留意本科开这门课的时间表，很得意地说：

"二百来人的大课堂，谁认识我是外来户，我跟他们年龄相仿，这两年我把中文系所有的文学课都听了，混入不同年级，有的课听好几遍，听不同老师讲同一门课真有不同的味道。"

说着，她把几大本课堂笔记给我看，有中国古典文学、现当代文学和外国文学，笔记每页侧面还有空白，上面用红笔写着自己的体会和提示，一看就知这是个会学习的好学生。

她常敞开心扉，跟你说些掏心窝的话，一次我问她，你这么努力的最大收获是什么，她像大坝决口般说个没完：

"我听课是学知识，开眼界，知道世界多古老多美丽，用这面镜子照照自己多渺小和粗野。下乡八年，我变得很俗，男不男女不女的，每次回城父母都批评我。我硬撑着像男人一样，修大堤男人能挑石头沙子，我一点不比他们少。干庄稼活同男生竞赛，从不认输，瞎逞强做下不少病。现在我终于明白'男女平等'，也还是'分工不同'，不是'男人能干的女人也能干'；再说用'男性'标准来提高'女性'地位，本身就是大男子主义……"

我洗耳恭听她滔滔不绝地说，心想，你如此好强地学习，大脑越用越聪明，在知识的"广阔天地里"，你怎么疯都没有危险，越往心里学越有文化而越文明，她才不是知识的"小贩"呢。小赵们的学习精神像一面照妖镜，使现在不能说的"秘密"，即大学里的"有偿代听课"，和滥竽充数连课也不听的冒牌"博士"的丑恶原形毕露。

当我问她这么疯学，得几个毕业证书时，她简直跳起来，豪情放逸地拍着大腿：

"我最想告诉您，我这么认真听课记笔录，绝不是为了通过考试拿证书。"

"我不稀罕那张毕业证书！甘心做图书馆管理员，同书打交道又文明又干净。自考和函授都交了学费，也都听了课，从没参加过考试。省下备考和答卷时间，我又听了新课……"

无独有偶，大学问家陈寅恪，念遍了国外十多所名牌大学，会十多种外语，就是没有毕业证书，他的观点是没时间考证。也让人想起1795年创立的巴黎师范学校，至今不发文凭，要文凭去别的学校考，可这里却名人辈出。

每到开学初，小赵就到师大中文系各教室抄课表，然后安排自己外出购书的机会，溜出来听上两节课，她很自足地认为，听课是"吸油"，肥了自己，工作是"挤油耗油"，"瘦了"自己，现在自己骨瘦如柴是多年不"吸油"造成的。说完又是哈哈大笑，她的豪爽和风趣，让人有种直逼心底的快乐。

我知道小赵工作单位就在吉林大学旁边，信步就走入吉大文科楼，那里有中文系课堂，来师大中文系岂不舍近求远。她说试过几次，不敢走入课堂，还站在门外听过课。这儿的中文系每个年级都只有一个小班授课，老师若按矩规卡，就会拒之门外的。师大总是上大课，混进去老师同学都认不出来。看来"偷课"不容易，得动脑筋找利弊。

其实老师不会拒绝外来人听课的，当然学校也不可能明文规定任何人都可进课堂听课。我当学生时跑到哲学系小班听课，就坐在第一排，下课时还能向老师请教，莫斯科大学汉语课堂常有旁听生。北京大学近17年中从院里保安和临时工中走出300多名大学生和研究生。郑州大学2013年9月24日，为该校5名保安考上国内知名大学和研究生举行了欢送仪式。这些人都曾利用业余时间悄悄走入过学校的正规课堂。如果这叫"偷课"，宁愿大学校园布满"偷课"者，即便挤得教室水泄不通，老师也不会反感的。

"偷课"的小赵，非淡泊寡欲，无以明志致远。

二、莫大的"汉学生"

（一）小班授课

莫斯科大学选修汉语的学生，人们习惯地称他们为"汉学生"。

莫大的语言历史系，非常重视本科生的基础教育。大一还开数学课，我国清华早期有算学，认为可"锻炼吾人思考""以求深造"，他们认为数学是"万能油"，建立多维空间，所有问题最后都归结为数学问题。莫大对外语教学尤其重视，学生入学时就通过了英语，竟把世界通用语英文视为"第二母语"，经中小学长期训练，高考通过了国考水平大关。这极有战略眼光的管理模式，为学生在大学深造铺路搭桥奠下了基石。入大学不管学何种专业，要求至少再选修并通过两门外语，从法、德、西班牙、日、汉等多个语种中自选两门，各语种都是聘外教授课。

当年的汉语排在外语选修的后面，那时中国和苏联外交还没恢复到正常化。经过近三十多年，中国的迅猛发展和中俄关系加强，现已在深圳创办了莫斯科大学分校，外国著名大学进入中国办分校，莫大应是开先河了，学汉语和学俄语学生都空前增长，这与世界各地成立孔子学院是一脉相承的"汉语热"。当年问"汉学生"为什么学汉语，几乎有个共同的答案，"去学中国改革"，如今他们已加入改革的大潮中。

莫大严格规定，选修外语要小班授课，每班不得超过 10 人，来莫大学俄语的留学生也如此编班。非外语专业限定 20 人为一班，只有国际共运史一科上大课，三个班合上才 60 人，现在说不定这种大班也消失了。所以，所谓"小班授课"，不只有选修外语的，也包括平行班的专业课，绝不合班授课，难怪莫大教授周课时不少于 14 节。

语言历史系教学楼内，到外都是十几平米的小教室，室内有两横排桌椅的，肯定是专业班用的，有一横排桌椅的，就是外语班专用的。老师的讲桌和学生的课桌连成一体，讲桌下根本没有高出的台阶。教师和学生上课时是零距离接触，桌挨桌像是促膝谈心般亲密无间。这种亲近的现场感对教师和学生都很重要，不只气氛和谐，师生相互一目了然，老师看学生就像看书一目十行似的，重要的是老师上过几次课后，能知晓一龙九种，学生个个有别。我第一堂课下来，名字与学生就对号入座了，每个学生的一举一动、一颦一笑，包括他们的个头、体型和服饰，都自然地录入了大脑的光盘；甚至在集体跟读中，我能清晰地辨出卷舌音发得不对的两个学生的座位。为不使他们太窘，没有单独提问。我最初学俄语时，有个舌尖颤音"P"发不出来，老师偏有意让我读有这个音的单词，我不赞成这种"认真"。下课时我留下了那两个学生，给他们反复示范舌尖的位置，很快就发对了。大一的学生，只要是高中毕业考来的，都是少年，才 16 岁，因为他们的中小学十年一贯制，根本没有小升初和中考的烦恼。沃洛佳是转业军人考来的成人，有家庭负担，偶尔完不成作业，必须进行个别辅导。还有小安娜，绝顶聪明，课上的活跃分子，总抢在别人前面回答问题，既要保护她的积极性，还得让她学会倾听，用心默答，这种师生心灵的碰撞，常通过手势和眼神达到默契。大安娜学得很吃力，但死较真，很可爱。玛丽雅来自中亚，她说的汉语一点没有地方口音，就像北京人说的一样标准，请她帮助大安娜正音，效果好极了。

有时我们上课的教室被别人占用了，无须去找教学管理部门兴师动众的浪费时间，我们就见机行事，或钻到某个办公室，或到楼外操场席地而坐，照样上课，对应书写的汉字，数着笔画在空中画出，这又是一种别样的汉字练习。就是因为小班授课，才能这样机动灵活。

我教的汉语班，每个年级只有一个班，第一年教 87、86 和 84 三个班总共 21 人，周上课 14 学时，第二年教 88、87 和 86 级三个班共 25 人，周上课 22 学时，每周我还要去听两节俄语课。周六学生军训，只有 5 天有课，上午多泡在课堂上，下午和晚上批改作业和备课，像车轱辘在路上滚动，从清晨到深夜，忙得不知日出日落，而且一直处在亢奋状态，最初给国内朋友写信不断重复的一句话是，"头一碰枕头便入梦乡"。入乡随俗，到什么山唱什么歌，因为课程本身没有难度，很快就适应了。

环境造就人的习惯，不同的环境也能改变人的习惯，即重新造就。我在国内经常是每周 4 节课，虽然备课量是上课的几倍，与那些不上课的教师比，还觉得挺紧张。但与来莫大教汉语比，真是很轻松。莫大的汉学家罗日捷涅斯基教授，教专业课，每周 14 节课，助教每周 32 节课。

在莫大小班授课的实践，留下的美好记忆，推演到"因材"教育的理念，我先是踌躇满志，但回到国内面对大班授课，又踌躇不决。就在此时，看到了冰心写燕京大学校长斯徒雷登的一段话：

"斯徒雷登能叫出学校里每一个人的名字，不管是学生敲钟的还是扫地的"，"这个团体上上下下前前后后总有成千上万的人的生、婚、病、死四件大事，都短不了他"。

这段话启示我，即便暂时还不能小班授课，教师也应有斯徒雷登的敬业精神，认识和关爱自己所教的学生是教师天职。虽然不能像牛津大学校长那样，每新学期都司大一学生住在一个院里几个月，也得想方设法地了解所教学生的特点。

于是我煞费苦心，选择在写作课班上尝试认识学生。上课前我按百家姓上姓氏的顺序，背了 45 个学生的姓名，到课堂上我宣布，"自古以来都是学生先认识先生，今天我们反其道而行之，先生先认识学生。下面我点名，点到的同学请站起来说句精彩的话，让老师记住你。"话音一落，课堂静得能听见呼吸。可见学生都在搜索枯肠，苦思苦想，寻求奇章妙句，希望老师记住他。然后我全凭自己的记忆开始点名，从姓赵的开始，结果被点到的学生们一串串的格言警句像夜空里的礼花，课堂里气氛空前活跃，我也眼花缭乱，师生在惊奇和愉快中开始上课。实践证明，这样做我只认识了少部分学生，所以课后让班长给我画个固定座位名单，再慢慢熟悉。但真正了解学生情况，还是在批改学生作文中，确实记住了不少学生的名字，也能说出某些人的文字表达特点，甚至通过作文评语与学生进行了心与心交流，那时形成的师生友谊至今像涓涓细泉而不中断，但毕竟还是少数。我形容自己就像牧羊人，只记住头羊或群中"羔羊"，即对个性鲜明的学生引起关注，而且记得很牢，但对大多数"羊"吃草的状况还是不清不楚。归根到底，我认为是人多课少，外加满堂灌的填鸭教学，听不到学生的声音和了解学生的饥渴，做不到师生间的频繁精神交流，这种努力虽有收获，但没有达到理想的目的。

所以，小班编班制绝不是形式，是把学生视为课堂中心的教育理念落实的重要环节。

（二） 勤学好问

除小班授课，还有辅导课答疑。我以为这是走过场，语言课有啥难题，但第一次课我还是坐到指定教室耐心等待。开始时冷场，之后陆陆续续有学生赶来。所以不管给哪个年级上辅导课，我都像正常上课一样及时赶到教室。低年级学生有时自己找了句汉语，虽有英文注释知其意，让老师帮助注上汉语拼音，然后朗读，请老师帮助正音。高年级学生常自己找篇汉语文章，让老师帮助分析，再听他的读后感。一次萨莎拿着孟子的"生于忧患，死于安乐"卡片，他听了我的解释后，认识却与孟子相反，他认为"忧患"会使人"死"，"安乐"才能使人"生"。所以我只能反复讲"苦其心志，劳其筋骨，饿其体肤，空乏其身"等不如意，才能震撼心灵，磨炼性格和增长才干，最后肩负起重任。有趣的是，当他理解了我的解释之后，又恍然大悟地大发感慨，自责缺乏公民意识，面对当下时局的混乱，怎么能"安乐"而不"忧患"呢，萨莎说这番话时表情严肃，眼含泪水，我也被他的爱国情绪感染。高年级学生辅导课上，常提出些预想不到的问题，有时完全脱离课程内容，如中国古典诗词中，绝句和辞的区别，《红楼梦》中贾宝玉和林黛玉的关系等，所以上辅导课并不轻松。

辅导课之问是上课之问的延续。可以说没有课上的学与问，就难有课下的思与问。我很难找出自己何时走进教室，没有人等着提问题的时候，你还没迈进门，准有人拉着架子等你到来，而且都是有备而问，有人拿着小卡片或字条，有人拿着自找的中文小册子，或要求你听他念，给他正音，或要求你解说。

有趣的是，你在课堂提问一个学生回答，别的同学也跟着回答，你让一个同学朗读，别的同学不是听，而是跟着一起读。开始我不知道为什么这样，又不好阻止泼冷水，后来学生告诉我，这是汉学家罗日捷教他们学习汉语的方法："提高效率"，学语言，看不如听，听不如说，听十遍不如说一遍。

赶巧若师生下一节都没课，那下边就自然成了"聊天课"，有时钻进附近的空教室，有时到楼外树荫下，这不上课的课，不看课本，不用教案，自由轻松，海阔天空，三两个人，说话机会多，他们手里还常拿着小本子，不时地记上两笔，这种个性化练习效果，常能补充甚至超越课堂，我多是耐心倾听，不时纠正发音和用词，直到学生或我该去上课，才不得不散去。

"汉学生"们不仅背着书包，常抱着几本书走进课堂，一眼就看出是俄文书。初级汉语，写作业还用不上参考书。莫大图书馆门前总是熙来攘往，摩肩接踵，尤其赶上课间的点更厉害，另外主楼和教学楼道的角落，到处是小书摊，多是机动灵活出售新书。所以，你在院里楼里，总能见到匆匆来去的学子，怀里抱着一堆书，有的去图书馆还，有的刚借出来或买来。后来我从"汉学生"那里找到了答案：那多是完成作业必须看的。老师每留一次作业的同时，就必给学生列出回答作业题的读书目录。要求看完指定书，写出你赞成或反对这本书的观点及理由，并区别同类书中的不同认识，在比较中选择你最认可的观点，方能回答老师留的作业问题，写成文章向同学报告。这种平时作业，全是笔头回答，课上口头报告，期末考是口试没有笔试。

学生们说除了汉语和数学，其他各科都是这样写作业，必须像"书虫"一样生活在阅读消化吸收中，只看课堂笔记和教科书无法完成作业，必须是师父领进门，修行在个人。我认为读书有三个台阶，记住知识是原始的低档；消化笔记和教科书是上个台阶的中档；只有大量阅读相关书进入自嚼自悟状态，才是高档的。低档是船，中档是桨，高档是远航天涯海角。莫大要求学生完成作业的方式，其实发达国家的中小学已开始实行了。这先进教育理念之下积累的宝贵经验，若面对百多人的课堂，教师是难于接受这份遗产并实践的。

莫大的汉语课堂对外开放，我的几个班都有旁听生，多是校内别的专业的本科生和研究生，也有校外的"游民"，这类人多像朝圣者似的虔诚。

如果说班上的正式生勤学好问，那旁听生就更上一层楼，大概因为机会难得格外珍惜。第一次遇到旁听生是哲学系三年级的安德列。这个人高马大的棒小伙，青涩中有坚韧，固执中有探求的智慧，上课提问他不停地举手，回答得很流畅。可一下课，班长悄声告诉我，"不能提问旁听生，他占去了我们正式生练习时间，这是系里的规定。"看来旁听生在课上，只能名副其实地"听"了。课后安德列告诉我，他念中学时上过汉语班，学会汉语拼音，并通过"英语桥"开始自修中文。

旁听生不断增加，最令我感动的是一位年轻的母亲塔尼娅。据说她已有两个孩子，这位大嫂式的俄罗斯少妇，衣服穿得臃肿，也有点发福，但那张白嫩透粉脸上的水汪汪的大眼睛，像会说话似的含着微笑和真诚。她把婴儿车放在教室门外，不满周岁的婴儿睡在车里，她安稳地坐在教室听课记笔记跟读。下课时我问她这小孩怎么不醒呢，她开玩笑地说，"他知道我在学习，想帮我"。她告诉我急于学汉语，是准备同丈夫一起去北京。

课上没有练习机会，可旁听生见缝插针地利用课后时间补。日子久了，我总结出：下课是一堂课的结束，又是另一堂课的开始。完成是未完成的开始，未完成是完成的终结，也可以说下课是上课的结束，"上课"又是课下课的开始。

很少下课时没有学生缠着的空隙，偶然享受下课的"解放"，赶紧回公寓，想不到公寓门口早有好学者登门驻足等待了，刚松动的精神螺丝立刻上劲拧紧，你被学生的渴望感染着，也被他们的热情激励着，多疲倦懈怠的神经，也立刻打了兴奋剂般精神抖擞。

有一次，一个司机登门求教，我记得他至少来听过两次课了，其中有一次讲杜甫的绝句："两个黄鹂鸣翠柳，一行白鹭上青天，窗含西岭千秋雪，门泊东吴万里船。"为了理解这四句的意思，我在黑板上速写了一幅画，然后才解释这首绝句内容的，学生明白了其中意义，先是人人背诵，最后请同学自行素描，出现了千奇百怪的构图，还争先恐后到黑板上一展风采。因为旁听生没有机会，几天后这个司机竟拿着自己的"杰作"登门造访，他课下有充足的时间，又修又改的，确实画得比学生好。他一边让我看，一边用绝句中的内容点评自己的画作，我也不停地点赞。他告诉我要去西伯利亚的科学城，不能听课了，希望借本能继续学汉语的书，这愿望很容易满足，我给了他两本图文并茂的汉语小书。

学风是校风的组成部分，学生有良好的学风，将有助于良好的民风，民风是国风生命潜力的源头。

（三）惜时如金

寸金难买寸光阴。青年学子是黄金生命的冶炼期，没有温度炼不出纯金生命，没有争分夺秒的速度可能错过大脑的最活跃期，所以年轻的生命，是万金难买寸光阴。

莫大的课表很独特。从早上 9 点开始上课，两节连上后，课间休息 15 分钟，依次排到下午，多数排 8 节，下午 3 点就没课了。奇怪，课表上没有为午餐留出时间，更没有午休的位置。我上午第四节下课，恰好是 12 点，可五、六节还有课，中间只有 15 分钟，当然来不及回公寓或跑回主楼食堂用餐。看着走廊来往的学生，手上拿着饮料，嘴啃着面包，边走边吃，我却没有勇气这么做。其实课前，我知道课表的安排，有心理准备，甚至早餐还多吃点，再说下午一点半上完课再补午餐，对成人来说无所谓，但要改变从上学到工作几十年习以成性的生活规律适应新环境还真得有个过程。

后来知道，学生虽不是从早到晚都有课，可主楼公共食堂还有教学楼各层小卖部却从早到晚都开放，随时根据个人情况自由选择就餐，小卖部有点心牛奶和饮料，课间 15 分钟随买随用，边走边吃就进入下一节课堂，这种现象在教学楼走廊随处可见，你根本无须明白学生是在补早餐，还是应付午餐。

学生早午进餐简单随意，虽然课下才十多分钟，不仅没有空抛这零碎时间，还解决了饥渴。任何节约归根到底都是时间的节约，节约了一寸光阴就等于延长了一寸生命；能把日日积累的"一寸生命"，用来开掘精神财富和知识宝藏，不仅在同时间里比别人富有，更在同龄人中延长了寿命。寿命不只是年岁，更重要的是年龄的厚度和重量。

从"汉学生"这里我了解到，课程表里没有午休是正常的，认为学生是年轻人精力充沛，只有老年人和小孩才需要午休和午睡。至于白天在学校用餐虽很简单，但食物的质量是能保障身体所需卡路里的，再说上完一天课后，总能安稳地坐下来饱餐一顿，或者回公寓自己下厨，或者去主楼大食堂，的确下午和晚上公共食堂用餐的人总是络绎不绝，上午却很少。

中国的小留学生白天也多在教学楼小卖部买零食，用面点和牛奶充饥，或在断课空隙跑去公共食堂勉强食菜汤，别看菜汤没有色香味，而营养极佳。只要时间允许，晚上还能回公寓自己做中国饭菜，公寓有公共厨房，很方便。说实话，我看学生们饥一顿饱一顿的，有点于心不忍，所以每次见面总是要问"吃了没有"，言外之意，我还没有完全习惯这样的作息制度。小留学生们有一天给我算了一笔时间账，使我从理性回到实践中，算是开始醒悟了。他们说，早上9点开始上课，比在国内晚到校一小时，就算一天上满8节课，连续7个小时，到下午3点，就能"放学"回公寓了。虽然没有午休，但早上和下午我们至少赢得三个多小时的自主支配时间，何况每天都不是上满8节课。仔细一算账，整个白天一分钟都没浪费，上课时喂脑袋，下课后胃口大开，晚上到深夜，同时开始消化大脑和胃肠吸收的东西，这种作息制度可说想浪费都找不出空。作业一多，根本顾不上自己做饭，只能去公共食堂，有时课少跑到街里的小餐馆，不管在哪主食面包都免费供应，又省钱又省时何乐而不为呢。虽然主副食都很简单，但营养很丰富，牛奶、黄油、牛肉汤、鱼汤是家常便饭，货真价实，面包上抹着黄油，牛奶上浮着油皮，刚来时有点消化不良，现在全适应了。还拍着胸脯自信地说，我们来这北极比在国内穿的还少，不仅没感冒生病，也没掉秤，还肥了几斤呢，是呀，看着，听着，感受着，总该承认这作息时间表存在的合理性和优越性了。

我给三年级汉学生们出了道作业题，是结合课文"我的一天"，让他们把一天的时间自己如何过的，不是用日记形式，而是列成表格说明，越详细越好，给了发挥的空间。

从作业中得知，夜里一两点钟前，没有一个学生休息，都在写各科作业，预习功课或看自己计划内的书。我拿着这份表格追问，"一天中你们最喜欢哪段时间?"他们的回答出乎我所料，我以为是"早上"或者"上课"，恰恰相反，而且是不约而同地回答：

"晚上""晚上八九点后""夜里"……我顺着他们而且有意识强调:

"因为'放学'?'下班'吗?"我这话激起千层浪,他们七嘴八舌地否定:

"不!只上自己的'学',上自己的'课'了!""我们终于独立了!"这五花八门的议论共同的理由是"晚上安静""没有干扰""精力集中""效果好",大安德列还很风趣地说:

"太阳睡觉了!天与地睡觉了!连上帝也休息不管我们!"下面同学给他鼓掌叫好,并在小班长鼓动下齐声喊"自由!独立!"看来独立学习是极其私密的体验,在大学中就养成习惯了。白天是"听"的文字,晚上是"阅读"的文字,阅读的文字成熟而凝练,是一种高超的训练。

当我又推出名言警句:

"一年之计在春,一天之计在于晨"时,学生中有人机敏地接着说出:

"我们一天之计在于'夜'!"在逆反的笑声中,我随手把"晨"与"夜"写在黑板上,然后唱自己初中学的歌,哼了几十年是不会忘的:

"我要身体好,早上起得早;你要身体好,晚上睡得早;早起早睡身体好!"我边唱边板书。

没想到这些开夜车习以为常的学生,也跟着唱起来,并且有人修改了歌词:

"我要学习好,早上起得晚,你要学习好,晚上睡得晚,晚起晚睡学习好。"还有人争着上黑板写创作的新歌词。可说课堂活跃得炸锅了,所有人都参与其中,包括旁听生,我只能顺势引导学生说出更具体的理由,其实我已经历并体会到,夜深人静,黑暗把光线的干扰都封锁了,神奇的夜把人净化得丰富,孤独得思绪海阔天空,甚至能游荡得钻入地心。但我认为那是成人世界该过的生活，所以我紧接着又提出两个重要的问题。

"你们睡眠几小时？"他们几乎扮着指头算说"6 小时多"，住校公寓的那几个同学说"7 小时"，有人说夜 12 点开睡就是"8 个多小时""不能超过 7 小时！超过就浪费时间，也浪费生命了！那是猪猡！"

我心里明白，年轻人睡 7 小时左右够了，自己不就是这么过来的吗，同时至今仍坚持"开夜车"的习惯。

同时我还向学生提出，"你们什么时间锻炼身体？这表格上没有"。

他们回答得非常干脆，"随时随地。不用写上！"汉学生们虽天天"熬夜"，没有一个面黄肌瘦的，个个神采逼人，男如战神，女如海伦。我教课中竟没遇到过请病假的，更奇怪的是感冒也不请假还不吃药，说一个星期细菌会自生自灭的。虽说苏联医疗早已全免费，对外国人也如此，可他们仍相信自愈是上策。

蕴含独特智慧的课表，使学子充分利用了白日的"闹"；学生独立不羁的个性，又更充分地利用了夜间的"静"。白日太阳是不息的灯，照得人浑身透明：夜间灯成了心中的太阳，引领你天马行空。一个民族的学子，能这样同时间赛跑，何止赶走拿破仑，击败了希特勒，也一定会复兴伟大的俄罗斯！

（四）　向往中国

给四年级汉语班讲《晏子》，当说到楚王用"你们齐国人都是小偷吗"这话侮辱晏子时，坐在教室门口的旁听生塔拉斯耐不住地插话：

"如果我在中国，中国人抓个俄国小偷也这样问我，'你们俄国人都是小偷吗'，我不会觉得这话是对我的侮辱。"

此话使课堂里个个竖起耳朵，露出疑问的眼神。我虽知道不能提问旁听生，但这个旁听生急不可耐站起来，话又说得如此奇怪，不管有何"规定"，我都得给他机会说完并解答大家的疑问，所以我紧接着问塔拉斯："为什么？为什么忍受侮辱？你怎么推测中国人会侮辱俄国人，我不相信！"

这个目若悬珠的小伙子，立刻很激动地回答：

"因为我们俄国人能去中国啦！"他的话乍听令人费解，紧接着他说出了真相：

"只要我能去中国，受侮辱也甘愿，不管谁侮辱我，只要能去中国。"之后他口若悬河般大发议论道出了谜底：

我们的《消息报》上说，中国在西方有两万多留学生，（30年后的今天，中国每年仅在美国就有30多万留学生），西方来苏联的留学生也不少，但苏联到西方留学的没有，去中东有七百多人留学，但很少有去中国的。

看来他真是望眼欲穿，目盼神思想来中国。我明确地说中国改革开放欢迎各国留学生，言外之意当时苏联自己还没开放，这与他议论的核心如出一辙，只不过谁都不想点破而已。两年后苏联解体，他果然最早来北京大开眼界，感慨万千。

北大一位哲学教授来莫大访学，执意请我接待一个哲学系研究生，说他是哲学家布洛夫的好学生，我以为该生要请教什么具体问题，没想到要学古汉语，我说你旁听汉语课没问题，我不是古汉语通。这小伙子正在研究中国古代哲学。他也非常羡慕中国青年能有出国深造的机会，渴望有一天来中国学习古汉语，研究孔孟。他不时地追忆以前中苏友谊，盼望早一天恢复外交关系能来中国学习。

可能受导师布洛夫影响，他说中国哲学能救世界和平，因为是"亦此亦彼"的思维，西方哲学分裂世界，因为是"非此即彼"的思维。其实，此时我已是他的学生了，他的谈论令我脑洞大开，并为自己的祖宗自豪。

我告诉他在莫斯科某个书店里，见到过王力主编的古汉语，他拍着大腿跳起来说，"明天就去买"。他还告诉我念书全靠助学金，每月国家发助学金 65 卢布，40 卢布用来买书和订报刊，25 卢布是每月的生活费，午餐最多用 30 戈比。我们在苏联月生活费至少 70 卢布，可见这个研究生生活十分清苦。之后我们聊过现代汉语语法，基本没有语言障碍。

"汉语热"，其实就是"中国热"。

不仅莫大的"汉学生"刻苦学汉语，在莫斯科还有民间自发组织的汉语班和汉语寄宿学校，中小学生或成人在这类学校进修汉语，一心想来中国"学习改革"。两年后有报道，这批"迎春鸟"先于政府流向中国市场，就像中国 70 年代末，无数"迎春鸟"飞往广州驮着牛仔服，第二天就投放市场一样快。

不身临其境，难感受"中国热"达到何种热度。出国前虽有所闻，但无论如何没想到自己身在福中不知福，80 年代后期，我们不仅能买到进口彩电，自己也能生产。可莫斯科除官宦之家外全部都是黑白电视，咱的留学生随便到垃圾站就拾一台黑白电视机用，冰箱也如此。出国前人人都备了羽绒大衣，大雪纷飞冬天你走在路上，竟有陌生人凑上来攀谈"你何时回国，你的羽绒大衣能否用呢子大衣对换"，并跟你约定送到哪家旧货店。看到你手上戴的电子手表，同样劝你送到某某寄卖店才好。

还有"电影热""针灸热""武术热""小商品热"，中国小留学生知道内情更多，所以每个假期从国内返回来带一包指甲刀，就"发一把财"，当然也把钢制灶具或钢琴乐器、照相机等带回国内。

"中国热"，说到底是中国发展的成就引起世人的瞩目，"汉语热"只是了解和学习中国的"桥"。

1987年，世界上有19个国家的300多个汉语教师、专家济济一堂，讨论汉语教学问题。这年世界上已有60多个国家，1000多所各类学校开设汉语课，有些大学设立了中文系。美国有200多所学校有汉语专业或设中文系，进修汉语的大学生有13000人。日本上汉语课在校大学生有10万之多。联邦德国仅1986年各大学汉学生有2000多个。澳大利亚决定把汉语作为第一外语。由此可见，20世纪80年代后期世界上已出现了"汉语热"，并且持续不断升温，波及面越来越广，"汉学生"越来越多。

莫大的"汉学生"是报晓的雄鸡，是早春的燕子，他们最早感知到中国改革热浪的未来发展。2014年孔子诞生2565周年时，中国政府打通了当代主流意识形态与传统价值体系的壁垒和隔阂，"汉语热"将推向深层的文化研究，现在来中国的留学生剧增，世界上也到处有"唐人街"和"孔子学院"，这是因为繁荣昌盛的中国已屹立于世界民族之林。

三、书香充盈的莫斯科

1

在莫斯科，你稍留意平凡琐细的生活，就能随时随地嗅到"书香"，足够营养你的神经；那里的人们踮起脚尖，把灵敏和清醒都献予阅读。难怪至今世界上每年每人读书最多的国家仍是俄罗斯，均为 55 本。

你见过站排买东西看书的吧，在莫斯科简直就是一道亮丽的风景线。当年苏联科技能把人送入太空，却不能满足平民百姓对日常所需轻工业产品，一旦有民用生活品进货销售信息，商店门前就会排起长队，即便开门涌入店里照样秩序井然。一次听说某商店进了匈牙利的水晶酒杯，我也早早跑云站排，长长一排人，几乎都静静地翻看手上的报刊或小册子，只有我们几个人叽叽喳喳地闲聊，根本没想到利用这碎片化时间，不知为什么这种莫名的轻松令人心生愧意。后来我们终于无话可说，呆呆地望着移动的脚步以及陌生人翻篇中能说话的眼神，感受到他们享受阅读的惬意，但并没有真正理解它的普遍性，是这个城市性格，是这个民族的美德。

最常见的是酒店门前站排的二三十人，几乎人人手里有书报。根本没开门，可静静地用阅读打发时光等待。当时政府第五次禁酒，不是酒供应失调，是有意限量限购，这实际上强化了酒仙们的抢购心理。若不是人人衣袋或提包里经常放着随手可得的阅读书报，怎么能看到站排就有人阅读呢，这一以贯之的普遍的阅读现象，就像人必享受阳光、空气和水分一样，已成为生命的必需。

站排，或者说移动着能阅读，那四平八稳地坐着，还舍得让时光溜走吗！当时莫斯科私家车已经很普遍，地铁和地面公交没见有拥紧现象，当然乘公交的都是下层人，包括未独立的学生们。毫不夸张，公交车厢里安静得像"自习室"，温馨得像"家"。乘客轻声慢步地上下车，遇见熟人和朋友，也只是相互碰手示好，或用眼神传达着问候，绝没有因惊喜又笑又喧哗的，然后各自安然坐下，加入阅读乘客中。人生犹如单趟旅行，阅读却可反复体验，一张报纸翻来覆去地看，浅阅读和记忆，虽不易思考，可却是极好的休息驿站。偶有军人和警察上车，从不坐下，有空座也站着，一手拉着吊环，一手拿着报刊浏览，站姿精神。车厢里只有抱着玩具的娃娃，还有老态龙钟者，以及少见的乞丐不阅读，青壮年们多在阅读中赶路前行。说实话，我只有在长途旅行的飞机或列车上，事先备好随手可得的小书外，从没在这种临时公交车或站排买东西中，有意准备过翻看的书报，那些碎片的时间也许思考了什么，但多是单调地溜走了。

我曾向多年在莫斯科的华侨咨询：莫斯科人如何养成这么好的阅读习惯？她说自己刚来时也很纳闷，与丈夫在路上有说有笑，一旦进入公共车厢就判若两个陌生人，他哑口无言，从衣袋里掏出小书看，我自己也不好搭讪，只能尴尬地坐着，后来自己也习惯性地在皮包里放着纸片、秀珍小书或报刊。有了私家车之后，像学生背书包一样，随时提着"书包"外出。她丈夫是汉学家，曾在中国工作过多年，但这好习惯不仅没丢，还努力强化，他常说：

"生活是永恒的课堂。学校，那是人在路上的临时学习的'旅店'和'驿站'。空隙的十分八分钟，看旁边陌生人，不如看文字，文字是冶炼后的语言，总比随便听到的话有分量……"

她丈夫的这番话，令人开窍。这不能只看成是文化差异，因为通过阅读，是人人学习的必经之路，所以还是学风和习惯形成的国民素养的差异。中国小留学生刚去时，三五成群在地铁里叽叽喳喳说笑，有热心老人小声警示他们别吵或轻点，聪明的孩子们很快适应了这安静氛围的"约束"，也有了阅读之习惯。我常以为在国内的碎片时间里没有阅读习惯，多是车上太拥紧，不方便。其实现在上下班高峰车厢爆满，过横马路比公交车上更危险，却能津津有味地看手机，归根到底神经中还没有铸牢阅读纸质文字的这根弦。

2

习惯是"钉"。忙忙碌碌工作的空隙，特别是些事务性工作，见缝插针的机会很多。在莫大一进门的存衣处，我看到一位读经典名著的女服务员，给我留下很深印象。

果戈里的《外套》，写个小公务员攒钱买件外套丢了的辛酸故事。确实俄罗斯的男女老少，连几岁的小孩子，除盛夏，外出时都穿束腰的外套，既绅士又高雅，保持着风度翩翩的贵族文明。莫大的教职工上班的正装外面，都有倜傥潇洒的外套，连通垃圾道的工人也是如此。尤其是冬天，女士多是裘皮大衣，外加皮帽和皮靴，男士多是毛呢大氅，这些外套不能穿到办公室和教室，一律存放在进门大厅的存衣处，连去莫斯科剧院看剧一进门也要把外套存上才能就座。这如同我们从外面回到自己家，一进门就脱下外衣和换鞋一样，是文明生活的礼仪。一次我存放羽绒大衣，等着服务员拿回取衣号牌时，瞥到了柜台上的一本厚书，封皮上的人物肖像令我似曾相识，熟悉的作家名字和书名映入眼帘：Л · Н · ТОЛСТОЙ《АННА · КРЕНИНА》，服务员乐呵呵地拿着号牌过来，问我读过这书吗，我告诉她读过中文的，她立刻打开话匣子，说这是本有趣的书，可拍成黑白电影，扮安娜的演员年龄太大又太胖了，我点头表示有同感。即便是功勋演员老大不小的也不适合扮演安娜，很败坏观众的胃口。眼前这位中年女性少见的窈窕，手脚麻利，与我在哈尔滨秋林看到的服务员一样，在柜台里走路像风似的小跑。此时没人存取衣服，我尽量听她对这名著的感受，她说自己读过很多遍，有的段落能背下来。我赞美她年轻时肯定同安娜一样漂亮，她开朗地大笑，并自谦"可没有安娜勇敢"，表情中夹着淡淡的忧伤，我后

197

悔自己不该这样开玩笑，不过我想她在看书中，也许咀嚼自己已失落了久远的爱的回忆，也许悄然寻觅心灵深处潜藏的爱的憧憬吧。

之后我每经过这里，即便不存衣服，也总要以钦佩的目光扫一眼柜台，没人存取衣物时，她就依在柜台拐角那，聚精会神地翻着那本大厚书，难道那是她精神栖居的乐园不能拒绝，对她的作用大于国王和皇帝。

我去莫斯科第三机床厂参观（1931 年建厂），听介绍这里的工人都是大学毕业生，不论是年老的还是年轻的，都是因为学习这个专业对口来厂工作的，我好奇地同他们私下聊"学理工专业的读不读文学方面的书"，他们很意外地说出普希金、果戈里、屠格涅夫、托尔斯泰、契诃夫等一串名字和他们的代表作品，说中学时就读过。其中有位老工人还说读过中国的古诗，说出李白的名字。更令我惊讶的是，我好奇地问他读过托尔斯泰的《安娜·卡列尼娜》吗，他开玩笑地说："年轻时读过，怕老婆骂自己是卡列宁。"而旁边的年轻工人嘲讽他说："他就是卡列宁。"读得多么"实用"！机械工人竟如此地谈论着人文，可见俄罗斯成为世界读书大国，绝非偶然，已成为民族性格不可分割的一部分。

几天后，我上课前又去存衣处，那位中年服务员兴奋地拿着莫斯科大剧院的剧票给我看，因为前天中国使馆组织在莫的中国人去大剧院看过《创世纪》，对这票我很眼熟，我告诉她这剧很有趣，她虽还没去看却很感慨地说："夏娃比亚当勇敢。"并竖起大拇指赞美。令人感叹，一个普通的服务员，竟有欣赏名著和经典剧目的高雅情趣，这莫斯科人真够人文和文化了，难怪莫斯科人"不相信眼泪"，厉害了，莫斯科人！

3

爱阅读，必爱藏书。哲人说一个家庭没有书，等于一个房子没有窗户，有书的房子才有灵魂。

我拜访过汉学家高辟天，他的书房四壁是书柜，其中两排有玻璃门的，全是汉语古典线装书，包括儒学、佛学、道学、墨学、兵学、法学和易学的书籍，显然是他专业研究的必需。另两面书架上是现当代汉语书籍，连"红宝书"语录秀珍版也立在书架上。书房外的客厅和走廊都是铁制的简易书架，悬挂在墙上，离开地面，不用弯腰，信手就能拿到。上面的书，除了没有数理化，五花八门的社会人文书籍都有，连金庸的武侠小说也有一席位置。有趣的是书房门横楣上贴着红纸墨写的"迎春"，汉字写得工整严肃，他看我注视门框两侧，机敏地从瓷花瓶里拿出两卷纸展开，说这是对"迎春"的解释。

上联是"山重水复疑无路"，"路"是指想来中国探亲的路，多少年来"蜿蜒曲折"找不到。下联是"柳暗花明又一村"，指逆境能转为充满希望的顺境，蓦然回到想念的"家乡"。我问他为什么不贴上，他苦笑得很无奈，说把愿望装在瓶子里保险，一旦机会来了，便携夫人去中国探亲，夫人的父母还健在。他的这种情绪与"汉学生"可谓是异曲同工。

我还去过一个汉语旁听生家小坐，他虽不是高辟天这样的学者理应藏书很多，但从这位莫大俯近"月亮"体育场的普通职员丰富的藏书，可见莫斯科家家藏书的一斑。一进屋走廊墙壁一侧全是悬着的铁书架，塞满了书，有的还没打开包装，向阳屋不大的书房两侧是书柜，门旁案子上是《真理报》《消息报》，还有《文学报》

等。有一个书柜全是俄罗斯 19 世纪的文学名著，精装版的，虽是俄文的，我能大致看懂。我问他念书时学哪个专业，说是学体育管理的，与目前工作对口。毋庸置疑，民族没有人文精神迷失，社会没有人文精神病态，人就没有人文精神残缺。他很谦恭地说好多书是排队买来的，至今还没细看，退休了"补课"。我打趣地说，"你离退休还有几十年，不断站排买书，是补不完的"。我早就知道莫斯科有"三排"队，"一排"买生活日用品，"二排"买酒，"三排"就是买书，一有新书广告，书店门前没开门就有人排队。

如果说买好书，如常青的松柏，什么时看都生命不朽，那即时性报刊，每天昙花一现，瞬息万变，爱阅读的人谁也不想闭目塞听，所以同阅读和藏书一样，莫斯科人有订阅"报刊热"。

《真理报》和《消息报》每天都像刚出炉的面包一样，被读者抢购一空，这情景屡见不鲜。莫大的中国访问学者常说买不到当天大报，开始认为是有意控制，后来知道想买得早早去站排。

莫斯科市民预订下一年报纸和刊物，"汉学生"说得半夜去排队。经验教训市民，第一天办理手续的订户常超过限额，第二天就不继续办理；且不说《莫斯科人》《新世界》等刊物超额停办，连不为人知的《自留地耕耘》的订户也猛增。1988 年苏邮电部统计，从 1985 年以来大约每个家庭订阅 7 份刊物，说这种"订阅热"使人忧虑，解决不了纸张，因此也出现"洛阳纸贵"，为此连驻莫的外国记者不得不同莫斯科公民一样，只好一起在"莫斯科新闻"编辑部门外大街上的公共阅报橱窗前读当日报纸，抢发给国内要闻。

一个人，可说他来自书香世"家"；一个城，莫斯科可说是名副其实的书香世"城"；那每年人均读书世界之最的俄罗斯，为书香之"国"，也是名下无虚的。不论文字载体的形式如何变化，这家传的世风都会发扬光大。

四、大辞典与酒

1

辞书是万能的老师，常是买书藏书首选，并格外珍惜。

在莫大的公寓"唐人街"那，偶见崭新的《华俄大辞典》，翻了一会儿便爱不释手，恨不得马上去买。但"唐人"说那书店只有这一套，碰巧才买到的。我断定莫斯科书店很多，不定哪家还有，这挂在心上的事，没办成前是忘不了的。此后不管去大小书店，总是先奔辞书架前搜寻。在一个不大的书店，我咨询老板得知，前些天有一套被中国人买去了，他带着自豪的神情说，当年这套辞书上市就抢购一空，连不懂汉语的人也买，说给儿孙将来用。中国人最近买的那套，是清理书库时在角落里发现的，算那个人幸运，头天上架，第二天他就碰上了。也许我的真诚咨询打动了老板，也许这位书商经历过寻书的饥渴，非常热心地建议我到莫斯科以外边远地区书店搜寻。那之后，我还特意拜托常跑书店的几位"唐人"同胞留意这套辞书，都无回音，连我去西伯利亚旅游，有幸进入科学城书店，也同样失望而归，真是踏破铁鞋无觅处。

不久，苏联妇女委员会特邀一位中国妇联进修的高翻出游，要找一个同伴，我幸运地同她去克拉半岛的摩尔曼斯科，进了北极圈内的军事禁区，真是到了"边远"地区，果然在这里的书店见到了眼熟的《华俄大辞典》，它精神抖擞地立在书架上，当时我像突然嗅到林中负氧离子般清爽，心如蓓蕾绽放，赶走旅途疲劳和多日寻宝的郁闷。我赶忙开单付款，唯恐瞬间被后来者购走。老板把四卷本装入大小正好纸箱里捆上，我抱着这宝贝乐呵呵地走出来，忘了寻北极的极光，还有本应是夏季的春天美景，连扑鼻盛开的紫丁香都没瞥一眼。

同伴是俄语高翻，早就见过这大辞典，该书是苏联科学院（1983—1984）出版的，收入 15505 个汉字，把我国 50 年代中期简化掉的一百多汉字都保留着，比我国 1979 年修订版的《辞海》还多收入 633 个汉字（《辞海》收入 14872 个汉字），至于那只收入一万字的秀珍版《新华字典》当然是小巫见大巫了。

回国打包行李，为搬运方便，装书的纸箱都不大，《华俄大辞典》用原装箱子，比别的书箱更小，成了另类，不管如何折腾，也知道这唯一小箱子装的"宝物"。上火车后，衣物箱子都堆在包箱上层铺位里，挤不出空位，便把十几箱书都放在车厢尽头的角落里，落得很整齐，装辞典的小箱子放在了最上面。我的包厢离角落只隔一扇门，开门就能瞥见它，关门休息时总是瞟它一眼，知道安然无恙并自责自慰，真是小人之心，谁会在车上偷书呀，放心吧。

记不清火车开出莫斯科有多长时间，反正过了鄂木斯科，说下一站是新西伯利亚。早上起来又习惯地打开门，瞅一眼书箱，"啊！小箱子呢？"三步迈到跟前，上下左右查看，真的是没了，我自言自语顺手牵羊的人也该知道里面装的啥，自怨防人之心不该没有。

这一夜列车没有停过，列车员说午间到新西伯利亚，我断定被拿走的书箱还在列车上。于是我到各车厢去寻蛛丝马迹。我确信晨光能过滤着空气中的尘埃，也会瞪大眼睛帮我查到书箱这庞然大物的。我先往车头方向走，佯装找人的样子，实是斜睨着眼睛搜索铺位上的堆积物，多亏早晨包厢的门多开着换气，帮了大忙，往前走斜视左手前铺位上下，返回走再斜视右手前的铺位上下，每间包厢里都堆满着大大小小的箱子，几乎全是纸质的，但没有发现那么小的。数不清走了多少节车厢，从车头到车尾，没有任何可疑的发现，便向过路的列车员报告了此事，请求他帮忙查找。

2

与其坐着，不如再出去走走，因为刚才走时还有没开门的包厢，这回我从车尾返回时，见一个铺位上有人半卧着，两手抱着黑皮大书，书口打开到180度平面，显然此人在看书心上的文字。我的眼睛立刻闪亮，那似曾相识的大黑封皮同我对视的刹那，第六感觉告诉我，这肯定是我的大辞典。书皮外没封套，书名同样是墨体压模字，看不清；被打开的书，几乎挡住了看书人的头部，只露发梢，我停下脚步睥睨窥觑，佯作溜达，改变自己的视角，稍低头便看到厚厚书脊上印着烫金的俄文字母《Большой китАйско русский словАрь》，书脊下面两条金色横线内有阿拉伯数字"2"，心想一模一样，就是它。如果书也认识我，又会说话，会跑过来的，可惜它无动于衷。

如果正巧是人家自己的呢，我开始疑问。

但我又推断，如果是他自己买的，也绝不会在路上看这又大又重的书；旅行中身边携带要看的书，多是轻巧、方便、伸手可得的秀珍本，甚至能放在衣兜里。即便是自己买的，也难特意开箱看这类书，辞典中的字都是温温恭人的谦谦"君子"，不是小说和诗集多姿多彩，能使人在殊方异域旅行中获得乐趣。我凭经验判断，此人现在看它是处在意外得到后的好奇。可有何证据说这书不是他的，书上没有我的签名和印章。

　　我在过道上徘徊，无计可施。去找列车员，有点小题大做，俗话说"偷书不算偷"，自己直接进屋问，若是人家能承认，就绝不会做这种损事。一般来说做"贼"心虚，他怎么敢这般大模大样地不遮不挡地翻看别人的书，我有点不解其惑，犹豫一会儿，唯恐他放下不看收起来，更难找到对话机会。于是我轻轻地敲两下门框，不请自进。他并没有理会我，还在专心地看大书。也许他以为我是在找对个铺上的人，看样那铺上肯定有人睡过，被子还没叠；但这也说明他看书好奇得很认真，像是与书刚碰面。我转身靠在他对铺的窗户前，看清了他的面貌，二十来岁的花儿少年，满头黄色卷发，皮肤白皙，气质温润斯文，很像我教过的瓦西里。

　　我矜持了一会儿便问：

　　"您对这本书很感兴趣？"他还在继续看，只是随口说，"不！乱翻！"我觉得他说的是真话，便又进一步试探：

　　"您随身带的这书，可真大！这多不方便！"他仍在入神地翻页，并回我："是我刚才买的，出门带这么大的书是包袱。"我终于找到了破绽，顺着他的话追问：

　　"啊？这火车上还有书店？可真是新闻，请问在哪节车厢？我也去买一套！"

　　"不！这是个蒙古人想吃饭没有卢布卖给我的。"他毫不隐讳地说出了真相，我相信他说的是实话，这天真纯洁少年的眼神告诉我，他的话绝不是临时编的，他对我没一点防备，说明他心中无鬼。

　　"您买书时，给了他多少卢布？"他伸出五指，同时说"5个"，放下手中第 2 卷，拿身边的第"1"卷，查找写价格的地方给我看，我没看，只看着他的眼睛，迅速说出，"6 卢布 40 戈比"，他很吃惊地问："您也买过这大书？"我笑了笑没有回答，而且更进一步追问：

　　"您很喜欢这大书？"

"我不懂汉语，说不上喜欢！"他边说边坐起来，两腿放到铺下，终于直面打量我一下，并很严肃地问："您是中国人？"

我对他的所问非所答，跳跃式地说："我是俄国人的朋友。我的俄语说得很不好，这大书能帮助我学习俄语，卖给我吧！"他很痛快答应："可以。"我清楚自己手里的卢布是路上用餐的，并不多余。但当时不知是哪根神经提示我：酒比卢布有用。于是我灵机一动说出：

"我没有卢布，有北京的二锅头，可以吗？"

他简直从铺上跳下来，满脸笑容地说：

"当真！""一言为定！"我边说边伸出手，击掌成交。

3

真是"三杯通大道，一斗合自然"，酒立奇功，酒逢知己。他令我想起"汉学班"几个男生，每次去我的公寓，只要发现桌上有酒，毫不客气地打开瓶盖，不言不语，举瓶狂饮，一口气就是半瓶，如果不是担心他自醉伤身而制止，真会把整瓶饮尽的。

小伙子从铺下拉出小纸箱，装箱过程我们很放松地闲聊，知道他是电工学院大二学生，这次是去贝加尔湖旅游，还说自己是出于好奇才买下这本大辞典，翻翻看真是好书，可旅行携带它太不方便。

我们虽聊着，可我已走神，觉得眼前的小箱子像丢的孩子找到了娘，又哭又笑，但我仍抑制着内心的激动。捆绳没了，箱角上写着的"中国·北京"的笔迹也没了，显然是人为抠掉的。小伙子很主动地抱着小箱子跟在我后面，过三节车厢，就到了放书箱角落，我指着这堆箱子说，"请放这上面"，然后我三步跨入包厢里，拿着两瓶二锅头转出来，对小伙子说：

"两瓶都给您！谢谢您帮我买下这套大辞典！"这时他如梦初醒，

完全明白，笑着说：

"原来这书是您的！"我连连点头，他很腼腆地自言自语："得到了中国的二锅头，上帝，太巧了！"我再次感谢他，祝他在贝加尔旅行愉快。他一手拿着一瓶酒，手舞足蹈好像要跳迪斯似了，还回头像顽童跟我耍个得胜回朝的鬼脸。

这酒是送上火车时中国小留学生塞给我的，再三叮嘱给列车服务员，好一路上照顾我，一直找不到机会送，刚才请列车员帮助找书时也没想起这酒，现在它终于去了最该去的地方。

我把失而复得的小书箱抱到床铺上捆好，没再拿出去，又把车厢角落的两落书箱通通捆到一块，吃一堑长一智。

我很感谢这位俄罗斯小伙子，别看小小年纪，却既有书文化又有酒文化。他听"卖"书的人说"这辞典是绝版的"，才下决心买的，他知道父亲是个"藏书迷"，肯定喜欢这书，"可惜没给他背回去"，但确信"还能买到"。我想若不是因为旅游不方便，难说他能把这书转给我，或者说我不用酒也许"赎"不回来这大辞典。

这个年轻人，几乎就是莫斯科站长队买酒人群的缩影。莫斯科站排买酒是司空见惯的风景，旁边有警察维持秩序，站排的人几乎没有空手的，不是溜报纸，就是翻刊物，但有人插队便会群起而赶之。爱喝酒的人喜欢看书，爱看书的人喜欢喝酒，这是俄罗斯世代优化成习的基因，也许是因为生活在寒冷地带，也许为了守护地球上最大的家园，每次狂饮都不是无缘无故的，更不会沉醉得不知归路。

俄国农民游击队去打拿破仑，穿上雪白的衬衫，拿起伏特加一饮而尽，西出阳关无故人，为国捐躯征战不能归。十二月党人的妻子，去西伯利亚追寻流放的丈夫，不仅抱着书，也提着伏特加，如果说十二月党人是"高贵的圣法"，而他们的妻子就是高贵中的高贵，圣法中的圣法，表现出"醉后何妨，死便埋"的旷达，也不会停止向皇权宣战。红军战士背包里装上《战争与和平》，同样狂饮一杯伏特加，去迎战希特勒，直至把魔鬼赶回老巢自杀。他们都不是酒翁饭囊，而是俄罗斯的民族骄子。书，使他们的大爱有诗情画意的铁骨，酒，使他们的大爱发酵成逼人的豪气，释放着对敌的愤怒，消解着离别的忧伤，并膨胀着胜利的快乐。真正有"文化"的人，酒酣耳热进入三维空间神游，不出诗画和经典，也会出战斗奇迹。我们古代边疆的战士，不也"铁马嘶云水，帐下饮葡萄""留连百壶酒""边悉酒上宽"吗？

俄罗斯小伙真是"鱼"也喜欢，"熊掌"也喜欢；喜欢熊掌，才买下了所谓"绝版"的辞典；喜欢鱼，才不得不把辞典转给我，因为还能买到"熊掌"。看来既食"熊掌"又食鱼，双赢也，它共铸着俄罗斯民族诗与战斗之魂！

五、"为了奥运"

1

2005年3月11日下午，我准时赶到电大会议室，"实用文体"书稿主编详细地说明编写过程，参加审定的几位先生听后开始翻阅厚厚的书稿，对教材的总体框架在听汇报中就提纲挈领地掌握了，对教材细目反复斟酌后，各自找一章逐字逐句阅读，这样基本上把握了教材的大方向和总体风格。行内人，对自己的专业可说分星擘两，就像孙悟空即使七十二变也逃不出如来佛的掌心。我们共同感觉已落实了教材写作"初衷"，由于理论上的淡化，使得文本的"实用"操作程序更明显地带有"工具性"特点。

审定，即便不是时间仓促，也难提出疑义。我们心知肚明，对这种书稿审定显然是一种组织行为，而且此书出版定有大用场，审定是首版必走的程序，为将来书的发行使用，定下真实的广告"舆论"基础；其实，审定举措已成了此本教材"出身"的光环"履历"标签，或者说是在给问世的教材"化妆"打包。虽然我们这类教书先生不是"大旗""虎皮"，但借所在大学之名也能招摇过市，对渴望学习的人引发躁动之心。

《实用文体写作》教材淡化了写作基础理论，重视普及的"实用"性，这种"实用"性对应了授众对象接受能力的"实际"水平。一言以蔽之，此教材不是根据高教改革在这个学科应达到总目标的高度来编写的。

提高"素质"本是个"海大"的课题，从说到做，再到真正使素质提高，是无法用恩格尔系数计算的海量"工程"。谁都知道，"素质"是把知识转化为人的精神品质，除业务素质外，它包括人的道德、人格、气质、心理等方面。文化是人类文明发展的标志，也是素质教育的基础。能把《实用文体写作》提高到"素质教育工程"中来，能把一种文化元素对人的作用提高到"工程"中，对写作课教师可谓是前所未闻的新闻号外，往日大学生们认为基础写作"干瘪而枯燥"，进而被"边缘化"，这回提高到素质教育"工程"系列，变得空前时髦耀眼，因其"实用"有了大行其道的机会，可谓是百年一遇。

我们审定也只是从学科知识的系统上把关认定，而面对职工大众教育对象，并有组织保障的状态下进行"学习"，这远不是电大常规教学能完成的任务。

2

又一次没料到，审定《实用文体写作》教材两天后，电大发文邀请我参加《实用文体写作》课音相教材录制，可谓义不容辞，推脱不掉。整本书54学时，压缩成五讲。第一讲绪论和行政文书；第二讲事务文书和第五讲生活文书，指定我承担；三、四讲的经济文书和法律文书，分别由财大和法大的两位老师讲授。显然，我承担了《实用文体写作》最"实用"的部分。

讲授任务重，我并不是很有压力，人常说有"烟瘾""酒瘾"，可我有"上课瘾"。不管课前多么疲惫不堪，只要走上讲台面对学生，他们的眼睛就是万灵的"充电器"，包治百病的"仙丹"，我竟立刻精神抖擞，那种全神贯注就像在写作过程不可预知的突然来了灵感般不能中辍，讲授中常冒出备课时没想到的妙论，所以有的学生替我总结出，"您上课最好一眼也不看讲稿"，我以为是自己胡批乱侃了什么，当学生举例证明后，我便把他们说的添在讲稿中，并警示自己备课要认真再认真。

可这次不同，我咨询后知道受课时没有学生面对面的配合，便立刻产生了心理障碍。实际上录像厅坐十个二十个学生完全可以，现在电视上做各种内容的节目，都有"小众"对面配合，不言而喻，面对机械镜头，我不是演员出身，又必须面带笑容瞪眼朝向看，前面没有眼神，没有气息的灵性，没有喜怒哀乐的表情，没有心和脑的触碰，就如打电话无人接，接了对方却不哼不哈，你是撂下还是不尴不尬地说下去。我曾录过团中央"五一个工程"的演讲片，并没有打怵，因为有学生小课堂配合。可这回要硬装"演员"，哪有这种"素养"啊。因为任务急,只能带着困惑立即进入备课状态。

先是说 3 月底录制,充其量只有两周备课时间,两天后又提前到 24 日录完,留有对录像检查不合格重录时间;规定 3 月 28 日音像必送北京电视台审阅,也要预留审查不过关重录时间,无论如何要保证录像片与出版的《实用文体写作》同时发行,并于北京电视台准时开播。

要求在一周内写出音像授课讲稿,每讲不得少于五千字,同时提炼出银屏上的字幕;要求授课语言通俗易懂,授众是工"农"职工,只有小学初中学历,不是在校的大学生,这种备课的警戒线比备内容要难,一个生僻的字词都不能用,所有例文要尽量贴近授众的生产和生活,以前上课信手拈来的例文,都要谨慎过滤后选用。

我在院内外同时还有两个头的课,都是开学就定下来的,绝不能因这临时任务耽搁。只有焚膏继晷,昼夜不停地赶,对将要交的讲稿还得披沙拣金,本是轻车熟路,还要深思熟虑反复打磨,总算按期交卷,自知讲义中有很多"盲点",这"盲点"就是不懂文化贫困,无视缺乏精神饥饿感的实际状况产生的必然。

3

"首都职工素质教育工程",提到中央电大的教学日程,可不是空穴来风,是把 400 万北京本地职工和 450 万在北京工作的农民工,全部纳入这次"素质教育工程"。850 万生源,对于中央电大是求之不得的天文数字,而且还有主导这项"工程"的北京市总工会做大后盾,真是天时地利人和。不是你愿不愿意学习,而是要求你"为了奥运"学习,至于你是否参加电大考试,那是另外更理想的收获,对于渴望念电大的职工是很有诱惑力的。工会急需电大配合,电大更需工会保驾，可谓双方互利共赢，而且这种合作百年一遇，何乐而不为！

100 年前，《天津青年》杂志提出"中国何时才能举办奥运会？"百年期盼，多么漫长，几代人的梦终于 2008 年 8 月 8 日晚 8 时在北京圆了。亿万中国人守候在电视前，听到看到国际奥委会投票结果，泪飞顿作倾盆雨，之后为了美梦，足足准备七年，从鸟巢一砖一石数不尽的地地道道的硬件"工程"，到千万的软件细节，国人没有想不到的，也没有做不到的，万事俱备时，美梦成真！这时北京离世界最近，离参会的万名运动员最近，北京倾箱倒箧地接八方宾客。

《实用文体写作》就是在百年一遇中被实实在在"实用"了一次，不必追问它具体起了什么作用，不必苛求职工们学了听了实用文体课提高了什么素质，一门普通的文化课也在中国百年奥运梦实现过程中真真地幸运了一次，就足够风光了。

3 月 24 日上午，我到电大录像大楼，要求化妆和着正装，我悄悄跟化妆师说"自然是真"，只给淡淡抹几下，穿着自己的红灰格呢夹克，一试镜就通过了。试讲可没这么顺，我努力地假想面前有很多学生注意听讲，我也面带微笑地看着他们，像梦游似的，一个学时过去才完成规定内容的一半，第二次重录仍然如此，只好砍去预讲的部分内容和减少例文，第三次总算通过了。下午连录两节，中间有些小的停顿，直到晚六点才离开录像厅。我很沮丧地跟工作人员说自己的感觉，像是被绑在椅子上，没有黑板，不能板书，又不能站起来走动，没有学生，不能互动，身体和情绪都处在抵制状态，这场面让人觉得很窘，若自己是学生听这么沉闷的课会溜号或瞌睡的。可主持人和工作人员或是出于安慰或是出于经验比较，却认为"实用"文不是文学课，本身就是严肃面孔，相比有人一节课折腾整天，数不清重拍多少次，你的课录得太顺了。当晚回到家由于放松，把这一些天积下的疲劳释放出来，自己像被拍成肉泥般瘫下来。

一个星期后，电大告诉我北京电视台审阅通过了，5月9日上午10时在北京三台准时开播，这消息并没有使我如释重负，觉得这是完成的未完成，通过也是底线。

4

未完成的开始就摆在眼前。新的授课任务立刻找上门来。4月5日，电大文法部主任同我敲定为《实用文体写作》课程辅导教师培训班授课，要求一周内拿出三千字的讲授提纲，准备打印。我非常过敏地问了听课人数，确信是面对面的授课形式，瞬间就像人负重上山，突然放下担子，刮来迎面山风般清爽。心想，若还是面朝机器一定提出"造反"要求。

完成提纲很容易，这是骨架不可轻易增减，但不能用录像课的讲稿，对培训教师要有点广度和深度。不仅要求准确把握各种文体的工具形式，甚至是教条地记住写作格式；还要把脉不同文体可能出现的通病，提醒相近文体的混淆，如把讣告写成公告，把公告写成通告，把慰问信写成感谢信，把表彰信写成表扬信等，这些都得防患于未然。同时把基础写作中如何提炼材料、使用材料以及实用文体的文风和语言都做了特别的说明。最后特别强辅导员们要走出"欣赏"的误区，许多人用文学作品的"有趣"和实用文的"无趣"做对比，难怪有人说安娜·卡列尼娜外貌的高雅和心灵的火热合起来像一首美好的抒情诗，卡列宁外表的冷漠和内心的枯燥合起来好像一大段不太通顺的公文，但我们要追问，没有卡列宁这座冰山重压，安娜这团火能爆发和燃烧吗？严肃、规范、直接、简洁的实用文能起到文学作品起不到的作用。任何机关团体和企事业职工，可以一个月不读文学作品，但不听不看应用文是不可思议的。需要才是喜欢的前提，社会生活产生应用文是适应需要，所以得从感情上接受它。这就是要给培训班上课的思路。

毋庸置疑当教师的都有这种感觉，备课是练功于台下十几或几十小时，讲课是"表演"台上瞬间，备课是台下积的米仓，讲课是做熟了的一碗米饭。听课是学生咀嚼米饭，融进胃口多少看学生思考沉淀的能力；只有吸收到身体里，那才可能成为"文化"的血液元素。只记些知识，那是小贩"办货"，不能成为品格和素质。教师自觉地"化"知识元素为精神血液的程度，学生是很有判断力的，万不要以为自己有至高的名牌学历就很有文化了。

4月22日在北京工会大楼举行"首都职工素质教育授课开班仪式"，先是与会领导讲话，9点我开始上课。一气呵成讲到12点多，三个小时没有间歇，听课的人精力集中，不停地做笔录，有时还说"请老师再重复这句"。我几乎没有看讲义，手拿几张卡片，与听者常有眼神交流，零距离接触对话，有共识。下课时有人说"当学生很享受"，我心想没有你们，我不知有多拘谨和难堪，是你们的渴望解放了我的神经，学生釜底之火的温度决定教师讲课的情绪之火，我才能从备课的米仓里端出一碗煮了又煮的鲜汤请你们畅饮，该感谢的是学生。

教育从本质上说，是一种劳力密集型的，以手工操作为主，包含大量情感投资的工作程序。难点在于输送过程：不仅需要教师和学生共同参与双方交流，而且要求教师与学生双方在个人层次上产生一种情感的默契。

函授用电视电脑传授知识，就像卓别林电影《摩登时代》中的流水线作业，满腹经纶的教材在这过程中所起的作用，无异于那个在规定时间内必须拧完规定数量螺帽的工人。课程的"创造者"和消费者之间就不再产生任何直接关系，只能是剃头匠的担子——一头热。

第五章

协奏曲

一、追寻启蒙记忆

1

在大人眼里是件小事，但在孩子心里却是件大事，爱孩子的大人，从不把孩子的"大事"当小事，周老师就是这样的大人。

上周才加入少先队的小学生们集合在操场上，人人手里都拿着条红领巾。大队辅导员周钧老师走上台阶也拿条红领巾，她让大家展开，上百条红领巾在午后的太阳光下晃动，汇成一片红色的海洋。展开红领巾的目的，是说明红领巾的喻义，接着教大家如何系在胸前，然后她走在同学中检查是否系得标准，最后检查到我们四年级。我站在队列中间，像淹没在红色海洋中，不走近难发现。

集合前，同学们兴致勃勃到班长那取红领巾，我看着，羡慕着，沉默不语，取红领巾是先交钱，我没交。周老师教如何系红领巾时，我呆呆地站着，看着红领巾在同学胸前飘动，心里也乐滋滋的，但眼里却含着泪，泪珠滚下来我立刻抹掉，怕同学看见。周老师查到我跟前，轻声说"你没有红领巾"，她是问我还是自语，我分不清，反正我没有回答，离开我时她回头说，"散会后你等我"，心想没有红领巾难道要挨批评，看老师表情声音很平和，不像生气的样子，但我的泪水仍默默地流。

"我们新中国的儿童，我们新少年的先锋，团结起来继承着我们的父兄，不怕艰难不怕担子重……"首个队日，在比赛少先队队歌中结束。嘹亮的歌声感染着每个人，我边唱边体味歌词的意思，但泪珠还是止不住滴下，从没觉得自控力这么差。

周老师悄悄走到我跟前，拉着我的手说，"咱们去村供销社"，我想可能去买红领巾，拐过两幢房就到了，她停在布匹柜台前，手指捻着红布跟店员说，"扯一尺半红布"，这时我全明白，她买布给我做红领巾。

我没有看清她交多少钱，转身带我去张霞家，她家是这村有名的大户，人丁兴旺，家有缝纫机，周老师对女主人说：

"上周请你做红领巾，报的数不准，再补做一条"，看来裁缝很熟悉红领巾的裁剪尺码，拿尺量了量，一眨眼工夫就缉好边。周老师忙说剩下的布你用吧。我们刚走出那家大门口，周老师停下，把崭新的红领巾围到我肩上说，"看你会不会系好"，我想象着她教系结的动作，笨笨地系上了，她又正了正结，笑着说：

"别再难过了，看红领巾笑得脸都红了！"

我激动得说不出话，只是把右手举过头向她行个队礼，这是刚才集合时教的，说少先队员以后见着老师不再鞠躬了。她轻柔地拍着我的肩膀，那贴心的话语和温和的眼神很像我的姥姥，我真想扑到她怀里大哭一场，诉说刚才没有红领巾的委屈，可还是没敢那么放肆。

师生分手后，我抚摸着胸前的红领巾自言自语："我也有红领巾了！"像是对夕阳爷爷喊，也是在说给远方的姥姥，更是对眼下的大地母亲告慰。我快活得蹦蹦跳跳地走路，红领巾最细的那一角，也在晚风吹拂中起舞。

我早就知道红领巾是好孩子的标志。小学二年级，土改工作队到姥姥家宣传建立新国家，人民从此当家做主，其中一个穿黄军装的小八路军送我一本《红领巾》刊物，封面上的小男孩戴着红领巾可神气了。我做梦也没想到有一天自己也能戴上红领巾。上到四年级，学校突然宣布建立少先队组织，任命周钧老师当大队辅导员，周老师戴着鲜艳的红领巾上台讲话，我与真正红领巾近在咫尺。今天看同学们人人都戴红领巾，我羡慕极了，现在红领巾真真地戴在我胸前了。我知道这"红旗的一角是烈士的鲜血染红的"，少先队队歌告诉我"为了新中国的建设而奋斗"，内心深处这些严肃的认识，使我感到戴红领巾的人将来的责任和担当，一定要努力学习本领。

要到老姨家门口时，我解下红领巾折好放到书包里，不想让他们看见。我知道他们生活拮据，可不至于拿不出几角钱给我买红领巾，他们不肯拿钱多是因为愚昧无知；姥姥离我太远，解不了近渴；今天周老师代替了姥姥。

此后，我每天上学走出家门，戴上红领巾，放学回到家门前，摘下红领巾，上中学住宿，我就天天戴着。戴到红领巾三个角都褪色发白，边线也开绽了，它饱经风霜，辛辛苦苦鼓励我告别了少年时代，因它记录着周老师的善与爱，我珍惜地收藏起来了。

2

民歌里唱，"没妈的孩子是棵草"，可我却是姥姥"手心中的宝"，在她身边从没尝过挨冷受冻的滋味，大概也不知温暖的可贵。

离开姥姥的第一天冬天，怎么也没想到冬天穿不上棉袄。好在是初冬，可在飘雪花刮北风的日子里，人们也像三九天一样捂得严严实实的。老姨一直收不到姥姥寄的做棉衣的汇款，只好借钱到供销社先给我买件廉价的厚秋衣御寒；她个高体壮，我试着穿她的旧棉袄像道袍般肥大。其实姥姥早就把做冬衣的 30 元汇来，别说做一套，能做几套棉衣。只是姨父背地取了不肯拿出来，邻居家大爷告诉我亲眼见姨父在邮局取款。我知道后虽很生气，可不能告诉老姨，怕他们吵架，更不能告诉远方的姥姥，她着急上火不说，还会把我接回去，我舍不得这里的学校和老师。去年能让我离开姥姥的唯一理由，就是说这里的学校正规，老师好。果然比家乡的复式班好得我都不想家了，别说挨冻，就是挨打我也不会离开这里。反正冻急了，我就穿老姨的代大襟棉袄，到那时就顾不上谁笑话了。

一天放学，在校门洞里与周钧老师迎面相遇。从那条红领巾开始，就预示了师生间永恒的情谊，她像块磁铁，爱的磁场强烈地吸引我驻足。那日北风呼啸，我背着书包，两手抱在胸前缩着膀，其实是在收缩身体毛细孔，寒冷时人体的本能自卫。周老师拉着我的手走出暗黑门洞，站在校门旁关爱地说：

"你手好凉！"然后捏捏我的衣袖，"怪不得手凉，这不是棉衣呀！"我低头不语，这与半年前她看我没戴红领巾一样，不必问"为什么"，她明白那说不清的原因不是解决问题的关键。于是她很麻利地把自己的棉袄脱下来，披在我身上，我推托"不冷"也没用，她干脆拉着我一只胳膊，硬塞进棉袄袖里，往上提着衣领，穿上一半，又把我另一只手塞入衣袖，她还从袖口伸手拉出我的手。瞬间我的手感到暖融融的，像春风扑面，像火盆烤手，全身都热乎乎的，周老师体温通过棉袄传给我了，享受到母亲般的呵护和家的温馨。她不容分说把衣扣一一扣上，生怕棉袄中的热量散出去。之后她上下打量我说，"还真挺合身的，该早几天穿上"。其实还是有些肥大，她为了给我暖身，让我接受，不能不这么说。边说边拉我去她的临时租房，就在学校后边，在路上她跟我解释：

"你别担心，我还有棉袄呢，你去看看就放心啦。"我心里想的还没说出来，她就把我的嘴封上了。到了她的租房，先让我看墙上挂着的棉袄。我心想怎么能随便要老师的棉袄，再说小学生不该穿这么"赶时髦"的衣服，这服装店做的制服，翻领上袖收腰，前襟还有四个兜，款式洋气，没见村里人穿这么漂亮的衣服，所以我借屋里暖和往下脱棉袄，边脱边冲周老师说："天再冷我就穿老姨的大棉袄"，周老师坚定地表示，"我有两件，她可能只有一件"。周老师总能看透我的心思，又逼着我穿上，才放我走的。

回到家，老姨摸了摸，里面翻看这青制服棉袄似问非问，"周老师给你定做的"，这棉袄何止款式新，面料也崭新，大概周老师也刚穿几天。我敢说，即便周老师只有一件棉袄，她那慈母心肠也真会给我"定做的"，就像做红领巾一样。我没有解释，随他们说去吧。后来老姨用她的夏裤给我做了条棉裤，不再等姥姥寄钱了。这年冬天我不仅穿得暖，还与众不同的穿得时尚，感受到超越亲情的无比关爱。

我考入中学，姥姥千里迢迢到学校送的住宿行李中已备好冬衣，那件制服棉袄已磨出好几个洞，它陪我度过两个寒冬，再说我长个了，便把它塞在枕套里，天天伴我入梦乡。

周老师的租屋，离校前我常去"求援"，心想这是我"流浪的家"。记得学校组织星期六下午义务劳动上山砍柴，给住校高小生冬日取暖备用，我从家里拿把镰刀往外走时姨父看见了，他根本不听我说砍柴用，便以"小孩子怎么能拿刀"为借口给蛮横"缴械"

了。我只好去找周老师，她到邻居家借一把，我总算及时地参加了集体活动。一有义务劳动需要工具，我准给周老师找麻烦，她真成了"义务"家长。还有一次，姨父让我去"老虎沟"摘棉桃，我早知沟里"虎"没了，常有狼出没，不敢去，跑到周老师那，她借两把镰刀干脆陪我去了，晚秋棉株残朵没多少，是收秋后的收秋，只摘到一小筐就回来了。

师生的情谊就如扎进沃土里的树根，即便大树老朽了，可根还铁骨铮铮地存在沃土里。

<h2 style="text-align:center">3</h2>

"文革"过后，学校复课。万事又从头越，美好的过去重回眼前，从苦难历程走过来的，回忆美事是疗伤的天然良药，而感恩是人生高贵又廉价的补品，疗效最佳。

听说单位有人去锦州开会，我的神经特敏感，便恳求借机帮助寻找周老师。推算师生分开快三十年了，三十年里，只要我看见孩子胸前飘舞的红领巾，只要天冷我开始穿棉衣时，都会想起周老师，无数次在梦中见到她诉说深深的思念和感激，醒后心里暖暖的，期盼有一天能见到她，再向她致谢。推算周老师已近花甲，可能不在岗位上，但总不能无影无踪，于是决心碰运气，万一她改行在"服装厂"当会计一直没调动工作，熟人多就更容易找到了。于是我准备了盒长春特产人参鹿茸糖，里面加一张全家福，请赴锦开会的人带上。这人回来很随便地说礼盒送到了，周老师"挺好的"，你怎么问都不多说一个字，我怀疑找到了，可能人不在，有意不让我知道，这所谓"找到"和泥牛入海是一回事。

这次求人代寻，我给的信息来自 16 年前的记忆，我确信记忆无误。一次在师大校园偶遇位姓周的老大姐，听她说话有很浓重的辽西口音，我随口追问她果然是"虹螺县周家屯人"，我当时像航海家发现新大陆般惊喜，径直问"你认识周钧老师吗？""她是我本家的侄女"，因为"周家屯"这三个字早固化在我记忆中，这一问一答对我真是从石沉大海到石破天惊，老大姐告诉我周老师在锦州的工作单位，丈夫抗美援朝结束转业，他们有两个儿子，遗憾的是这姑侄之间从没有联系，上面的情况是听家里老人说的，这信息是十分宝贵的线索，我刻在脑海中，无数次幻想能去锦州出差。

弹指一挥间，又过去三十多年，我已退下讲台，开始翻人生的旧账，在书写"感恩录"时，自然首先追忆小学时的启蒙恩师，周钧老师虽没给我上过课，但她给了我课本没有的精神营养。如果说童少年时期，对周老师的善心的爱只是从心理上被感动，播下了火种；那么到了老年，回头重新认识她的人格光辉，对自己成长潜移默化的作用，确有无法估量的价值，所以从心底里产生敬意和怀念。理性的推动力，促使我非常想再见到这人生的启蒙老师，向她致谢。本想通过电视上《寻亲》节目去找，就这同时听说家属院里住着位从锦州退休来看儿子的杨师傅，我便托他借回老家机会寻找，他还真有老朋友在周老师单位退休了，但年龄差距三十来年，查来查去还是杳无踪影。

天无绝人之路，也许师生之情感动了上苍。去年中秋前，我退休了的学生英伟来访，闲聊中我得知英伟来京前，在渤海大学工作18年，我立刻兴奋地同她说寻找周老师的心愿，她轻松地说"太容易了，锦州很小"，我立即把几个条件告诉她，仍然是五十多年前从周老师姑姑那存储下来的老档案。她当即给锦州朋友小肖发过去。喜从天降，一周后竟找到了。周老师夫妇身份证和她丈夫的手机号都传过来了。我打过去电话是樊先生接的，他又大声转给周老师……

我决定去锦州拜谒恩师，英伟不放心，要奉陪到底，于是决定等英伟老年舞蹈队比赛后启程。

4

2017 年 10 月 28 日，恰逢农历九九重阳，登高不难，重逢也很容易了。这天早上我在日记上写下：

"六十四年杳无声，浩荡离愁盼相逢，重阳为我开天恩，终将促膝话别情。"

我享受着如儿童般呵护的"亲情"，即像高官一样身边跟着忠诚的卫士，心在歌唱，脚步也生风。登上北京到大连的 41 次复兴号列车，路上跟英伟叙说与周老师的缘分，她说自己也有同感，毕业后当老师，每往课堂走都想象您上误的神情，就是不知怎么同您联系，感谢北京同学聚会，让我找到了您。寻找是美丽的残酷，找到的滋味很甜很润。其实我很理解英伟的感受，我爱教师的职业在很大程度上也是因为教过我的老师人格魅力的吸引，我一生上课，心中常有偶像老师的影子，而且至今都没中断联系。

今日，我的学生当老师已退休，陪我去拜谒我的老师，三代教师相逢一堂，这将是一幅多么动情的画卷，真是天若有情天亦老，人间真情老还童了。

下午两点多，我们到了周老师寓所，她的先生在门外等候，89岁的老人腰直背直，仍有军人的尚武精神，我仍称他为"志愿军叔叔"。

漫长的 64 年岁月，师生都积下厚重的思念，相逢刹那竟爆发成无语的泪与笑。我久久地拥抱着那瘦弱精干的身躯及那其中至善的灵魂，扶着她跟跟跄跄从门口移到床边坐下，溢出心头的喜悦和笑容，又都化成泪花；四只手紧紧攥在一起，对视凝望，呜咽塞住喉咙，舌头没有语言功能，可心灵的清泉都在淙淙流淌。激动的"观众"都退到客厅，给了我们倾诉的空间。

一本分别的厚书，几天几夜也翻不完。我洗耳恭听，她喃喃细语，诉说半个多世纪的风雨，我贴着她耳朵，"大呼大叫"自己的人生经历。都有过挫折、困惑、烦恼和灾难，又都用坚持、奋斗迎来收获。虽然都白发苍苍，并没有因肌肤老朽而精神萎靡，尽管减速前行中蹒蹒跚跚，有时踟蹰不前，可还都在老去中享受"成长"的快乐，因为身体的衰老常使精神在沉淀中升华着，这是青年没有的特权。

我又一次受到生命的洗礼。在相逢诉说中才知道，师生当年相遇的日子，恰巧是周老师经受着巨大的精神磨难时，可她对我仍呵护备至；我不仅没有察觉，没有分担，还不断地给她找麻烦，使她分心，现在想起来真是万分惭愧。她婚后，丈夫在异地上学，不久参加了中国人民解放军，从东北南下，没有可能告别，杳如黄鹤不见影踪。直到1950年赴朝，才允许同家属见面，见面即告别，聚散匆匆。这之前七年和这次见面后五年，她都在杳无音信中眠思梦想，眼泪哭干了。真是黄鹤一去不复返，白云"十载"空悠悠。她说庆幸自己用泪水感动了苍天，丈夫终于1954年从朝鲜凯旋。

她的婚姻，经历了时代暴风雨的考验和长期离别而又杳无消息的煎熬，她的坚贞不渝可谓忠贯白日。有这样怀质抱真的人格，怎么可能不用至善至爱呵护面前的学生！人格是教育工作的一切，人格对童年少年的启蒙而非说教，只有行动。

她虽已是94岁的龟鹤遐龄，头脑仍清晰机敏，在回馈给我项链时，竟风趣地说："要戴上，女人得有女人样！"

依依惜别后，再没中断联系，相互惦念说的最多的是健康保重并期待"再见"！

二、花篮无价

1

钟老抱着花篮，高老提着月饼盒，老夫妇九点多就到金老家。寒暄后，高老说着烂熟于心的"台词"：

"伟伟在北京，让哈市弟弟把花篮和月饼送给金校长，他找不到您家，就送我这了。正好我们也想过来看看。"

金夫人说："都半个多世纪了，学生还想着老师，叫人心暖呀。记得两年前匆匆地来过一次。"

高老紧跟着补上一句：

"就是那次她没带礼物，执意要补的。"

"一会老金回来，让他亲自打电话致谢，您得告诉我电话号码。"高老答应回家就把电话号码传过来。

我放下高老电话，呆呆地望着红得灿烂的夕阳，沉浸在感动中，又很自怨自艾。电话铃声又传来了北国的乡音，金老的语调粗重沉稳清朗，还像五十多年前，在大礼堂讲演时一样有磁石般吸引力：

"非常高兴呀，收到你的礼物，谢谢！半个多世纪了，还记得老师，谢谢！"

"铭诸肺腑的事，是忘不了的。原谅学生的愚钝，这份感谢太迟了！"

我说这话时，内心很惭愧，因为这迟到的感谢还是两位年迈的老师替我办的。歉意和内疚缠结着，想说出真相，又咽了回去。硬着头皮往下说，当我又提起当年金老的"批示"和"信"时，他谦和地说：

"都是应该的，谁遇上都会那样处理的。"

我心想，人生不知有多少"应该"的事，就是因为遇上了"教条"，却变成了"不应该"，而我是幸运者。

"应该的，过去多年了，不要太在意！"金老还是重复着。

是呀，就是不"在意"，也难淡化这刻肌刻骨的事。人生过坎，有幸遇上救助的人，是不该也不能忘记的。

1959 年，在我高考前后困惑的日子里，遇上了大小坎。

因眼病严重，高三学年的课我一堂都没上。教务科按校规通知我不能参加毕业考，也意味着不能报考大学。我以极大的勇气给金石校长"上书"，表示"不因病掉队"，并发誓考上大学。果真得到了金校长"同意转到文科参加毕业考"的"批示"。考上大学后我"跳系"，企望学经济专业，因为参加毕业考是临时抱佛脚改到文科的，我仍觊觎学习与理科有关的专业。此时，我意外收到金校长的信，一校之长在百忙之中，竟给一个有特殊经历的考生写信表示祝贺和鼓励。金校长始料不及的是，他的这封信促使我从此安心读中文系，终生畅游在文学海洋中。

到我离开这所中学，还没有直面与金校长说过一句话，连我的"上书"，都是胆怯地求熟悉的老师传递给他的，他"批示"后也是转给我的。然而这位非常"严厉"和"严肃"的校长，心中却真正揣着学生们，竟能如此耐心地倾听学生"不想掉队"的诉求，竟能如此热情地关注和鼓励已经离校学生的未来成长。

这位教育家的胆识、气魄和风范，当年给我的感动，远不如我经历了人生的沧桑，再回味时产生的震动更大，认识更深。说实话，他那无声的行动，奠定了我最初的教育观，并在我终生执教中最后形成：学生是老师心中的"上帝"。

迟到的花篮，"颜"虽最美，可它与一个教育家对学生的终极关爱及学生成长中难忘的感念相比，只能是有"颜"而"无价"。

2

就是这年春节，我正在写"实现念书梦"这章草稿。金校长在助梦中作用非同一般；春节打贺年电话时，我信口开河地向高老释放了这种感激的情愫，还信誓旦旦地表示，借金老大寿送个大花篮，从北京网购就能送到，拜托高老帮助弄清金老生日和住址。

事后我才知道，按民俗金老在虚岁 90 时已办了寿宴，所以，同年的中秋和教师节巧隔一日，成了难得的弥补机遇。我还在懵懂中等着高老信息时，他们二老却悄悄地为我圆了这个梦。

高老说，若不是金夫人再三叮嘱传给她你的电话，这事我们就瞒到底了。还说在金家"编送花篮故事"时，心里直打鼓，怕说露馅了。

我想，爱的谎言使她有足够的底气，说得脸不红的；"故事"有再明显的破绽，因老友互信，也引不起丝毫怀疑。但我仍很心疼，"心里直打鼓"的感觉，对古稀之年的老人是多么不公平的"残酷"呀。我感受到只有慈母般爱的智慧，才能有这样彻骨的体恤、理解和分担，并把事情做得如此细心和周到。

　　我又得知，两位师长徒步去金家，更有点无地自容了，真难承受老师这样的辛劳。高老说早上公交车人多，怕大花篮挨挤，乘出租车，又担心委屈了花篮的顶部。他们像保护朝圣供品似的，虔诚地保护着花篮，钟老一直抱在怀里。再说从和兴路到哈医大宿舍，有五六里，高老说"跟平日中午绕圈走三千米差不多远，只当今天提前锻炼了。返回时轻松，更没舍得乘车"。

　　我早就知道，他们多年痴迷走步健身。两年前，我们师生集会聚餐后，去松花江看防洪纪念塔，他们二老提议，"就两站地，溜达吧"。老学生们只好遵命；当我们羡慕二老步履轻盈，腰板绷直时，钟老还拍着胸膛说，几年前政府发的医保本至今还一分钱没动过，"走步双赢，赢健康，还'赚钱'"。

　　可见，豁达的精神寓于健康体魄中，使他们能不辞劳苦，感到青春不是年华。

　　钟老当年教地理课，他那孜孜矻矻的教风和人格光辉，令同学们非常敬佩。他是用知识铸造学生的心灵，又用人格刻画学生成长的年轮，在我的执教生涯中，钟老永远都是榜样。

　　我就是在钟老的地理课上，最早神游中国和世界的。幻想有一天去新疆"围着火炉吃西瓜"，去海南爬树割椰果，去南极看企鹅，去北极观白熊。青少年的梦想极有利于开阔胸襟。记得当时能闭目绘出中国和世界几大洲的轮廓图，可见地理课上得多有吸引力，才引起学习兴趣的。高老虽未教过我，但我初次见到她，就像饥渴时遇到泉水般欢喜，像有多年亲交自然形成的师生关系而无拘无束。

　　从系着红领巾的少年，到白发苍苍的暮年，虽说我与钟高两位师长早已天南地北，但师生之情谊如潺潺细泉不枯，如缓缓溪流不断。每到节日，我都送去祝福和抱平安，也收到他们的惦记和思念。

只要我去哈市出差授课，都像游子归家一样，去拜谒二老，收获重逢的快乐。

记得有年教师节，当我要给他们打电话时已是晚上，怕"打扰"他们休息，便想第二天补。可翌日清早，钟老先打来电话：

"等了一天，你怎么没来电话呢，我们很担心。"

言外之意，"担心"我有什么不顺。虽然钟老边说边笑，可我仿佛从惯性的麻木中突然清醒似的，感到羞愧和自责。我意识到，师生之间多年来形成习惯的节日问候和报平安，绝不是走过场的礼节；这在他们暮年的岁月里尤显珍贵，就像年节盼游子归家看看似的不可缺失。其实，那个教师节晚上十一点多了，我仍守在电话旁，直到静静的夜里，传来了大洋彼岸学生的问候和报平安，我才踏实地躺下。所以，在那种特殊的日子里，所谓的"干扰"与忧心忡忡地等待相比，该是无足轻重的；宁愿"干扰"一次，也不要使他们经受挂心的煎熬。

金老哪里知道，花篮中还盛着他的两位耄耋之年的同事对学生贴心的关爱，并且是一生关爱的继续。同样，花篮的"颜值"，难以承受之重，只能有"颜"无价。

3

早上七点多，钟老和高老就走进了花店。老板娘得知要插个"大花篮"送给"师长"，那双细眼忽闪得变大，惊奇地自语：

"这师长定是百岁寿星了！"

"还得十年，我们是同事。花篮，是我们的学生要送给师长的。"

高老慢悠悠解释，就像走路拐了几道弯似的，但机灵的老板娘诧异之余又揣测道：

"你们的学生也不会小了!"

"六十年前教的中学生",钟老脱口而出的话,使卖花女轻轻地"啊"了一声,当钟老又随口补充,"不大,比我们还小十岁呢",卖花女又惊喜地"啊"了一声。

此刻,小屋中所有花朵那宝石般的眼睛,同它的主人一样,凝望着两位稀客,肃然起敬。

按高老的要求备料,卖花女嘴里重复着:底用康乃馨,中插玫瑰,上揉百合,象征"百年感念师长慈母情"。卖花女不时地感慨:"有品位和文化含量,花就更美了。"

同时她又似问非问地叨咕:

"学生一定是不方便自己来,才请老将出马的!"并且自嘲地说,"这老将怎么能上得了马背呀!"

"学生远在北京,很忙。我们为她完成心愿,不想让她分神,不想让她知道。"

高老语速很慢,用字吝啬,她的话就像输液管中的点滴,静静地"流入"卖花女体内。"不想让她分神"几个字,在卖花女大脑中产生了强烈的化学反应,并使她立刻迸出:

"80 多岁的老师,替 70 多岁的学生,给 90 岁师长送花篮。"她干脆暂停手中的活,有些激动,发出对老者的赞叹:

"这可不是听《夕阳红》歌,是真真看到了'红'得灿烂的'夕阳'人!多美的花也无法比。"

两位老者笑着回她:

"'评论家'呀,你过奖了,你看花都嫉妒得低头了!"

卖花女边忙碌边打电话,嘟囔自己手机不能拍照。二老再次催她结账时,她手在案台上抹来抹去,表情矜持,若有所思地请二老坐下，眼睛不时瞭望窗外，盼送柩机的家人来，终于停下手道出了心中的盘算：

"老师，我很感动，你们今天给我上了一课。这个花篮，就当是我感谢你们'上课'的谢礼，后天正好就是教师节了。"她双手合掌，像作揖似的捧着自己的"心"，虔诚地请二老收下这份谢礼。

钟老不容分说，从钱包中抽出三张百元钞票，排在案台上说："我算好了，收下吧！好意我们心领！多谢姑娘！"

高老把花篮很麻利地拥到先生怀里，弯腰提地上的月饼盒，趁卖花女转身往窗外瞧的瞬间，两三步挤出店门槛，并有意加快脚步。

卖花女迎着朝阳，望着二老背影喊：

"影还没合！一定再来！我会想念你们的。"

卖花女最懂鲜花"颜"之高雅清纯，也知其"值"随不同的使用意义不同。但今天她第一次懂得，用鲜花代表自己的真诚，向两位陌生老人致敬时，鲜花的真正"值"是无价的了。

三、没齿难忘

1

师为学生"解惑"，谁为师解惑？其中有师之师也。授课时学生自喻为"多余人"的提问，引起我的"困惑"，借外出招生之机，我去他乡拜谒名师。

　　回母校去访明目达聪的刁老，这位俄国文学教授当年给我们讲授奥涅金，那滔滔不绝神采飞扬的情景历历在目，我满怀期待聆听他"解惑"。他认为某些学生理解自己是奥涅金式的"多余人"，说明他有思考追求和烦恼，但教师切记不要轻易判断他们整体上是"多余人"。听刁老这么说，我在课上的迟疑窘态不能完全看成是"无能"了，理由是论题本身"丰富到复杂程度"，现实形势对深入开展论题可能有阻力，建议从研究作家普希金入手，打开俄罗斯文学宝库的"钥匙"之后再看别的"风景"。

　　同时我还去拜访师院中文系姜主任，他虽已解衣卸甲，还是宝刀不老，曾同他探究过陀斯托耶夫斯基的《罪与罚》，留下铭心刻骨的印象。这次跟他提起俄国文学中的"多余人"，虽很兴奋，但干脆不同意立项研究，理由与刁老相近。仍认为"气候"不适宜，写了难出版，因为文艺界"左"的东西没来得及清理，"多余人"会被误解为真的是"多余"的研究。

　　两位老先生见仁见智的想法，都不是谬悠之说，而且深谋远虑。可我的学生们"雄鸡报晓"地追问，莘莘学子那渴望的眼神，呼唤我为其"解惑"；老前辈的"解惑"使我进入新的"困惑"中，既犹豫又难止步。所以我只能就某本写"多余人"的作品进入个体探讨，零打碎敲地消化吸收，既没有断线，也没有快马加鞭，既没有宏观规划，又不停微观的咀嚼，可说是在新的"困惑"中缓步移动。

　　20 世纪 80 年代后期，被称为苏联"解体"前夕。解体后感伤地总结出：苏联这个"冰雪将军"当年能打败谁也打不败的纳粹，却在"雪化冰溶"年代被手无刀枪进攻的西方"分解"了。解体前夕，我正在莫斯科大学教书，莫斯科大学精英中又产生了 19 世纪俄罗斯文学中似曾相识的"多余人"，他们忧心忡忡地同我辩论，促使我对"多余人"论题引起了现实思考，来不及瞻前顾后，恨不得立刻上马。一言以蔽之，现实中的"多余人"促我去探讨文学中的"多余人"，无疑说明文学中"多余人"的生命价值不朽。

心系"多余人"，但回国后因调入新单位没有立刻进入整体研究状态。新单位没有中文系师生，也难逢探讨课题的知音。隔行如隔山，不可能深入探讨像"多余人"这么"精钻"的课题，国内研究此类内容的文章凤毛麟角，蹲到图书馆扫荡相关专业刊物和查阅资料，都不太费工夫。但查阅资料过程中不断受到启发，与读过的文学形象联系起来，竟感到俄罗斯的"多余人"绝不是孤立现象，追本溯源，它上下左右有盘根错节的神经，很多作品铁证如山的实际，如无限丰富的矿脉向四面辐射，我非常兴奋地意识到它的"世界性"，终于开始整体规划，便独自"躲进小楼"不问外面的"春秋"，就当自己是鲁滨逊漂上荒岛以奋斗求生存，全身心投入。

天遂人愿，1995 年我去烟台参加"中国'比较文学'教学教材国际研讨会"。虽说"文学"我也是同行，但"比较"对我来说是"外行"，想去开眼界，没有任何发言准备。但在大会主旨讨论中竟有了意外收获，那些逸士高人的宏论，令我豁然贯通的是，比较文学是一国和多国文学比较，"是一族或两族以上民族文学相互作用"的比较，使我茅塞顿开，可说非常明确地找到了研究"多余人"问题的"方法论"，即集合文学中同类典型，东西方交叉，各国交叉，寻找其间异同和相互影响作用。这会使我对"多余人"的探讨，能自觉地从"世界性现象"推入"比较"中，寻求其规律性。所以在小组讨论中我有个即兴发言，心想面对比较文学界的翘楚，这是难得的解惑智囊团，于是发言中我有意地求教于志士仁人。

会议召集者刘献彪先生正在这个组听讨论，我发言中他行于颜色，不时地插话，认为我的研究"已不自觉地进入比较中"，而且"多余人"的"世界性"是个首创提法，也有同行随着说"这题目属于未来世界，太超前了"。会后刘先生又同我交谈他对"多余人"的感受，开玩笑地说自己是个"老多余人"，看来这是位有蹇谔之风的熊罴之士。当我很严肃地说到课题可能不被认可时，他认为那是"外行近视眼"，研究就是要开拓新领域，还幽默地说，你要是听那些说三道四的，影响课题研究，也就真成了"多余的人"了。会议结束时他特别建议我，尽快提供这本书的提纲目录，学会专家们商定在下期《比较文学教学通讯》上刊出。

比较文学，百年前的中国就有，这次开会是大声疾呼它的重生，为此刘先生被誉为"中国比较文学的守望者"。没料到这次会上萍水相逢，他对"多余人"问题看法与我一拍即合，不仅在当年的《比较文学教学通讯》上刊出书的目录，之后几次写信鼓励，所以书稿主体完成，我及时地给他寄了复印件，请这第一位专家级读者批评指教。最后他还欣然为这个丑小鸭做序，洋洋洒洒写了几千字，从比较文学的视角，指出《"多余人"论纲》这本书的特点和新的判断，以及"多余人"形象的美学价值和研究的学术意义。他不仅为"多余人"课题的确立和撰写倾注了最多心血，还为小书的问世鸣锣开道搭建平台，这良师益友般的提携和奖掖，令人刻骨铭心没齿难泯。

2

"多余人"课题撰写过程风波不断。院学术委员会召开科研立项会议，我填了科研立项申请表。

立项的形式，实际是认可研究项目的学术价值，并从组织角度予以鼓励支持。我深知在缺乏学术氛围的环境中，探究"多余人"

问题立项的难度之大。正像有人所说，听"多余人"这三个字就是"废物"，谁研究"废物"，甚至不客气地说我是"天外来客，不识人间烟火"，这真是秀才遇到兵，或者是对驴弹琴了。我非常清楚，这课题面对的不是中文系学术委员，更不是去年烟台比较文学会议的学术权威，要说明立项的价值意义拐几道弯也难得到认同，而且我相信眼前的学术委员们，从自我认知的实际出发，决不会掺杂个人恩怨。但是，"多余人"题目本身没有诱人的"英雄"美的光环，也倒有点"坏蛋臭"的野味，怎么能使文学外的学术委员通过我的几分钟的介绍，就能认识既模糊又极丰富的人性，在追求中沉沦，又在挣扎中毁灭或再生的艺术价值。再说在百废待举初期，拿出外行人乍听就很"古怪"的课题，对那种只要结果，排斥过程曲折的简单哲学占据头脑人，更是难以接受的。

所以，相比之下，与研究"霸权政治""新合同法""储蓄福利""教学评估""青年抗诱惑"及"中华腾飞"等这些具有极强的政治性、现实性和实用性的课题，"多余人"显得太精神太虚幻的"多余"，不出所料科研立项没有通过。

科研立项会议后，我遇到新调来不久的张副院长，他主管教学，又是院学术委员会主任。在他来之前，还没听有什么科研立项之说。我只知他是从北大调来的，学数学和经济的留美双学位研究生，年轻精明强干，首次见面会演说就大谈教师科研与教学关系。可我当时戏言，此人为中国数字经济腾飞做好准备，来搞教育有点可惜了，不久真调到科技部任职了，看来确实是个难得人才。

有趣的是，张副院长主动同我聊起科研立项，我想他顶多也就从领导身份说明立项没通过的原因，相反他开门见山对我大谈对"多余人"的兴趣。他没有说文学作品中的"多余人"，只是兴致勃勃地议论中国古典文学中"竹林七贤"作家群。七个诗人因游竹林得名，出现于公元二世纪魏晋时期。张副院长果断地认为这"七贤"是"多余人"，我想他的首创性结论，是只有真正懂"多余人"含意的人，才可能提出来的判断。接着他说"七贤"中的阮籍和嵇康虽因现实黑暗恐怖消极遁世，但不与现实同流合污，并把自己的不满和苦闷愤慨写入诗歌中，道出士大夫普遍的心境。不甘颓废又找不到出路，便向往神仙世界，又逍遥于竹林，这是正直的知识分子，对污浊官宦虚伪世俗的蔑视和挑战。

我当时很吃惊，张副院长的这番话绝不是"官僚"的高谈宏论，竟有穷理细密的分析功夫；他理解了文学中"多余人"的积极和消极的、表象的和实质的最基本的特点。当时我的感觉是，与一个聪明绝顶，见多识广，尤其是勇敢无畏的人促膝谈心，尽管有些看法并不一致，但也乐于延长谈话时间。同时我也又一次悟出，关于"多余人"科研立项不能通过的艰难，有这样高明的理解"多余人"的学术委员会主任主持会议，他不可能不表态，而对领导一向"服从"的委员们竟没有买账，可见当时通过的阻力之大，最后他一再鼓励我继续研究。

无疑这样的谈话是充电，可谓知己之遇，我也告诉他专家们对这个论题价值的认可；拓展论题本身不管难度多大，开弓没有回头箭，现在想停都停不下来了。

这期间我始终与有识之士保持着联系。研究普希金的中国学者，获俄罗斯文化奖的陈训明先生，正在莫斯科访学，他及时地传回那里"多余人"研究的最新资料。与东师大的一位哲学博士胡海波的电话长聊至今印象很深，他认为世界是多样的，各种人都在变化中，承认自己"多余"时是"不多余"的开始；从不承认自己"多余"过的人，可能一辈子就只能是无用的庸人，成了真正的"多余"。研究东方文学的陶先生一向高节迈俗，他认为"多余人"这类文学典型，在大批判中早已被"遗弃"，"多余人"本身精神丰富复杂的程度，不仅使他们自己成为"智慧的痛苦"，也使头脑简单的人成为"无知的痛苦"，所以处在误读中，劝我"立项"，虽无天时地利，坚持就是胜利，果真学院也很快递补了这个研究项目。

3

撰写书稿中，就考虑请中国比较文学专家刘先生做序，他清楚这本书孕育过程中的风波，果然序写得很有针对性。但我仍很担忧书出版后的境遇，即"多余人"命蹇时乖，所以几次幻想，能请位高山仰止的重量级人物给"多余人"以公平的正名，但始终没有锁钥到明确目标。

最终文化泰斗季羡林先生能给小书写序，虽梦想不到，却成为梦的现实。

机不要失。一大早路遇同事刘博士，他急匆匆地说受自己在外地博导的嘱托，去北大看望季羡林先生，他是自己博导的老朋友。我听刘博士边走边说中，竟忽发其想，"胆大妄为"地说了给书写序的想法，他早知我在做"多余人"课题，这一说竟心灵相通，他随口回"老先生平易近人，对普通人从不怠慢，今去我跟他说说"。下午刘博士电话告之，"写序，季老答应了！""找时间细谈"，太运气了！得来全不费功夫。

细想，这也是偶然中的必然。如果之前，我没有幻想并不时强化过再找名人写序的愿望，如果不是因为备课，读过季老翻译的《五卷书》《罗摩衍那》和《沙恭达罗》，并由此读了他清新俊逸的散文集《天竺心影》，由衷地产生敬意；如果不是三年前去北大开外国文学年会，亲见大家风貌并聆听他关于翻译问题的演讲，即便是灵机一动瞬间，也难产生那么具体的奢望，即便刘博士这座"桥"就在眼前，我也难有勇气请他"牵线"。

于是我抓紧准备材料，书的目录、样稿和个人简历都齐备，只是写个选题初衷和全书内容概括，尽量使老先生一目了然。事先没有同季先生打招呼，早六点多我与刘博士就到了季老寓所。北大院内家属区静悄悄的，光秃的树枝上有喜鹊跳上跳下，偶见晨练老人，春天姗姗来迟，可我们来去匆匆。保姆说季爷爷每天早五点进书房，敲门也听不见，早餐时才能出来，我们只好在先生的卧室耐心地等。

他家没有客厅，老式房子，只好卧室兼客厅，在阴面，十多平方米，一张单人床前是两屉桌，桌后面的书架上放着书，没有沙发，这几件木制品陈旧磨损得像老乞丐，但有满屋的书香味。保姆说两个阳面大房里全是书，别处还借个装书的屋子。看来书是这个家的主角，占据最好最大的位置。

七点刚过，大白猫出现在走廊，保姆说爷爷过来了，说大白猫与爷爷是形影不离的朋友，我们迎面寒暄几句跟进卧室。

季老边翻材料边问，我随着回答，看出他对"多余人"并不陌生，对俄罗斯民族和文化情有独钟，说"读完俄国小说，再读别国的淡而无味，没有沉郁浑厚感觉"，并风趣地说，"俄罗斯能喝酒也能唱出伏尔加纤夫曲，我们也有纤夫就是唱不出来"。对鲁迅的"孤独者"魏连殳，能说出他哭和不哭的细节……我和刘博士不时地看手表，怕到8点说不完，秘书来了下逐客令。我们告诉他出版社三校已完成，要排页码，不知您写的序如何留空白页，他很果断地说"两页"。最终敲定一周后来取序。保姆几次看着表提示我们"爷爷还没吃早餐"，言外之意是秘书快来上班了。几个月后书出版，我给季老送书是晚六点，以为秘书下班了，说季老在接待客人，最后等到 8 点，秘书出来提回口袋，硬是没有让见面，每回忆这情景心里都酸酸的。

回来路上，我和刘博士都很感慨，一是老先生生活简朴，身着蓝卡几布中山服褪色发白，领边磨损绽线，几年前见他在大会上发言就穿这件上衣。二是很有亲和力，第一次见面就像久违的老朋友，说话随和，没一点大人物的架子。三是太勤奋了。87 岁老人，每天 5 点准时起来看书写字。保姆说爷爷每天上三个班，早班和上下午班，从没休过星期日和节假日，习以成性。相比之下我们倒成了"逍遥派"。可想而知，他年轻时是如何拼搏，日日比别人学习时间长，一生积累加上聪明，怎么能不成为大学者，别人学富五车才高八斗，他在加倍翻几番，才贯东西，通古精今，文史兼备，可谓学究天人。

一周后，拿到了季老手写体序的复印件。我原以他只写几句肯定鼓励的话，或者干脆提大字，没想到洋洋洒洒写了近千字。文中谦逊地说"只能写几句近乎离题与切题之间的话以酬厚意"。赞佩此书对"多余人"探讨"是筚路蓝缕，以启山林"的先行。肯定各国各时期都有"多余人"，特别强调"中国这样的社会主义国家中的'多余人'更值得探讨""其中既有学术价值，又有不可忽视的现实意义"。

出版社很熟悉季老手写字体，收到时说，"这本书真幸运"。的确，这序是香花，必吸引蜂蝶；这序是鹊桥，能让读者看那边风景；这序是灯塔，引你往前继续航行，向无限广阔的星空。

这序，是另一种"解惑"，它不仅解了读者对"多余人"之惑，我也由此难忘季老人生序后面的长诗。

文学发展不仅能使民族文化基因潜能释放着光辉，也一定预报灿烂未来的早春，那预报中不能没有"多余人"的闪光。

附录 特约发表的教学研究文章选录

一、思想教育随笔三则

看外国文学这"洋"货的思想教育作用，使人终重见了"庐山"的妙处。

几年来，通过讲授外国文学的教学实践，（中文系76、78、79、80级本科生，64、65、78、79级函授生，图书馆学系78、80级学生）我深感到寓思想教育于外国文学教学之中，是完成该学科教学任务的一部分。人们珍重科学的新时期，为专业课教师，通过学科本身对学生进行思想教育，创造了有利的条件，所以，专业课教师的思想教育，应是在最佳完成教学任务的基础上进行，才可能收到良好的效果。专业课教师是用一个学科知识的总和去武装学生的头脑，而思想教育也只能渗透在系统地阐明该学科知识的全过程或某一个方面。如果学生对该学科有较浓的兴趣，这种思想教育不但有权威性，还有说服力和感召力。

这任务光荣艰巨，由于力不从心，也常吃败仗。下面谈点粗浅体会。

（一） 这笑声是警钟

庄严的课堂，是教师以知识为武器，开发学生智力和塑造学生灵魂的圣地，坐在课堂里的学生的一动、一静、一叹一笑都像哑语一样，包含着极具体的内容。尽管这是课堂上的"细节"，但有的也让人终生难忘。

1979 年下半年，我给将要毕业的 76 届学员讲授《钢铁是怎样炼成的》，分析完保尔·柯察金形象时，我说了下面这句话："同学们正在接受祖国的挑选，保尔自觉献身革命的一生，一定会鼓舞你们到祖国最需要、最艰苦和最边远的地方去。"我的话音一落，课堂里发出一阵笑声……

这就是我凭着良好的愿望，最优的教材和有利的时机，进行思想教育时"收获"来的"笑声"。我苦苦地思索，寻找这笑声的答案，回想着课下同学们坦率的话语："我们离保尔太远了"，"我从来还没想过到最苦的地方去"……看得出学生们钦佩保尔，"嘲笑"自己同保尔之间的差距太大了；但他们又不准备真心实意地向保尔学习。是什么原因阻碍他们接受向保尔学习教育呢？

排除当时在大学生分配上不正之风的污染，排除学生头脑里的一些极复杂的个人因素，剩下的就是教员的责任了。我的责任是什么呢？

其一，我反复检查自己的教案，觉得对保尔这一形象的分析一般化，特别是对保尔瘫痪失明后的分析还很不深入。

其二，我对自己的教育对象知之甚少，特别是对毕业分配这件大事更无知。在这种情况下，只能是一般化地联系实际，这就使思想教育流于形式，特别是学生在毕业分配上所想的同教员在联系实际时所希望的之间差距之大，更使学生感到这种联系实际好像风马牛不相及似的好笑。

其三，我直接、简单地重复着18年前我的老师教育我们那一代人的——早已用烂了的套话，以至落进了言之无物的窠臼，使学生敏锐地同空洞的政治口号和做法联系起来，因而感到好笑。

在上面的意义上，可以说学生在客观上也"嘲笑"了教者。我在内疚之中，深感到自己责任的重大。

这笑声给我最大的启发是，只有从实际出发，寓思想教育于课程内容之中，才可能收到好的效果。

从此，这笑声成了催我前进的警钟，这笑声也会引起一切教育者的注意和思考。

（二）寻找他们心灵的燃烧点

到学生中去！走走、看看、听听、谈谈，知道他们所爱、所恨，了解他们的喜悦、忧虑、追求和憧憬。同学生交谈，不用印刷体的语言，忌讳教训的口吻，敞开心灵的大门，就听到了他们心底里的话，甚至是"三线"的秘密。

在观察、学习和思考中，我对眼前的大学生有了新的理解。所谓"新"就是纠正了我对他们的一些误解；所谓"误解"就是我常用五六十年代青年同他们相比产生了一些偏见。

七十年代末八十年代初的大学生，确实具有五六十年代青年的基本特点，而且某些优点还很鲜明，当然某些弱点也很突出。

值得注意的是，这批大学生的青少年时期都经历过特殊的历史条件和社会环境造成的奇异心理和特征，进入历史新时期，使青年人特有的优点和弱点，都以一种新的形式和新的内容表现出来的。在严肃的"长辈们"的眼里，他们身上的那些表现竟成了人们去认识他们本质的障碍。

酷爱社会主义祖国，是他们心灵中最重要的燃烧点。他们万分关注中华民族的前途和命运，渴望祖国振兴。当他们还没有完全建立起对祖国未来的信心时，表现得忧心忡忡！怎么能说这"忧国"不是爱国呢？他们对祖国的爱深沉、内向；在"扣球精神万岁"中，他们那无法抑制的喜悦和民族自豪感，好像火山爆发的岩浆那样溢了出来，有谁能不被他们那股滚烫的爱国热浪感染！！

他们的独立思考能力，是花了巨额的学费换来的。独立思考是创造的母机，是破除迷信追求真理的能源。他们对什么都要自己鉴别一下，不肯轻易相信什么，甚至还能提出质疑，思想十分活跃。难怪有人称他们为"思考的一代"。

对于他们勤思考、少盲从这一特点，既要百倍珍惜，更要严格地引导。引导他们善于用马克思主义观点和方法在具体分析中得出科学的结论。不要一切都以发问开始，而一切又都以否定告终。引导他们把独立思考的精神转化为学习和工作的能动性。否则，他们的这一特点会引出极坏的结果。

他们有较强烈的求知欲望。很多人是怀着夺回蹉跎岁月，补文化课的空白的情绪，逐渐转到为四化而发奋的大目标上来了。但过去养成的"猴子屁股坐不下"的习性和一时难以补上的文化课空白造成知识结构上的缺陷，使许多人缺乏学习的持久性的科学的学风。

他们对物质和文化生活有较高的要求。他们对人生、友谊、爱情，对民主、自由、解放和纪律，对批评和自我批评等一系列思想问题和道德修养问题，都有不同程度的所谓反传统的糊涂看法。这些影响了他们对教育对象要求的真正理解。

寻找到了他们的某些特点，只是找到了一把锁。用什么钥匙去开？教员能尽什么样的责任？

（三）用知识的火种去点燃他们的心灵

普罗米修斯取天火给人类，教员也像普罗米修斯一样用科学知识的火种去点燃学生的心灵。让学生的心像丹柯（高尔基短篇小说《伊则吉尔老婆子》中集体主义英雄）的心一样，熊熊燃烧，奉献给祖国、人民和党。

下面辑录课堂教学中的几个片段，试谈寓思想教育于教学内容之中。

1. "自杀是一种软弱的表现"

人有生，就有死。人有各种各样的死，"自杀"是其中一种。虽是少见的一种，却能引起颇多的人议论。一个人为什么而生和为什么而死常是密不可分的，所以怎样对待死也是人生观的一部分。为大众而死，重于泰山，为个人而死，轻如鸿毛。过去常说"某某人轻生"，气愤之中还流露出几分哀怜之感。究竟应该怎样看待这个问题？

讲《安娜·卡列尼娜》时，我分析完安娜不幸的一生和卧轨自杀的悲剧结局的重大社会意义后，说了下面这段话；

"作为贵妇人的安娜，她追求的是个人的爱情生活。从追求到绝望，又在绝望中追求的最后摆脱是自杀。安娜的绝望是在同自己所追求的对象的关系中最后屈服的表现，是一咱软弱的表现。自杀是软弱的个人对社会的弊端所做的牺牲，用自杀进行斗争是陷入了高尚的目的和无为的手段的矛盾，所以它是人生矛盾的错误解决。"

242

　　我讲这段话的直接目的，是让学生认识安娜在以自身的牺牲对诡谲的贵族社会和庸俗的资产阶级提出强烈抗议时，向生存于其中的千万妇女和不可胜数的后来者提出警告时，表现出她的阶级局限性。但为进一步启发学生的思考，澄清学生头脑中对"自杀"这一现象的糊涂观念，我又有目的地指出"真的猛士，敢于直面惨淡的人生，敢于正视淋漓的鲜血"，不管在追求和奋斗中遇到多大的困难和挫折，也不会轻易选择这种死。保尔全身瘫痪和双目失明时，刹那间有过"自杀"的念头，可他立刻狠狠咒骂自己，并用战斗冲破了生活的铁环，跑到第一线上去了。课后同学们说："这堂课一箭双雕"，"既明白了资产阶级个人反抗的局限，还澄清了我们头脑里的糊涂认识"。

　　2. "你们不是'迷惘的一代'"

　　我们知道，对于受过多年马列主义教育，久经斗争考验的老一辈，要打破假马克思主义的精神枷锁，仍要经过曲折的过程。那么，对于阅历较浅的年轻人，当他们心中的信仰崩溃之后，怎么能不迷离恍惚，不彷徨，不怀疑呢？对于这一短暂的历史现象，有人轻易断言"这是迷惘的一代"。不管是"好心"的保护还是武断的批评，都没有从实际出发，不利于对青年的教育。

　　讲美国现代文学时，涉及"迷惘的一代"的概念。学生对这一名词十分敏感。我简要地说明了"迷惘一代"的产生和特点：第一次世界大战爆发时，美国"迷惘一代"的作家只有二十岁左右，他们在威尔逊政府的"拯救世界民主"的口号蛊惑下，奔赴欧洲战场。他们目睹了战争的残酷，经历了种种苦难，留下了无法医治的创伤。这批理想幻灭又才气横溢的年轻人，反战情绪特别强烈，但只是止于厌恶、逃避和诅咒。所以，他们只写二十年代青年的幻灭感。在这种思潮的影响下，这一代人爱听使人感官振奋的爵士音乐，爱看

　　　　　　　　　　　　|243

新颖的小说，以此掩盖内心的痛苦。他们反叛老一代的说教，蔑视旧式的戒规，认为这是"革命"，至少也是一种"解放"……

我讲这段话时，课堂里格外的静，看得出听者都进入了思考和判断之中。就在这时，我加重语气，非常严肃地说："这才是真正的'迷惘的一代'"。实际上，我的心底里正在呼喊"你们不是迷惘一代"。为了把学生的思考和判断引向正确的轨道，我又进一步指出"迷惘一代"的结局："迷惘一代"的徬徨和苦闷有对帝国主义战争的反叛精神，说明他们还没有蜕变到麻木和僵化的地步，但这不是觉醒。"迷惘的一代"同第二次世界大战后在美国出现的"垮掉的一代"，在英国出现的"愤怒的青年"一样，因为处在帝国主义制度下，帝国主义本性决定他们永远也不会否定自己进行的肮脏战争，更不可能为"迷惘"的青年指出摆脱这种处境的道路，所以，他们沉沦下去了。但是德国的"沉默的一代"（主要是东德）很快拿起笔来，投入了战斗的行列。课后有的同学说："看来我们不是'迷惘的一代'，不过我们也得振作起来！"

3. "无产阶级文学有自己光荣的历史和战斗的传统"

恢复高考入校的几期中文系学生，都迎头赶上了文艺界拨乱反正的斗争。清除"三突出"的恶劣影响，摆脱神化人物和拔高人物的陈腐陋习，把人物从"高、大、全"的佛龛上拉下来，恢复其本来的面貌，这不仅需要基本理论，也需要基本的史实。所以他们急需要与被切断了的中国文学传统接上头，也急需要与世界文学见面，特别是了解国际无产阶级文学。

在讲授外国文学的无产阶级文学部分时，我向学生阐明了无产阶级文学的光荣历史和战斗的传统。首先指出无产阶级文学是在无产阶级革命运动中产生和发展的。无产阶级文学已有一百多年的历史。19世纪的英国宪章派文学、德国的革命诗歌和法国的巴黎公社文学、20 世纪前半叶的苏联文学，是无产阶级文学历史的三个主要阶段。然后在介绍 20 年代苏联文学时，先分别讲授《恰巴耶夫》《铁流》和《毁灭》，在此基础上总结它们的共同特点。不仅总结它们写了些什么，最重要的是总结它们是怎样写的。它们都描绘了国内战争，但写的是"血的战斗"和"火的熔炉"。它们都描写了这浴血奋战中诞生的"新人"，但这新人是"铁的人物"和"纯钢的集体"。作家没有把革命胜利写得那么轻松，也没有把英雄人物写得那么完美。他们都把艺术的真实放到首位。最后我指出，作家这样描写历史和人物，是突破了 20 年代苏联文坛上描写正面人物的框框，即"手持明晃晃大刀"的战将，"身穿皮夹克"的共产党员，跨出了新的一步。所以他们描写的英雄人物同我们文艺园地中出现过的"样板化英雄""标准化书记"和"顶天立地"的群众比起来，真是生机勃勃、光彩照人，有无限的生命力。同学们感到，这样讲，既了解了无产阶级文学的历史和现实主义文学的传统，还为他们找到了战斗的武器。

4. "生命的价值在于贡献"

《钢铁是怎样炼成的》是一部难得的生活教科书。保尔柯察金的生命就像"镭似的从自身上放出无穷无尽的能量"。他的事迹早已超越了时代和国境，成为各国进步青年效仿的楷模。

用保尔的事迹去感染学生，关键是分析好保尔的形象。我重新阅读原著，反复深入地琢磨保尔一生，最后决定在分析保尔这一形象时，把重心放在保尔伟大的生活目的和为这一目的而战斗的一生上。我先强调保尔的忘我精神贯穿生命的始终。他心里只有党、祖国、同志和工作。他"不是一小时的英雄"，他把全部精力极端慷慨地献给了共产主义事业。接着我指出保尔在承受最大的打击时，选择了对他来说最难的工作——写作。一个只念过三年书 24 岁瘫痪青年，还被失明威胁着时，毅然决然地选择了以笔杆为武器的战斗道路。最后我特别强调保尔瘫痪失明后表现出的非凡的毅力和坚韧的战斗精神，即钢铁般的性格。对于一个健康的人，充满青春活力的人，坚强是比较容易做到的事情。然而，战胜瘫痪失明痛苦而成为作家的人，却是罕见的。对于一个负了重伤的战士，只要他能忍受病痛的折磨就会使人钦佩不已了，可保尔不仅忍受病痛活下来，还对人民做出巨大的贡献。他双目失明，比明眼人看共产主义的目标更清楚，他全身瘫痪，可比体魄健全的人在革命征途上跑得更快。他没有因失明失去生活的目标，也没有因身体残废降低生命的价值。在他看来，生命的价值在于贡献，只有健康的体魄那不是生命；青春的意义在于创造，只有年轻的容颜那不是青春。所以，我们把保尔的身躯放在生命的天平上，会使所有的苟活者失去重量。

从学生那激动的面孔上，我看得出学生受到了鼓舞，同学们说"这真是一堂人生课"。

外国文学这座巨大巍峨的艺术宫殿，保存着人类社会上下古今五千年，东西南北七大洲的艺术宝藏。重要的是，我们要引导学生用正确的观点和方法，使学生在应有的历史、哲学和文化知识的修养，及对一个国家、民族、地方或阶层的风土人情的了解中，汰其芜取其精，批判中继承。

以上零乱的感想，只供做教学研究中的"内参"。

（原载于东北师范大学《教学经验选编》1983 年）

二、小议教学中的求实精神

以求实精神教书育人即便是老教师，也总是讲"新"课。那么，我在给思想教育专业二学位班第一次讲授世界文学课时，是如何以求实精神修正和改进教学，使"旧"课也有些新意的呢？

一、"求'学生基础知识之"实"，修正自己的"超前"教学设想，增加外国文学基础知识的讲授容量，弥补学生知识结构上的不足。

我在教学大纲中规定："由于课时限制，并兼之授课对象的特点（指有一定研究能力），教学中对基础史料不作铺叙，力求突出作家创作的个性和独特的贡献。"但与学生实际接触后，我感到他们对世界文学名著阅读量很小，于是我好奇地进行了一次调查，使用的题目是五个填空，即写出《王子复仇记》《高老头》《安娜·卡列尼娜》的作者，还有泰戈尔是哪国诗人和高尔基的代表作。

我们知道，任何一个受过完备教育的人，都应知道莎士比亚、巴尔扎克、托尔斯泰、泰戈尔和高尔基所属国家及代表作。然而调查的结果不理想，这提醒我进一步去"求"学生对外国古典名著阅读情况之"实"，个别学生竟说外国小说看不懂，无疑这反映了他们中小学时代知识结构上的缺陷。

在这种情况下，直接讲授带有专题性的课程内容，或者是接触本学科的前沿阵地，就带有很大的盲目性。

为此，我重新调整了教学安排，增加概况课的教学时数，把世界文学的基础知识教学列为重点内容之一。这样，不仅要从宏观上粗略地拉清世界文学史的发展脉络，还要进一步突出每条脉络上有影响作家的作品。特别注重同一历史时期东西方文学的比较，使学生提高鉴别轻重的能力。让学生记住史实并不难，而分辨其史实的轻重却很难。

只靠增加课时、增加基础知识量还不够，我还尽量采用高效率的表达方式，即使复杂的内容，用简洁的方法，高度浓缩，给学生"战备饼干"，不给棉花糖，同时还要以快速的语言节奏铺叙和点评，提高单位时间内的知识传授量。所以，在这种类型的课堂上，几乎取消了影视中的慢镜头。学生感到自己处在百米跑道上拼追，一点不能溜号。提高学习的功率，在这个意义上，时间就是知识。以上做法为后边重点分析作品垫下了一定的基础。

二、"求"学生专业特点之"实"，重新调整了某些讲授内容，使课堂讲授与学生专业联系起来引起了浓厚的学习兴趣。

学生们认为，未来的青年思想工作专家和理论工作者，对自己民族和人类文化精髓知之甚少，是个缺憾，是知识不完备的表现。而世界文学这部形象化的引人入胜的思想史、政治史、经济史、文化文明风俗史，是帮助学生理解抽象理论的极好工具和助手，那些跨越时空举世公认的优秀作品，还会以极大的权威性帮助人们阐明道理，评论是非。

学生的这种"致用"观点，敦促我做了如下调查，即马列原著中运用世界名著中的人物、事件和场面来阐明问题的实际情况。马恩全集 50 卷中，引用了古代到 19 世纪中期的文学中 50 多位作家的 100 多部作品的 700 余条典故，几乎涉及 19 世纪中期以前所有的名著。仅希伯莱文学和希腊神话，就分别引用 100 多条。莎士比亚的 37 部戏剧竟引用了 180 多条，一个哈姆雷特形象引用过 10 多次，一个福斯塔夫形象引用39次。

基于以上调查，在讲授莎剧时，除了把《哈姆雷特》作重点分析，还要强调这一形象的运用价值。同时对《亨利四世》中福斯塔夫形象做了特别的说明，了解这个吹牛撒谎的懦夫和贪吃酗酒的饭桶，不仅有利于读懂马恩原著，而且有利于培养学生运用宝贵文化遗产的学风。

像以上那种实用性的结合，尽可能贯穿于各部分教学内容中，虽然不能每条都讲，也要进行示范性讲授，引发学生学习优秀文化遗产的热情，培养他们举一反三的运用能力。

三、"求"学生思想认识之"实"，引导他们了解世界文学中描写青年的作品，达到一箭双雕的目的。一"雕"是从新角度加深理解世界文学的精华，一"雕"是把育人思想渗透在系统地阐明学科知识之中。

在结束世界文学的纵线讲授后，我又拉出了一条横线，解剖一个时期的文学史的断面。我有意地选择了资产阶级文学黄金时代的19世纪，因为这是后人最感兴趣，特别是青年容易在偏爱中难以"汰其芜"的部分。我以青年系列形象为题目，把19世纪文学中的青年群体形象分为六种：①奉献者（拉赫美托夫、牛虻等）；②新女性（简爱、安娜、娜拉等）；③被污辱被损害的（玛丝洛娃、玛格丽特、娜拉塔亚等）；④"多余人"（奥涅金、拜仑式"英雄"等）⑤个人奋斗的"英雄"（于连、马丁、拉斯克尔尼柯夫等）；⑥野心家（拉斯提涅、吕西安、杜洛阿等）

这条横线几乎包括了19世纪名著中的主人公，而且补充了因课时紧张未能评讲的重要作品，也坚持了"评近略远"的教学宗旨。

学生们最感兴趣的是"多余人"形象，引起了强烈共鸣。为此引导学生进一步认识"多余人"产生的根源：历史发展迂回、停顿、缓慢，还有倒退时期，青年们找不到自己的位置，才能得不到充分发挥时，就出现"聪明的废物""语言的巨人，行动的矮子"。

这条横线不仅使学生感受到青年与文学的关系，也从中认识到历史同龄人的特点和命运，他们的欢乐和忧伤、战斗和幸福、希望和追求，使学生受到多侧面教育、启迪和陶冶。

基于我对当代青年某些弱点的认识，如他们与集体和他人关系的淡化，所以在讲授各类青年形象时，特别强调青年与大众的关系。

奉献者为大众献出青春和生命，被污辱被损害者也有为他人自我牺牲的精神；而"多余人"和个人奋斗的"英雄"都不能与大众为伍。一言以蔽之，任何时代的有为青年，只有根植于大众之中，才有幸福可言。在这种课上，切忌说教和指责，不要讲印刷体语言，要让那些生动的形象中的光辉，细雨般渗进学生心田，自觉地思考、反省。所以课后，学生们说"上了一堂人生课"。

以上几点体会，可说是一次实践中的探索，包括失误中的校正，还应有反复实践和检验过程，分辨其中的是与非，才能使这初步体会接近完善。

（原载于《中国青年政治学院学报》增刊的"团校教学法研究的理论与实践" 1993 年）

三、谈"写作基础课"的"基础"教学

写作基础课是国家教委规定的高校本科各专业的基础必修课，无疑，基础写作能力构成大学生成才基础之一部分。写作课像"哲学课一样是所有学科的基础低音，有力量但发挥作用慢"，可见，写作无时不在伴随着文化人的工作和生活。

讲授大学的公共写作课如同给大厦奠基一样，关键是训练学生的基础写作能力，从战略上讲，也是构建未来文化人写作基本功的"基础"，因此，教与学中如若不在"基础"上下功夫，那将贻误学生，后患无穷。而写作课教师的科学态度、严谨学风和敬业精神，莫过于对学生的写作"基础"建构之重要了，本文试就自己如何寻求加强写作课的"基础"教学谈几点实际感受。

求"己"之"基础"
——从教训说起

军事家要"知己"，方能参战。写作课教师若要最佳完成"传道授业解惑"的"基础"教学任务，也必"知己"即求"己"之写作学专业之"实"，求"己"写作基本功之"实"，乃是建构学生写作"基础"诸因素中的关键，这个普通道理我是在教训中才真正认识并自觉指导写作课教学实践的。

从教训说起，因为工作需要我临时接受教写作课任务，在外行人看来，包括我自己在内，觉得一个教文学的老教师讲点写作，岂不"老兵"作"新传"，有何难！其实不然，只要认真剖析自己第一轮课的教学实践，便知其中的苦辣。当时我是在寒假前接受任务的，开学就仓促上阵，几乎像自由市场上的小贩一样"现买现卖"，各种写作学的蓝本都成了我匆忙"办货"的对象，上课当然不愁没话说，可谓侃侃而谈，在单纯的大学一年级学生面前，俨然像个懂写作学的行家里手，期末学生评估还打了高分，但我自知，如果是真正行家打分，顶客气是及格，这里我顺便指出，学生打高分不一定证明教学是高质量的，这如"外行看热闹，内行听门道"一样，学生对教员是仰视，看不到全方位也没有比较，但行家打高分倒是能掂出其中的可贵分量，因为他是俯视，易看全局又有经验和参照。

引起我对这轮课的警觉，不是偶然的机会，是我在授课中内心深处随时隐埋着某些愧疚之意，觉得不踏实，常感到自己像个篮球运动员临时去足球场替补缺额参赛，虽懂其足球比赛规则，但用手拍的和用脚踢的却是两门学问，中间似乎隔座山。我自己虽有"爬格子"的经验，但却要教大学低年级学生"爬格子"的道理和方法，并使他们欣然接受又能在实践中奏效，自己好像是牛犊子扑麻雀有劲使不上。这不能不促使我解剖这轮课，发现主要问题有三个方面。

其一，讲授写作理论没有把定盘星定在写作"基础"上。可谓是海阔天空旁征博引，用真理的碎片做成了拼盘，说它深奥并不成体系，说它热闹又不能使人发笑。造成这种结果是我对参考书中的知识没来得及咀嚼没有经过头脑的溶解过滤得出新的结晶体，用起来生硬。这样，虽然没有讲得很玄，多少也有耸人听闻之嫌了，这种海市蜃楼般的讲授，一般说来大学一年级学生对这种"杂牌货"没什么反感，可实际上是经不起行家推敲的。其二，在阐释理论时没有把基本技能、技巧定在"基础"上。借用自己脑中库存的大量外国文学家写作信息，张口名家之想，闭口经典之例，使学生敬而远之，望而生畏，好听而却步。因为这种缤纷的礼花只能供人欣赏却难以抓到手里，这很像政治骗子"拉大旗"吓唬别人一样，无视眼前坐着的学生本身的写作状况，从主观上忽视了对教学对象的写作状况的研究，而且自己没有一点教学积累，讲授中就缺乏针对性和真实感。其三，同讲授写作理论不到位一样，对学生的写作基本功训练同样不到位。写作课是一种实践课，它与学物理化学要进实验室有点相似，必须得练，而我是按教学计划规定让学生完成作文次数，批改作文的尺码较高，肯定少，批评又多不中肯，总之，解剖后，我认为这轮课讲得大而空，基础理论教得不扎实，操作也流于形式。严格地说这是低质量的教学，学生评估的"高分"不应成为失误的保护伞，必须追根溯源。出现这种"失误"最主要的原因是自己该学科的理论功底薄弱，再加上没有一定的教学积累和主观上有某种"轻敌"意识，所以竟使自己成了"腹中空"的"山间竹笋"和"根底浅"的"墙上芦苇"。

解剖自我的目的是修整，有针对性地采取自我建构措施，首先，"主动自修"，学习写作学的系统理论，全面武装，在知天之高地之厚的情况下，寻找自我所教的实际坐标点，明确"写作基础课"的定位。其次，全面地宏观地调整讲义，建构比较实际的教学体系，不仅是讲授的理论定在"基础"上，也使讲授的知识具有可操作性，使课程整体上从"大而空"转到对学生写作"基础"理论的掌握和写作"基础"的扎实训练上，基础理论再不是昙花一现，基础训练再不是从前沙滩上的纸片。

有了求"己"之实的前提，使备课和讲授趋向科学化、严谨化，但要把学生从欣赏中转到操作上，还必须在了解他们的实际"基础"之后采取有效措施。

求"彼"之"基础"

——从调查入手

3 岁娃娃搬不动大石块，是因为体力不够，小学生听不懂古典哲学，是因为知识的底蕴和智力不够，而写作基础课，如若能使学生接受消化吸收其理论并在实践中奏效，同样也有个"基础"起点问题。寻找这个起点，就必须求"彼"之"实"，即求到学生的实际"基础"，才能明确建构"基础"的深浅宽窄及其可能的承受力。

不管多有经验的教师，随时都面临着新问题，清楚自己授课时在本学科知识含量以及外延的相关辅助知识结构，绝不能完全以经验和臆断代替对新情况的掌握。即使是同一个年级，不同的系由于生源质量不同，他们的语言表达能力也有整体上的差异。要知其"基础"，就得靠调查，我设计了一套调查方案，在开学的第一堂写作课上进行三个侧面的调查。

一是"对话调查"。自古以来都是学生先认识先生，我反其道而行之，先生先来认识学生，为以后的具体雕塑奠定基础，其方式是老师不拿学生名册点名，要求点到的学生"说一句简洁的有意义的话，使老师记住"他。这种方法使课堂瞬间充满了紧张而活泼的气氛，一下子缩短了师生间的距离，激发起学生智慧的火花和无拘无束的思考，他们说着奇奇怪怪的"见面话"，课堂笑声不断，掌声不绝。有背诗、诵辞表达自己个性的，有用格言警句剖白内心隐秘的，很多人直言"5 分钟前我还报怨有这门课，现在我想立即投入写作"，也有人惊奇这种点名方式而对写作课产生好感……点名对话方式，从学生的语言、表情、动作、眼神、气质，使我对这个班学生的眼界、胆识、思考、心理、情趣，甚至班风有了直觉印象，与课前从辅导员那儿了解到的相比有的很一致，如有的班谦虚但拘紧，有的班直率但傲气，有的班活泼但浮躁，也有不一致的地方。

二是填表调查，填写"写与读调查表"。此表了解学生在"写与读"方面存在的深层问题，通过多项极琐细的调查，掌握了学生大学一年级上半年动笔情况，最后计算出每人日平均书写的字数，计算结果没有一个班能达到要求。有关专家认为大学生每天最少要书写 1000～1500 字，我调查得出的数字是，1996 年一个生源最好的班级每人日均书写才达 900 字，有的班竟低到 560 字。看出学生不愿动笔的惰性很强，这是提高写作的慢性腐蚀剂，通过抽样调查得知学生阅读情趣品位不高，种类庞杂，有人竟填"少年儿童读物"，一般知识性趣味性的东西多，属于专业理论书没有，世界名著一流作品少，适合时尚之流作品多，内容深奥动脑才能读懂的少，通俗浅白不费气力的书多，系统性书少，杂七杂八的多。为了证实书面调整的准确性，我还好奇地去图书馆浏览要送出去修补的破书，颇耐人寻味，最破的书当然读者最多，但恰恰是"武功"和"神侠"之类，你再看书卡上的名字，多是自己教过的学生。读书调查结果表明，学生读书有很大的盲目性，既不利于形成合理的知识结构和思维方法，也不利于提高学生写作能力和形成严谨的文风，难怪后来作文中常夹杂些江湖式的语言。

三是当堂写篇散文，把握学生十几年的生活库存，给多种命题，有较充分的选择自由，这是一项综合素质调查，也是三项调查中最重要的一项。实际是对学生课堂对话和填表的调查继续。听其言，观其情，了解学生读与写，最后再看"文如其人"的作文，可说从表到里，由此及彼地概要地了解学生的综合素质，特别是对语文基本功的情况有了直接的感性认识，难怪学生说老师这堂课"把我们从头到脚，彻里彻外，连五脏六腑都折腾出来诊断了"。

要及时向学生报告调查结果，肯定学生既不是零点的写作基础，又是处于新的标准要求下的零点基础，明确提出作文中流露出的某些认识上的问题，他们中有相当一部分是"山窝里"飞出的"凤凰"，来到大世界后还在自我欣赏，不肯在比美中承认自己的弱点并迅速地转换角色。我明确告诉他们"山中无老虎，猴子称大王"，"但山中无猴子时，熊瞎子也说自己灵"，来到人才济济的地方，要用大世界的标准重新认识自己。诸如此类的问题都不放过，特别是作文中表现出的带有倾向性的语言文字上的毛病也——指出，一定要让学生知道自己是半斤还是八两，尽快进入学习写作课的角色。

在调查的基础上教师要敲定教学安排，使教学有明确的针对性。按教学大纲规定提出具体的实施方案，调整教学重点和难点，从绪论课开始就再不是流水作业的机械程序，对所讲内容的详略和时序等都做到了心中有数，另外，根据调查出现的实际问题，要适当地补充教学大纲之外的一些基础内容，如写作款式、标点使用、书信格式、修改符号、数字写法、读书笔记写作技巧等都有计划地列入教学，最基础的知识要尽量提前讲，便于学生运用和教师"验收"。

除了这种一次性调查外，以后教学中还不断补充和修正调查中的误差。

求由"己"到"彼"之方法
——"基础"训练种种

求"己"之实，进行自我解剖和建构，求"彼"之实，寻找学生建构"基础"的起点，这两者应该说都不难。同这两者相比，要把教员自己弄懂的道理技能变成学生能理解接受运用的，这个中间过程很难。这种知识转化的方法书上从来不写，有如人在沙漠上行走只有脚印，却不知他走时眼睛看见了什么一样，得靠教书人自己体会。

所以，"知己知彼，方能百战百胜"这话的背后有些重要的内容并没说，那就是用什么样的战略方法才能取胜。古人之所以不写在书上，那大概是因为没有重复一样的战斗，就像我们没有重复一样的学生一样，这就要求教员自己根据"彼"之实际去寻找，寻找"己"之箭如何射中"彼"之靶心的最佳"技术"了。

可以说，能掌握好写作理论的人不等于能上好写作课，我们一看就懂的小学课本如何能教懂小孩子，不是人人都能做到的，所以教学方法改革不是挂在嘴上，而要贯穿在各教学环节上，为此我做了如下试探。

其一，写作的基础理论要讲得准确扎实，从天堂仙人那儿拉回到地上凡人中，万不能脱离学生实际大侃"高级"写作学、"文艺"写作学、"文学"写作学，这样做是满肚子红花连一个骨朵都绣不出来，因为我们面对的不是"作家班"。

其二，加强对可操作性基础理论的练习，要具体指导，决不放任自流。有目的地训练学生运用基础理论解决问题的能力，不进工地砌砖的泥瓦匠永远是门外汉，学而不用也如此，尤其是写作。

其三，严格要求学生按时完成规定性的作文任务，指导他们运用所讲的写作理论，从自己生活的库存中挖掘题材，提炼主题，最好不要为了特意寻求题材而出游，我曾说过这劳民伤财之苦。

对学生不喜欢的公文，要逆流而上。学生眼高手低喜欢从兴趣出发，实际操作时能力差，越是简单的公文他们越是大面积地出毛病。对学生越轻视的"容易"，就越要不厌其烦地指导训练。

其四，同要求学生及时交作业一样，教师对学生的指令性作文也要及时批改和讲评，讲评是以批改为前提，讲评是批改的结果，难的是及时批改。要知道，学生很希望自己的"作品"得到老师的点评，就如我们都不愿意写信却很高兴收到及时的回信一样。及时批改作文这的确是不少人不愿教写作课难过的一关。讲评是课堂功夫，每次作文讲评顶多一学时，但批改作文的这课下功夫，具有很大弹性，要教师用道德良心和耐心苦作舟。批改 50 篇散文没有 20多个小时是完不成的，批改后还要宏观考虑如何上讲评课。作文批改讲评是对学生精雕细刻的一个环节，而且不能一劳永逸。

其五，明确写作课三尺门外的各种要求，按教学计划指令性批改讲评的作文，我称之为写作课三尺门里的事。对学生的非指令性"作文"也要提出高质量的要求，靠几次写作课的指令性作文是难以练出好笔头的。但学生表达自己对各学科知识的理解和独创却是离不开写作的，所以要引导学生利用完成各科作业和日常生活中一切写作实践机会，自觉地提高写作能力，这是很有效的实践方法。

从公布调查报告那天开始，我就明确提出，遇到以下机会，写日记、书信、读书笔记、课堂笔记、各科作业和其他投稿、写思想总结等，都要把它当作训练写作能力的良机，这是提高写作能力的广阔天地，虽然写作课教师无权无暇去管。

其六，正面引导学生读好书和作读书笔记，而且提倡上写作课期间学生写日记、有案头书和辞典，也做过检查。

通过以上种种方式，加强了写作理论的运用和实际操作，利用写作的一切实践机会，增加训练量，使写作延伸到课外各学科和生活中。写作课教师具体地管三尺门里，但也要不失时机地引导学生主动投入三尺门外的写作实践。

由此可见，写作课教师除了基础理论和基础知识部分有较稳定的讲义外，还有很大部分是要不断更新和增加的，即使是稳定讲义中其实例有的也要年年更换，如讲"消息"体裁时，不看头天报纸就走入课堂去讲去年的"新闻"，怎么向学生说"及时"二字的特点呢，而且应把同一条新闻在各六报上的不同写法加以比较，使学生认识到各种写法的必要及优缺点。

求"己"、求"彼"、求由"己"到"彼"的转化过程之"实"，我统称为"教学求实"，这种求实精神，是我几十年教书生涯中，付出很多代价和心血觅到的一种"感觉"，而把"求实精神"运用于写作基础课教学中，有意识地加强"基础"，是经过反正两方面的实践才初步有一点体会的，尚须在不断提高教学中修正和改进，这是我教基础写作学"关门"前一次自我审视后的留言。

（原载于《中国青年政治学院学报》1997 年增刊）

四、教学与科研之关系刍议

毋庸置疑，教师是提高教学质量的"关键"。这涉及教师本身诸多方面的素质修养，但最重要的莫过于教师专业水平之高低与对本专业科研能力之优劣，而专业水平又总能在科研成果中显现出来。在这个意义上，可以说科研是提高教学质量的"关键"之关键。

教学与科研脱离，在"顶尖"大学里被视为怪现象，而在普通高校里是见怪不怪，甚至还为其"辩护"。

只教课不搞科研或科研弱的教师，被称为"教学型教师"。这部分教师中确有些教学效果"显著"者。记得80年代中期，天津某大学对于没有科研成果、上课连年"优秀"的教师采取破例晋职做法，这则消息在报上披露后，许多"同病相怜"的人看了如获至宝，但这种"破格"做法并没有被推广。时至今日还有人著文为"教学型教师"评职困难，即所谓的"不公平"呐喊。可见教学脱离科研的贯性实际上还在延续。所以，有必要解开"教学强"的斯芬克斯之迷，看其"强"中是否含有被埋没的学术能力。

对这个问题，我有点个人的实感。教学几十年，最令我苦恼的是80年代初期，经历了"上课狂"之后，在"赞扬"和"先进"中产生了危机感。危机常常是思想解放，激励探索的契机。这一"危机"后来我自称为"生存还是毁灭"的"卡壳"。在前辈的教诲下，我进行了长时间的咀嚼和思考。否定自己是很难的，但能否定自己的软弱，我想是坚强的开始。

我先解剖了学生的"赞扬"。一般说来学生对老师的赞扬多注重两个方面，一是教师满足了他们对某种启蒙知识的渴求或猎奇心理，二是他们很看重教师的课堂表达艺术。要知道高超的教学艺术固然好，但它常能包装教学内容的缺陷，学生难以觉察到，当他们到高年级或毕业后反刍时才觉得那时老师给的"食品"不佳。严格说，学生是评价教师专业水平的外行，他们对首次接受到的学科内容的判断是很皮毛的，多以"清楚明白""生动活泼""热情谦逊"等字眼评价老师的教学。他们很难透视到教师的专业理论功底及诱导他们发挥创造的能力。学生的"肯定"只能是教学效果的一种良好的反映，不能涵盖教学质量评估的全部，不应把它视为衡量教师专业水平高的主要标尺，更起不到对教师学术潜能的测试作用。或许与此有关，那种单纯以"教学优秀"晋职的"新生事物"一出生就夭折了。

其次，我寻查了自己专业"家产"的数量和质量，进行自我评估。论专业基础，我那时很单薄，除了在大学听过一次这门课外，多是自修式的"办货"，写的几十万字讲稿，充其量是个"杂货店"。即便是接受了前人的某些成果，也没有融会贯通后自我酿造的知识结晶，更谈不上独具特色的"新品牌"了，至于信息量小、公式化的评论、庸俗社会学观点等陈旧内容随处可见。一个半新半旧的唐吉诃德式的教书先生，硬撑骑士的风度，俨然像个专门家，其实是"墙上芦苇，嘴尖皮厚腹中空"。这种薄家底必造成底气不足，缺乏后劲，使教学滞而不前，浮而不入，怎么能不产生"危机感"呢？教师的价值不在于他什么都懂一点，而在于他在自己的专业领域里是能手，是专家。学生可以原谅老师的严厉、刻板，甚至口吃，但永远不能原谅教师在专业上的肤浅和无知。因为这样的教师，不论态度多么热情，也只能消极地指导学生，"是没有躯体的人影，是无雨之云，无水之源，无光之灯"。

　　教学脱离科研是普通高校的一种常见症。而科研脱离教学的流行症也值得一诊，这种情况虽不多，但有发展趋势，因为职评对科研要求越来越规范化，即首先得达到一定的数量，而某些不搞专业科研的教师，便找到新的变通办法，这就出现了非专业化的"学术"文章，如体育教师发表研究青年问题的论文，外语教师发表关于经济问题文章等，如果他们真有这方面的兴趣，那会一发而不可收的，实际上不然。这种非专业性论文，是无法衡量教师的专业水平和对专业研究的学术能力的。

　　实践证明，教师不注重科研或科研与自己专业结合得不够紧密，会在教学中有种饥渴感觉的。没有问题的学科是没有的。任何一个学科都存在疑惑和未知。如果教师对自己学科领域内的问题视而不见或见而不究，在某种程度上说明了自己的专业水平处在停止状态，而教学上不管感觉多么"良好"，学生给了多高的"赞扬"，充其量也是保持"现状"。而且这种局限是外行人难以及时发现的，因为影响教学质量是个渐进的过程，虽然教学没有出现更大的失误，但这绝不是高质量的教学。

　　教学与科研脱离，造成"双伤"，而教学与科研结合，可谓是"合则双美"。

　　在认识上明确教学与科研结合并不难，难的是在行动上坚持不懈，恰当地处理两者之间的关系，使其相辅相成。从长远看，科研结合教学应遵循一个渐进的过程。我在反思后矫正失误时做了下列的几点尝试。

　　其一，加固加宽学科研究的底子，促使教学内容深化，对我来说这是一种补课。如果是研究生毕业又没有改变专业方向，就不容易出现这种弱点。在新形势下学科发展很迅速，但新的知识总是从原有知识中产生的，掌握了基础就建立了根基，就可能不断地自我发展，在现代，基础又包含有相邻和相关学科的知识。据说北大地质系历史上曾培养出48位中国科学院士，这与以李四光先生为代表的系主任一贯严格要求学生学好基础课和扩大知识而密切相关。没有光的海洋是无法点燃一个知识的火花的。教师基本功弱，专业基本功不精，不光是教学质量直接受到影响，科研更是"难产"。

那么要在发展学科中"生存"，首先就得进入学科的基础研究。历史总能给人提供发展的机会，只看你抓不抓了。恢复高考后全国各大学掀起了建设教材热潮。我幸运地赶上了这个历史性机遇。从"自大"到"函大"再到本科各种层次的大型成套教材及几种百科辞书的外国文学部分，分给我的任务都"来者不拒"，几乎减掉了份外的所有课程。这种辛苦的"爬格子"持续了五年之久，几乎是自修了一个马拉松式的专业"学位"。这次在实践中对学科的基础研究，有如体弱者吃了营养药的一次大补，也有如磨损很厉害的机器进行了一次大修。参加系统编写本专业教材，特别是在独立主编中，有机会拓宽学科知识的眼界，不仅统观学科的历史发展及其整体框架中各部分的轻重，而且严格地检验了自己对学科体系把握的科学性及对一些重要问题鉴别的准确性。我把这几年的基础研究称为对教学"后方"的全方位"充电"，这就使教学从"卡壳"中产生了一次飞跃，开始从讲授教材中跳出来，渗入了自己对内容的新理解，并使教学带有某种个性。

其二，普查教学中的"疑点"，进行单项研究。要想解决教学中的"难点"，就要寻找"干涸地带"，能发现这样"地带"，几乎就是找到了新的论题。它促使教师必须进行单项研究，提高科研档次，一旦在研究中有所发现，可谓是一箭双雕，何乐而不为！什么是"疑点"？长期从教的人都有这种体会，有的问题讲起来好像久违的老朋友重逢般愉悦，百讲不厌。这多是因为它是教师心目中的"热点"，有新鲜的体会。而有的问题每遇它都有棘手感，勉强接受别人的说法，但总是引不起兴奋点，也说不出自己的思考。对于这种问题，我称为教学中的"枯井"。如果在查寻资料中找不到充它的"活水"，这就为自己找到了一个论题。这样查来查去，我像哥伦布发现新大陆似的，发现自己教学中有很多未开发的"新美洲"。这些"疑点"，别人做过了的我也认同的，就作为"活水"立刻补充，别人没做过的或做了我难以认同的，就成了我的论题。经过这次普查，可谓满山遍野是干柴，来不及去点燃，可谓到处有"枯井"，自己无能去深挖或"充水"。这时真想带个研究生，有种做了母亲没孩子的痛惜。

我讲托尔斯泰的《复活》结构时，对学术界长期定论的"单线结构"说法与全书大容量内容之间的关系，总感到有说不清楚的矛盾，但又找不到问题的症结。只好把它作为"疑点"开始研究。重新研读《复活》文本，寻找每一部分内容的真实载体，以结构方位说和叙事角度的理论重新全面地分析《复法》的结构与主题和人物之间的真实依存关系，发表了《论〈复活〉的蛛网式结构》，得到了同行和专家的认同，该文先后两次获奖。这之后我再给学生讲授《复活》结构时，不是墨守成规讲教材上的"单线"，而是讲授"蛛网式"的特点。这样学生了解的不仅是知识内容及变化，而且激发学生思考的兴趣和吸取治学方法。我认为这样的教学是有质量的。只给学生知识，那是失败的教学。再比如，讲授中遇到几位作家都用过讽刺的手法，但马克吐温的讽刺有独特性，我便写了《寓"严肃"于"大笑"之中》。讲德莱赛的《美国的悲剧》中的主人公的可悲命运时，只从社会污染角度方面说太笼统，而且公式化，我便从小说实际出发，从各党派利用法律为自己争取"选民票数"的政治角逐中，说明克莱特成了社会的"牺牲品"，为此发表了《悲剧的人与悲剧的社会》。

由此可见，对教学内容研究不深入到一定层次，是难以发现"疑点"的。从广义上说，高校教师任何一次授课都应处于科研过程中，过程本身如果不是老调重弹，那就逼着教师深入研究教学内容。只有这样才能发现"疑点"，找到论题，可能进入科研状态。当然发现疑点需要眼力，而解决问题则需要能力，如果对所发现的"疑点"不是有计划地抓紧研究，就有如蜜蜂不酿蜜，有如农民只耕耘不播种一样，不仅科研是一句空话，提高教学质量也是一句空话，而且还必须及时地吸收学科前沿的研究成果"充电"。如果自己老做"行外人"，那至少是缺乏师德的表现。

时至今日，我还有不少来不及解决的"疑点"，而且随着教学的深入，又不断有新的发现，如果一时间还查不到别人探索的成果，讲课中只能例行公式地说些套话，心里很是不安。

其三，勇于"启山林"之路，探索学科前沿的重要课题，更是高质量教学的重要环节。没有对学科基础研究加固过程的积累，难以发现相似的连续性"疑点"；没有对学科的历史和现状的宏观把握，更难以提出有重要价值的论题；没有多年的教学积累和对相邻学科知识的吸收，也难以发现具有现实意义的课题并鼓起开拓的勇气完成它。

我在教学积累中，很注意教育对象对某个问题的反馈，特别是那种思考型学生提的有分量的问题，很有启发性。80年代初授课时，那些经历过蹉跎岁月的大学生，对文学中的"多余人"产生了强烈的共鸣，促使我对这类形象开始关注。80年代末我在莫斯科大学执教期间，那里的文化精英们也以"多余人"自诩，这使我产生了创作的冲动，于是加紧搜集材料，蕴育着新的命题。这样从点到线的追踪，使问题向纵深方向扩展，最后提出了"多余人是一种世界性文学现象"的论题，探讨的结果出版了《"多余人"论纲》一书，"多余人"问题的整体研究在我国还处于拓荒阶段。正如季羡林先生为本书作序时所说，对于"多余人"问题研究，"张伟女士是'筚路蓝缕，以启山林'的先行者。""多余人"研究这一系统工程，整体框架的建构，不仅需要多向思维，更需要理论武器，否则会走上传统文学史建构的老套路。就在我踌躇不前时，参加了"国际比较文学教材教学研究会"，在那里找到了阐述自己观点的方法论。"多余人"的基础工程基本完成，但它的"攻关"任务还在后面。这种难度大耗时耗力的课题研究，虽然只有部分能输入教学，但它能间接地从学术角度激发学生的探索精神。许多教育专家不赞成只开设一些比较浅显的"概况"及"介绍"性质的入门课，希望开设有一定研究性质的选修课，道理就在这里，其主旨是教给学生方法论和激发学生的创造精神。

如果说当初我只忙教学，自己像个"杂货店"老板，现买现卖，而学生买到的全是些"杂牌货"，但经过加固加宽学科基础知识的建设，开始独立"生产"，即进入学科的基础研究，使自己的知识"资本"，进入了科研的流通领域，教学中就产生了某些新鲜的活力，学生也从"买货"的顾客开始转向"思索者"，教师也从"办货"开始转向"独资生产者"。这就是我调整教学与科研关系的自画像。这个发展历程中由于有弯路而变得漫长，但经历过弯路后得出的结论却是很简单：一、高校教师应及早进入科研状态；二、要把握好科研结合学科专业的"主攻"方向；三、要从学科基础研究循序渐进地进入"前沿"。

教学只是学校教师总体工作一翼，这一翼完成的质量，与它处于同一体的科研一翼的关系十分密切。忽视科研，实际是忽视教学质量的提高。这种提法很生硬，但很本质。鸟有两翼方能飞翔，而缺少了科研一翼，只能平地移动。所以，高质量教学的"后方"关键是科研。正如苏霍姆林斯基指出的"一个教师是这样的人，他精通他所教科目据以建立的那门科学，并了解它的发展情况——最新的发现、正在进行的研究以及最新取得的成果。除此以外，本人若能热心于本学科正在探讨的问题，并具备独立研究能力，这样的教师则可以成为学校的骄傲。"这样的教师就是名副其实的提高教学质量的"关键"。

（原载于《中国青年政治学院学报》1999 年专刊）

补 记

  拙著《师韵》写了师生心灵撞击"相长"的故事,没料到小书出版过程与新闻媒体人萍水相逢,又擦出感动火花,真可谓紫气东来续尾篇。

  书稿交出版社前两日,主任记者韩爱红女士竟在下班后停眠整宿不辞困,对书稿字斟句酌通篇推敲,令人感动。

  小书顺利面世,仰赖人民日报出版社总编室翟福军主任和第四编辑中心周海燕主任,为精准把关书的质量给予的支持、帮助和鼓励。特别是责任编辑孙祺女士,为小书辛勤操劳,不厌其烦地与作者沟通,善意地提出修改补充内容的建议,表现出的耐心、宽容和体贴,是我多次与出版社打交道中,最被感动的一次经历。几位新闻媒体人的责任担当、科学态度、严谨学风和敬业精神,令我于感慨中不断洗涤积下的旧垢,虽老也在"长"。

  为此,对小书写作尽心尽力和编辑出版尽情尽理相助的友人深致谢忱!

作者